Ingrandimenti

Sebastián Fest
Alexandre Juillard

NÉ RE NÉ DIO, SEMPLICEMENTE IL MIGLIORE

Lionel Messi: la vera storia

MONDADORI

Traduzione di Sara Margherita Cavarero

www.librimondadori.it

ISBN 978-88-04-64592-4

Titolo dell'opera originale
Ni rey ni Dios
I edizione giugno 2014

Indice

Né re né Dio, semplicemente il migliore

A tutti i giornalisti che vogliono lavorare
e non possono

Introduzione

La follia

In pieno tumulto, Jorge e Rodrigo Messi presero un'importante decisione: lasciare da parte WhatsApp, attraverso cui circolano tanti segreti e confidenze, per iniziare a usare Telegram. In quei giorni di fine marzo 2014, il mondo era ancora sconvolto per i 19 miliardi di dollari che Facebook aveva pagato per il servizio di messaggistica istantanea, ma i Messi erano preoccupati per altro: il futuro di Lionel Andrés. E qualsiasi dettaglio filtrasse circa quel futuro poteva creare dei guai. Meglio non lasciarlo in mano all'impero di Mark Zuckerberg, ora libero di controllare WhatsApp.

Erano giorni frenetici e turbolenti per il Barcellona perché ciò che fino a poco prima sembrava impensabile ora suonava possibile: Leo Messi con addosso i colori di un'altra squadra. Dietro a tutto questo c'era il potere dei soldi del Qatar, che a quel punto era ormai stampato e ben visibile, attraverso la compagnia aerea dell'emirato, su magliette storicamente libere da pubblicità.

Il Futbol Club Barcelona, talvolta orgoglioso ma molto più spesso confuso, stava vivendo uno dei momenti più complicati della sua storia. Erano mesi che il più grande club calcistico degli ultimi anni veniva scosso da slanci di euforia da una parte e sferzate che lo facevano sprofondare nel pessimismo dall'altra. Con i suoi continui alti e bassi, come su una specie di montagna russa, la vicenda non avrebbe superato il primo filtro di verosimiglianza se fosse stata la sceneggiatura di un film, tanto era assurdo e impensabile ciò che stava accadendo.

La stagione si prevedeva dura, e non solo sul campo da gioco, dove i blaugrana avevano alternato vittorie schiaccianti a inspiegabili sconfitte. In cinque mesi, tra la fine del 2013 e la prima parte del 2014, erano successi vari fatti:

– Il fisco spagnolo aveva chiesto a Messi il pagamento di tasse arretrate per un ammontare milionario. Il padre del giocatore se ne era assunta tutta la responsabilità, e la famiglia aveva pagato.

– Sandro Rosell, presidente del club, si era dimesso dopo essere stato imputato in un processo giudiziario per il contratto dell'attaccante brasiliano Neymar, che era costato quasi il doppio di quel che sembrava inizialmente. Gli succedette Josep Maria Bartomeu, che come vicepresidente responsabile della sezione calcio fu sempre al corrente delle decisioni di Rosell.

– Tutto ciò in aggiunta a un significativo infortunio di Messi a fine 2013. L'argentino non giocò per due mesi. Vista la discontinuità di presenze, arrivò al finale di stagione in gran forma, ancora una volta indicato come l'ago della bilancia in qualsiasi tentativo di spiegare il successo (o l'insuccesso) della squadra.

– Messi paga la sua incostanza a fine 2013 ed è vittima di un arbitrario cambiamento del regolamento da parte della FIFA, motivo per cui perde il Pallone d'Oro. Dopo quattro anni come miglior giocatore del mondo, il titolo passa al portoghese Cristiano Ronaldo.

– Uno dei vicepresidenti del club, Javier Faus, definisce Messi «un signore» spiegando il motivo per cui non può ricevere un aumento di ingaggio, nonostante Neymar, appena arrivato, guadagni più del miglior giocatore del pianeta (e della storia del Barça.) Messi, in una reazione per lui inusuale, lo accusa di non capire «niente di calcio».

– Carles Puyol, il difensore centrale su cui il tecnico Gerardo Martino aveva riposto la sua fiducia, decide di prendersi un anno di riposo.

– Una parte molto importante della stampa catalana intensifica, con il passare dei mesi, una violenta campagna contro Martino, il cui principale difetto è di non essere catalano.
– Dopo un'epica vittoria 4-3 contro il Real Madrid al Bernabéu, nella partita successiva il portiere Víctor Valdés si infortuna gravemente e resta lontano dai campi da gioco per sette mesi. Era già intenzionato a lasciare il Barcellona, ma il club avrebbe avuto bisogno di lui più che mai.
– Gerard Piqué, una delle colonne della squadra al centro della difesa, si infortuna e resta fuori per un mese, ad aprile, momento decisivo della stagione.
– La FIFA sanziona il Barcellona per comportamento non regolamentare riguardo al tesseramento di giovani giocatori, nello specifico di due sudcoreani. Vieta quindi due sessioni di mercato: quella dell'estate 2014 e quella dell'inverno 2014-2015.

Rafforzare la difesa indebolita, comprare un portiere per rimpiazzare Valdés... Restava tutto in sospeso. Ancora una volta ogni cosa dipendeva da dove sarebbe riuscito ad arrivare quell'argentino, che aveva anche la responsabilità della Nazionale. Il sorteggio dei Mondiali di Brasile 2014 era stato il migliore della storia per l'albiceleste che, con una difesa traballante e un attacco esplosivo – niente che Messi non sapesse – aveva tutte le ragioni per sognare la conquista del terzo Mondiale, nientemeno che al Maracanã.

Era evidente che se Messi doveva cambiare qualcosa era proprio quel soprannome: «La Pulga», la Pulce. Da tempo, ormai, gli andava molto, troppo stretto.

I

La sorpresa

Lionel Messi sorrise com'è solito fare quando, oltre a essere sorpreso, si sente un po' in imbarazzo: testa leggermente bassa, occhi socchiusi, fossette marcate, e intento a mordicchiarsi le labbra mentre fa un fugace cenno di diniego. Fermo, con le braccia dietro la schiena, e minuto nel cerchio di centrocampo dell'impressionante Camp Nou, Messi constatò, in quella calda notte di agosto, che c'era un rosarino più astuto – più coraggioso? – di lui davanti ai tifosi del Barcellona. Aveva un compatriota in grado di fare ciò che lui aveva evitato per metà vita passata sulle rive del Mediterraneo. Gerardo «Tata» Martino aveva appena finito di parlare in catalano al pubblico, dettaglio sempre apprezzato nel complesso microcosmo della seconda città di Spagna.

Messi a Barcellona è amato, e quando si ebbero i risultati di un sondaggio in cui il 2 per cento dei tifosi del Barça assicurava di detestare l'argentino, l'ilarità si diffuse in tutta la città. Un giornalista televisivo passò un'intera giornata alla ricerca di un rappresentante di quel 2 per cento. E non lo trovò.

Odiare Messi? Ma per carità! Se è proprio grazie a lui che il club sta vivendo i suoi anni migliori. Certo, non chiedete a Messi di parlare in catalano. L'ha fatto una sola volta, spinto dalla situazione limite di essere completamente e irrimediabilmente ubriaco.

Il repertorio di Martino è stato modesto – *Bona nit* (buona notte) e *moltes gràcies a tots* (molte grazie a tutti) – ma preciso e opportuno, perché si stava presentando a un club in cui molti guardavano con sospetto il loro nuovo allenatore. Certo perché non lo conoscevano, ma soprattutto perché arrivava «da fuori». E, sebbene sembri strano, perché era argentino.

Lo scrittore spagnolo Enrique Vila-Matas lo spiegò con precisione ed eleganza in una colonna del giornale «El País»: «Ricordo ancora quel giorno in cui gli fecero una domanda diabolica (perché qualsiasi cosa avesse detto avrebbe fatto una brutta figura nei confronti di Messi) e lui rispose: "È facile fare la domanda più difficile". Ho ripensato alla risposta di Tata Martino e casualmente, giorni dopo, ho scoperto che era identica a un verso di W.H. Auden. Poi sono partito per un viaggio, e al mio ritorno ho deciso di seguire in diretta una conferenza stampa di Tata e, mano a mano che procedeva, ho notato con orrore che quello sembrava più un tiro al bersaglio che un'abituale sequenza di domande. Non riuscivo a crederci. Interventi mascherati in mezzo a un teso interrogatorio, come se Martino dovesse rispondere di qualche azione delittuosa. Che cosa era potuto accadere, se consideravo Tata solo come un allenatore che lavorava con saggia intelligenza l'anomalo materiale calcistico che gli aveva lasciato il gruppo Rosell? Lo sguardo scrutatore di Tata nelle conferenze stampa ha disegnato, settimana dopo settimana, una smorfia d'orrore di fronte al carattere, per così dire, marcio, di una parte del suo entourage. Alla fine della conferenza stampa, mi spiegarono che la potente redazione sportiva di TV3 aveva informato che il Tata pensava di abbandonare il Barcellona alla fine di quella stagione. Tuttavia, mi dissero, lo negavano sia il club sia lo stesso allenatore. Passato il momento di stupore, iniziai a mettere insieme i pezzi e a ricordarmi delle stupide battute sulla sua polo color pistacchio e anche degli acidi commenti sui suoi cambi e sulla supposta perdita d'identità del Barça, che sfociarono in quella frase che andò a segnare un prima e un dopo, quella frase di Martino circa le pessime relazioni di alcuni con i tecnici del Barça che non erano nati in Catalogna o in Olanda. Credo che sia una di quelle persone che non solo esigono da se stesse rettitudine e gentilezza, ma se le aspettano anche dagli altri, e mostrano sempre sorpresa e addirittura sofferenza quando vengono trattate in modo scortese e deludente. E credo anche che adesso alcuni gli stiano dicendo: dovevi pensarci prima a dove ti stavi andando a cacciare, fare in qualche modo attenzione e mostrare che ti stavi integrando, insomma essere come noi, piegarti a quell'idea che abbiamo di parlare di tutto tranne che di calcio».

Quando arrivò a Barcellona, Martino era profondamente lontano dalle peculiarità della complessa realtà spagnola e dai meandri identitari catalani, ma era chiaro che quel 2 agosto 2013 il calcio argentino festeggiava un successo tanto importante quanto simbolico, una situazione ineguagliabile, perché erano argentini sia la grande stella sia l'allenatore della miglior squadra del mondo. È vero che César Luis Menotti aveva già allenato, trent'anni prima, un Barcellona in cui il protagonista era un argentino, Diego Maradona. Ma i parallelismi si fermano lì: Maradona non brillò in maglia blaugrana e Menotti non raggiunse dei grandi obiettivi con la squadra. In quegli anni Ottanta in cui la Spagna viveva euforica i suoi primi momenti di democrazia e la novità di un governo socialdemocratico, il Barcellona era una squadra ancora affetta da complessi d'inferiorità. Non c'erano Coppe dei Campioni nella sua bacheca e il vittimismo era da decenni il suo combustibile vitale. Niente a che vedere con il successo e il fascino di cui godeva il Barcellona a livello mondiale in quel 2013 in cui gli spagnoli, immersi in una profonda crisi, disprezzavano gran parte della loro classe dirigente.

Avvicinandosi ai Mondiali di Brasile 2014, l'appuntamento della sua vita, Messi era ormai il miglior giocatore del pianeta da quattro anni e in prospettiva per molto ancora, dopo la forzata parentesi dovuta a un infortunio. Un idolo senza frontiere. Se per decenni il nome di «Maradona» era risuonato automaticamente negli angoli più remoti del mondo come risposta alla parola «Argentina», i tassisti di Mosca, i camerieri di Sydney, i surfisti californiani e persino i bambini che giocano a calcio sulle spiagge brasiliane, negli ultimi anni, avevano modificato l'equazione in «Argentina? Messi!». E tutti sorridevano evocando il numero 10 del Barcellona e la Nazionale albiceleste.

Tanto quanto sorridevano Martino e Messi. Così festeggiavano i tifosi in quella dolce e calda notte di felicità a Barcellona, molto diversa da quella dura, durissima, di appena 17 giorni prima.

Una e mezzo del mattino di mercoledì 17 luglio del 2013 nel buio parcheggio del Camp Nou. Rosell si accascia sul volante. L'allora presidente del Barcellona è colpito da ciò che ha appena sentito e sopraffatto da ciò che sta per accadere. L'allenatore della sua squadra, Tito Vilanova, gli aveva appena confermato che, da quel momento in poi, la lotta contro il cancro sarebbe stata la sua priorità assoluta. Il dramma umano era innegabile, il bisogno di trovare un tecnico di livello a solo tre settimane dall'inizio della Liga anche.

Tuttavia Rosell non ci avrebbe girato tanto intorno: se la chiave del suo successo era un argentino, la soluzione consisteva nel portarne un altro.

Ai tifosi del Barcellona il nome Horacio Cartes non dice nulla, assolutamente nulla, ma lui in quei giorni di luglio del 2013, mentre si appresta a diventare presidente del Paraguay, trova anche un po' di tempo per contribuire a cambiare la storia del club spagnolo. «Presidente, devo parlare con il Tata. Mi dia il suo numero di telefono, per favore» sostiene di aver detto Rosell a Cartes.

Si frequentavano per affari da anni. Fu nel 2001 che Rosell, all'epoca direttore della Nike per il Sudamerica, cedette alle insistenti telefonate di Cartes e andò a trovarlo ad Asunción. Il futuro presidente del Paraguay voleva che la Nike vestisse la sua squadra di calcio, la modesta Libertad. E per convincere Rosell si arrischiò a dire: «Se non vinciamo niente nei prossimi due anni, ti pago tutto l'abbigliamento destinato alla squadra». Rosell non poté rifiutare. Il Libertad, in tre anni, vinse cinque trofei consecutivamente, e alla fine del 2013 era ancora l'unica squadra paraguaiana vestita dall'ambita marca statunitense.

Tra quel Libertad del 2001 e il Barcellona del 2013, un allenatore come filo conduttore: Martino.

Il grande momento era arrivato. Dietro di lui un Camp Nou ruggente, felice di vedere l'esordio della propria squadra nella nuova stagione e con gli spettatori ancora sereni a fine estate. Davanti a lui una squadra di stelle, di campioni d'Europa e del mondo. Con Messi e adesso anche con Neymar. Il panorama che Martino si stava godendo avrebbe destabilizzato più di una persona. Qualsiasi mortale avrebbe gongolato qualche secondo, gustandosi ciò che la serata prometteva di quell'amichevole per il Trofeo Gamper contro un Santos che sarebbe stato schiantato 8-0. Ma Martino è diverso. La prima cosa che fa l'argentino in quella calda serata è pestare con un solo piede la linea laterale appena inizia la partita e farsi prendere dall'ossessione di togliere un pezzettino di carta che ballava al ritmo di una lieve brezza dentro il campo da gioco. Poco prima aveva toccato la stessa linea e si era fatto il segno della croce. Il calcio sarà lavoro, allenamento, pianificazione e talento ma continua ad avere i suoi riti, il suo lato superstizioso e inspiegabile.

Con indosso pantaloni blu scuro e una giacca celeste, Martino aveva già risposto al primo dubbio di molti tifosi del Barça e dei giornalisti che seguono la squadra.

«Non è venuto in tuta!» dicevano sulle gradinate del Camp Nou. La tuta, in Spagna, corrisponde a ciò che in Argentina sono maglietta e pantaloni sportivi. In un Barcellona che durante i quattro anni sotto la guida di Josep Guardiola aveva trasformato l'area tecnica in una passerella di moda, il dettaglio non era di poco conto.

In quella partita, Martino dimostrò da subito di mantenere le promesse: se giorni prima aveva sottolineato il bisogno di recuperare una certa intensità persa dalla squadra, quella notte – al di là della debolezza del Santos – il «pressing alto» funzionò a meraviglia. E fu Messi, ovviamente, a far strada nel club all'ex allenatore del Newell's Old Boys e della Nazionale paraguaiana. Al settimo minuto aveva già ricevuto palla sulla sinistra dell'area di rigore e segnato l'1-0. Era il primo gol di una nuova e lunga serie, il modo migliore per Messi di aiutare il suo compatriota. Entrambi di Rosario, contrariamente a ciò che si pensò all'inizio e a ciò che lo stesso Martino disse prima di partire per la Spagna, non fu precisa volontà del numero 10 di far arrivare l'ex tecnico del Newell's al Barça. Cosa che non significa, ovviamente, che non ne fosse felice.

Ossessionati dal senso d'identità, dal «gene Barça», dal «DNA Barça» e dai supposti vantaggi derivanti dal fatto che la maggior parte dei giocatori e dello staff tecnico siano «di casa», molti di coloro che costituiscono ciò che è noto come l'«ambiente» Barcellona rimasero di stucco nell'apprendere che era confermata la guida tecnica di Martino. Finivano così gli anni degli olandesi come Johan Cruijff, Louis van Gaal o Frank Rijkaard, degli spagnoli-catalani come Guardiola e Vilanova, e ci si addentrava in un territorio sconosciuto. I timori, tra molti supporter, erano di vario tipo, e includevano anche la possibilità che la squadra perdesse la propria «identità» e rinunciasse alla sua principale caratteristica, ovvero quella di essere padrona del pallone e di farne cose impensabili. Allo stesso tempo, i circospetti catalani erano discretamente terrorizzati dalla possibilità che un argentino occupasse, giorno dopo giorno, il centro delle loro vite e gli proponesse la sfida di parole nuove, di una sintassi avventurosa e di interminabili riflessioni. E dire che già Guardiola, a modo suo, aveva provato – e ottenuto – che si innamorassero delle parole, del discorso, dell'immagine. Ma Guardiola non era argentino, non li minacciava di parlare nei secoli dei secoli. E spesso si rivolgeva loro in catalano. Molti ricordavano ancora Menotti e Maradona – argentini fino al midollo, sebbene fossero due mondi opposti al momento di parlare –, ma il riferimento più vicino era quello di Marcelo Bielsa, un tecnico dalla morale quasi calvinista, ma troppo prolisso, minuzioso, profondo e involuto nel suo discorso per i gusti dello spagnolo medio. Al di là del suo calcio, forse questo è un altro dettaglio che va ad aumentare la devozione che i catalani hanno per Messi: quasi non parla, è il meno argentino degli argentini.

Fu così che Martino all'inizio si rivelò una gradevole sorpresa per tutti quelli che non l'avevano sentito prima. «Il suo modo di parlare, per esempio, non ha niente a che vedere con quello seducente e profondamente argentino di Menotti, e rappresenta in effetti l'antitesi della spesso incomprensibile logorrea di Bielsa» commentò «Mundo Deportivo» che, con i suoi cent'anni e oltre, è uno dei giornali sportivi più vecchi al mondo.

Effettivamente Martino colse tutti di sorpresa: nella sua prima conferenza stampa stupì una sala gremita parlando come se, invece di essere argentino, fosse tedesco. Raramente raggiunse il minuto nelle sue risposte, ma si preoccupò sempre di analizzare tutto ciò che gli veniva chiesto e, se gli sembrava di aver dimenticato qualcosa, si scusava e chiedeva che gli venisse ripetuta parte della domanda. Di quelle prime settimane nel suo nuovo incarico, risalta una frase che lo mostra conciso, chiaro e al tempo stesso deciso: «Sono nuovo nella Liga, non nel calcio». Nelle settimane successive ce ne sarebbero state altre. «Sono un allenatore che non è di casa e non è nemmeno olandese» disse dopo le prime interviste. Lontano dallo spaventarsi, nella sua prima partita contro il Real Madrid, vinta 2-1, sostituì, nel secondo tempo, Andrés Iniesta con Alex Song. E lo spiegò senza girarci attorno: «Sì, è stata una sostituzione difensiva, e se ce ne sarà bisogno lo farò di nuovo».

«Il Tata parla in modo diretto» ammetterà Cesc Fàbregas che, all'arrivo dell'argentino, stava fantasticando di lasciare il Barcellona per andare al Manchester United. «Non ho nessuna intenzione di fare a meno di lui» dirà Martino dopo quell'8-0 contro il Santos. «Abbiamo fatto una chiacchierata molto breve. Be'... chiacchierata, in realtà ho parlato solo io.»

Cesc rimarrà al Barcellona e si trasformerà in uno dei migliori giocatori nella prima fase dell'«era Tata», che seguiva l'«era Tito». Dei giorni in cui la squadra avrebbe conquistato la Supercoppa di Spagna soffrendo contro l'Atlético Madrid di Diego Simeone e avrebbe vinto le partite con una miscela di buon gioco, follia, incertezze e generose dosi d'angoscia.

I segnali d'allarme si accesero subito nella conservatrice Barcellona. Jordi Costa, articolista di «La Vanguardia», riportò una frase in cui Martino chiedeva ai suoi giocatori di «migliorare sui palloni contesi e sulle seconde palle» e avvisava del pericolo che aleggiava. «Stride il fatto che l'allenatore di Xavi, Iniesta, Messi o Neymar si aspetti da loro che si trasformino in esperti delle ripartenze, perché va contro la natura della formazione che ha tra le mani.»

Martino non parve prestare troppa attenzione al consiglio perché la sua squadra, senza dirlo ma di fatto, iniziò ad allontanarsi da alcuni dogmi che l'avevano caratterizzata nei cinque anni precedenti. Dogmi spinti fino a estremi eclatanti, come quando la pagina web del club sottolineò, in un titolo, che il Barça aveva avuto un maggior possesso palla del Bayern... nel corso della sconfitta per 4-0 contro i tedeschi, a Monaco, nella partita d'andata della semifinale di Champions League 2012-2013.

E non era nemmeno sicuro che tutti fossero preoccupati.

Víctor Valdés, l'ottimo portiere titolare del Barcellona, ammise che per anni aveva cercato di convincere Guardiola e Vilanova della convenienza di marcare a uomo in situazione di palla inattiva. Martino arrivò e gli diede ciò che voleva, un sistema di gioco «misto», molto più flessibile e pragmatico.

Lo stesso accadde con Gerard Piqué, giovane bandiera della squadra che, pur essendo catalano al cento per cento, osò controbattere al fatto che tutto ciò che è «di casa» sia migliore di ciò che viene «da fuori». Piqué, centrale di grande valore e compagno di Shakira, si riferiva nientemeno che al «tiqui-taca», orgoglio del Barcellona e della Nazionale spagnola nell'ultimo lustro.

«Negli ultimi anni abbiamo avuto allenatori di casa, prima Pep e poi Tito, e forse abbiamo finito con l'esasperare il nostro stile di gioco al punto che ci siamo ritrovati schiavi del sistema, di quello stile» disse Piqué a Filippo Ricci, corrispondente in Spagna della «Gazzetta dello Sport». Ed è anche andato oltre: «Ora è arrivato il Tata, che viene da fuori, che condivide sì la stessa idea di calcio, vale a dire il possesso palla, ma che ci sta anche mostrando altre possibilità. E la cosa è molto positiva, perché ci offre delle alternative. Quando ci pressano, fare un paio di lanci lunghi non è negativo, serve per cambiare gioco, respirare, evitare che ci schiaccino e ci lascino senza via d'uscita». La conclusione fu ovvia: «È normale provare a sviluppare nuove idee, variazioni sul tema: dopo tanti anni gli avversari sanno come attacchi, come ti muovi».

Una settimana dopo le audaci riflessioni di Piqué, il calcio gli diede in un certo senso ragione, perché il Barcellona sconfisse 4-0 il Rayo Vallecano e, per la prima volta dopo 315 partite – cinque anni e quattro mesi –, i blaugrana persero il primato del possesso palla. Il sito ufficiale del Barcellona affermò che il controllo del pallone era stato in mano al Rayo giusto per un 51-49%, sebbene la Liga de Fútbol Profesional invertì il verdetto in un 52-48% a favore dei catalani. Ciò che è certo è che bisognava risalire alla sconfitta 4-1 del 7 maggio 2008 al Santiago Bernabéu contro il Real Madrid per trovare un rivale del Barcellona in grado di togliergli il possesso palla. E quello era avvenuto quando alla guida della squadra c'era l'olandese Frank Rijkaard, prima dell'inizio dell'«era Guardiola».

Paco Jémez, tecnico del Rayo, disse di capire le ragioni per cui Martino aveva deciso di liberarsi del dogma del possesso palla: «Evita a determinati giocatori di compiere sforzi eccessivi, perché possano essere più freschi quando vengono serviti: prima erano tutti sotto pressione». Jémez si riferiva a Messi e a Neymar, le due grandi stelle dell'attacco. Martino arrivò senza dubbio al Barcellona con le idee chiare e con personalità, sebbene tutto dipendesse, come quasi sempre nel calcio, dalla boccata d'ossigeno data dai risultati. L'argentino conosceva alla perfezione i pregi e i difetti del Barcellona da molto prima di diventarne l'allenatore, ma non era più al tavolo di un bar di Rosario con gli amici, bensì al comando della nave. Certo, in buona compagnia, con due di quegli amici del calcio e del bar, il suo assistente Jorge Pautasso e il preparatore atletico Elvio Paolorosso.

In quelle prime settimane deliranti, che compresero una tournée in Norvegia, Germania, Palestina, Israele, Malesia e Thailandia, così come incontri con primi ministri, presidenti e principesse, Martino ricevette un entusiastico appoggio da Josep Maria Casanovas, editore del giornale «Sport», che settimane prima si era speso a favore dell'ex calciatore Luis Enrique, un candidato che, secondo Rosell, non fu mai la prima scelta per la successione di Vilanova. A quell'epoca ormai Casanovas era pieno di elogi per Martino: «Un tipo con una personalità chiara, non un doppiogiochista, dice cose ragionevoli e tratta i giocatori con naturalezza e con rispetto. Niente a che vedere con lo stile Guardiola. Viene da un'altra scuola, e ha i suoi metodi. Tito Vilanova è stato un conservatore, il Tata è un innovatore». E non era tutto: «[È una] ventata d'aria nuova nello spogliatoio. Messi ha smesso di essere intoccabile nella formazione. Le rotazioni sono necessarie. Cesc ha maggior libertà di movimento. Neymar è entrato in squadra come uno in più, nonostante la sua fama. Di Martino ci piacciono la spontaneità, la semplicità, l'equilibrio. Dice ai giocatori quello che poi dirà alla stampa e non succede niente. O meglio, sì che succede. Succede che acquista credibilità, visto che siamo stanchi di tecnici che fanno un discorso davanti ai giornalisti che non ha poi niente a che vedere con quello che diranno negli spogliatoi».

All'inizio un po' diffidente per le tante conferenze stampa – tre o quattro la settimana, com'è d'abitudine in Europa –, Martino via via iniziò a sentirsi più a suo agio. Senza volerlo, ridusse al minimo la presenza del catalano in quei contatti con la stampa, ora impossibilitata a parlare con uno dei «suoi» e costretta a fare domande in spagnolo e a ricevere risposte in «argentino». Quindi Martino ci impiegò un po' a capire che il direttore sportivo del Barcellona, l'uomo che l'aveva cercato per metterlo sotto contratto, si chiamava Andoni Zubizarreta, e non «Ándoni», come continuò a ripetere per giorni, accentuando con insistenza la «a».

E avrebbe anche capito in fretta che non sempre conviene parlare senza filtri, soprattutto se l'obiettivo è l'acerrimo rivale, il Real Madrid. Non conviene dichiarare che «le cifre che ruotano» intorno all'acquisto del gallese Gareth Bale, circa cento milioni di euro, sono «una mancanza di rispetto per il resto del mondo».

Martino imparerà come rapportarsi con i mezzi di comunicazione in una squadra dove ogni parola, ogni gesto, ogni dettaglio vengono analizzati al microscopio da giornali, radio, televisioni, blog e social network.

Per questo non si esprimerà su Cristiano Ronaldo, diventato il giocatore più pagato al mondo – 21 milioni di euro netti all'anno, secondo «El País» – né tantomeno sul look, a metà strada tra Zoolander e Clark Kent, per il quale optò il portoghese a settembre 2013 per firmare il contratto che lo vincola fino al 2018 al Real Madrid. Almeno in questo, Cristiano si posizionava momentaneamente sopra Lionel Messi, quel rivale che tiene sempre di mira. No, dove Martino – un numero 10 ai tempi in cui era giocatore – si sente davvero a suo agio è sul campo da gioco, con la visiera del berretto abbassata e il fischietto appeso al collo durante gli allenamenti. Ha Neymar, ha Iniesta, ha Xavi, ha Messi. E, soprattutto, ha fiducia, molta fiducia. Lo ha detto a Rosell, un pomeriggio, mentre si godevano il profumo del Mediterraneo verso la fine della placida estate catalana: «Da qui mi porteranno via da morto».

II
Lo shock

Fastidioso, pignolo. A volte Messi ha delle giornate così. E chi le ha dovute subire come nessun altro per quattro anni è stato Guardiola. Seduto come sempre nel primo posto del pullman, il tecnico scrutava il piccolo schermo un po' sconcertato. Di fianco a lui, il suo caro amico Manel Estiarte, oro olimpico e mondiale nella pallanuoto, all'epoca a capo delle pubbliche relazioni del Futbol Club Barcelona. La lettura dell'SMS produsse in Estiarte la stessa reazione che nell'ex numero 4 del Barcellona: stupore, sconcerto e una breve risata incredula. Senza scambiarsi una sola parola, i due amici si resero conto del pericolo contenuto in quel messaggio appena inviato dal miglior calciatore del mondo.

La Spagna stava vivendo l'autunno del 2009, seconda stagione di Guardiola alla guida della squadra, e il pullman stava imboccando la strada del ritorno dopo una partita di Liga. Chi racconta l'episodio differisce leggermente sulle parole, ma tutti concordano sullo spirito del messaggio che l'argentino mandò al suo allenatore: «Bene, vedo che ormai non sono più importante per la squadra, quindi...».

Ancora una volta, Messi si nascondeva dietro un cellulare. Sebbene negli ultimi tempi sia migliorato, per lui continuerà a essere più facile servirsi di quello schermo piuttosto che dire le cose. Il pallone e la tastiera del suo cellulare sono, in un certo senso, i due universi più «messianici».

Non importava che fosse sullo stesso pullman e solo qualche sedile più indietro rispetto a Guardiola e a Estiarte. Che sia timido, che faccia fatica a comunicare, non significa che Messi non sia ambizioso, e addirittura inconsapevolmente dispotico quando è il momento di imporre il suo ruolo. E in quei giorni si sente doppiamente con le spalle al muro, a disagio nell'altalenante Nazionale argentina, ma anche – e non si tratta della prima volta – nel club spagnolo.

Nello spogliatoio del Barcellona gira una frase che definisce il modo in cui si comporta il miglior calciatore del mondo: «Non è un dittatore, ma a modo suo si fa notare». Messi sa che non c'è nessuno migliore di lui, sa di avere un'influenza che nessun altro giocatore ha nella squadra. E quel giorno l'ha fatto di nuovo. La comparsa dello svedese Zlatan Ibrahimović, un acquisto su cui Guardiola si era impuntato, era stata per lui una cattiva notizia. Messi dapprima lo pensò e poi ne ebbe la conferma. Aveva un debito di riconoscenza nei confronti del suo allenatore, un uomo che nel 2008 non conosceva bene, ma che l'aveva conquistato con una delle prime decisioni prese come tecnico: mettere il club alle strette perché permettesse all'argentino di giocare con la squadra albiceleste alle Olimpiadi di Pechino, dove avrebbe vinto l'oro. Sì, Messi era in debito con Guardiola, ma la sottile pressione (minaccia?) viaggiò dal suo cellulare a quello del tecnico perché questa volta c'era un pericolo.

Era evidente. Messi arrivava da un paio di partite non brillanti e Ibrahimović stava giocando bene. Il progetto dell'argentino si stava complicando, una vita tranquilla nel Barcellona, in cui non doveva combattere per essere il leader e il centro di ogni cosa perché glielo riconoscevano tutti senza il bisogno di chiedere. Con Ibra no, con lo svedese era diverso. L'argentino si sarebbe arrangiato nell'«era Guardiola» per imporsi come riferimento dell'attacco davanti a predatori dell'area di rigore come il camerunese Samuel Eto'o, un uomo con cui non aveva un brutto rapporto, e si sarebbe amabilmente fagocitato Bojan Krkić, poi finito alla Roma, molto irritato con l'allenatore del Barcellona. La stessa cosa sarebbe accaduta inizialmente anche al cileno Alexis Sánchez e allo spagnolo David Villa, un paio di stagioni dopo. «Non cercare di competere con Messi» fu il messaggio che arrivò a Villa dalle alte sfere del club. E in campo glielo spiegarono ancora meglio: «Ascolta, David, se vuoi avere successo nel Barça, mi raccomando, non cercare di assomigliare a Messi. In niente. Né nei palleggi né nei gol. Non farlo». Nonostante il consiglio, Villa mosse i primi passi nell'avventura al Barça facendo ciò che gli veniva spontaneo, cosa propria di un buon calciatore quale lui è. Fece ciò che non poteva evitare: giocare come se fosse il leader della squadra. «Ci provò, ma dopo quattro allenamenti capì» ricordano oggi, soddisfatti, quelli del club, convinti che il ruolo di Messi sia unico e che l'argentino sia intoccabile. Tempo dopo, lo stesso Villa analizzò nei dettagli la sua ammirazione per Messi, in un'intervista rilasciata a Luis Martín, giornalista del «País». «È eccezionale. Il mister l'aveva detto: di Leo non si può parlare, bisogna vederlo. Io in tutta la mia vita non ho mai ammirato niente di simile: ogni giorno pensi che ormai non si possa più superare, che hai visto tutto, e la mattina dopo ne fa un'altra. È un tipo molto umile, e il successo non gli ha dato alla testa ... C'è un Messi compagno eccezionale che si conquista il nostro affetto non solo per quello che ci dà in campo, ma anche, e più importante, per come si rapporta con lo spogliatoio, per come è.» L'ex attaccante del Valencia non ha dubbi ad ammettere che giocare con Messi non sempre semplifica le cose: a volte le complica. «È un giocatore che esige molto da chi gli sta accanto, perché devi essere sempre attento. A volte sembra impossibile che ti veda, eppure lui ti ha visto. Quando giochi con Leo devi essere pronto all'impossibile, perché poi non è tanto quello che fa lui ma quello che riesce a far fare agli altri. Fa un sacco di gol, ma genera moltissime situazioni per la squadra: si abbassa, crea spazi, fa un ultimo passaggio sensazionale, è generoso... È una meraviglia giocare al suo fianco. Sinceramente, stare vicino a Leo mi ha migliorato. Guardi, io so che domani quando usciranno delle foto di Leo e io apparirò con lui potrò dire: "Io ho giocato con Leo Messi". È un privilegio.»

Lo fu di certo, ma non furono comunque anni facili per Villa che, dopo essersi fratturato la tibia della gamba sinistra nella Coppa del Mondo per Club FIFA del 2011, non fu mai più lo stesso nel Barcellona. A certe tensioni con Messi, che più di una volta gli rimproverò con gesti evidenti di non passargli la palla, si andò ad aggiungere la sensazione che il club ormai non lo volesse più.

Se rimase ancora un anno fu per un gesto di benevolenza del club verso un uomo che era stato sfortunato. Ma alla fine se ne andò e lo fece in modo sorprendente: il Barcellona aveva pagato 40 milioni di euro per acquistare Villa – il maggior goleador nella storia della Nazionale spagnola – nel 2010 e se ne liberò per 2,1 milioni, più un bonus massimo di 5 in funzione della permanenza dell'attaccante nella squadra di Diego Simeone, l'Atlético Madrid. Il Barcellona, questo sì, avrebbe smesso di pagare i 10 milioni di euro annuali che andavano nelle tasche del «Guaje». In un certo senso, un risparmio per pagare lo stipendio a Neymar, il nuovo partner d'attacco di Messi, l'acquisto dalle cifre enigmatiche che entrò in squadra guadagnando 17 milioni di euro. Più di Messi, anche se lo squilibrio venne corretto in poche settimane. È un privilegio giocare con Messi? Non è nemmeno necessario porre la domanda, e lo stesso Ibrahimović alla fine l'avrebbe riconosciuto, quattro stagioni dopo quei mesi di tensione.

Ma in quel 2009 il talentuoso e potente gigante svedese di origine bosniaca vedeva le cose in altro modo, perché era arrivato al Barcellona come il secondo più grande acquisto della storia, 69 milioni di euro. Con un ego proporzionale a quella cifra e al suo talento, l'ariete era pronto a trionfare, ma presto si trasformò in un corpo estraneo nello spogliatoio del Barça. Aveva chiesto di guadagnare quanto Messi e voleva giocare al centro dell'attacco. «Sei un senza palle! Ti caghi addosso davanti a Mourinho» assicura di aver gridato il centravanti al suo tecnico poco dopo aver perso contro l'Inter, allenata dallo Special One, nelle semifinali della Champions League. La frase è tratta dall'autobiografia di Ibrahimović e il giocatore la collega a una partita contro il Villarreal nel maggio 2010 quando lui partì da riserva ed entrò solo nei minuti finali. Zlatan ammette apertamente che il fatto che Guardiola optasse per Messi come centravanti causò la sua uscita dal club: «Preferiva accontentare Messi, non mi calcolava nemmeno». Guardiola non solo se ne intende di calcio, ma non è neanche un ingenuo. Avendo Messi, si sarebbe fidato di un giocatore che ammette di essere andato con la sua macchina a più di 300 chilometri all'ora per seminare la polizia? L'unico dettaglio è che fu Guardiola a impuntarsi sull'acquisto di Ibra. Lo svedese assicura che nemmeno il francese Thierry Henry, che dopo aver lasciato il Barcellona se ne andò nei New York Red Bulls, si era trovato bene con Guardiola:

«Henry mi disse: "Ciao Zlatan, ti ha guardato oggi"?

"No, ma l'ho visto da dietro!"

"Auguri, le cose stanno migliorando!"».

In quell'autobiografia si burla anche di alcuni suoi compagni: «Messi, Xavi, Iniesta e il resto della banda erano come degli studenti a scuola che stavano a ubbidire a tutto senza mai protestare».

Ibrahimović allo stato puro, per quanto con il tempo anche lui sarebbe cambiato. «Non ho più problemi con Guardiola, ho imparato tanto da quell'anno al Barcellona», dirà alla rivista tedesca «11 Freunde», nel febbraio 2013, ormai da giocatore del Paris Saint-Germain.

«Ho imparato ad avere pazienza, prima volevo tutto e subito. Sono cresciuto, mi sono sposato e ho due bambini splendidi. Così, automaticamente, ci si calma» affermò il giocatore che da adolescente rubava le biciclette per andare agli allenamenti. Ma l'altezza di Ibra – 1,95 – è pari al suo ego.

Così, dopo essersi lamentato perché nel calcio non è ammessa la boxe, confessa la sua ammirazione per Muhammad Ali e rilascia un'affermazione clamorosa: «Io sono il più grande dopo Ali». «Anche più di Messi?» chiede il giornalista a un Ibra che per tutta la vita ha idolatrato Diego Maradona. «Questo lo dicano i tifosi. Ma la cosa più importante è credere sempre in se stessi. Anche questo l'ho imparato da Ali.»

È solo questione di tempo, il calcio finisce sempre per rimettere ciascuno al proprio posto. Ed è probabile che Xavi sia eccessivamente elegante nell'assicurare che Messi non ha mai avuto alcun problema con i numeri 9 che sono passati dal Barça, ma così ha spiegato in un'intervista rilasciata al giornalista cileno-tedesco Javier Cáceres per la «Süddeutsche Zeitung»: «Ibra, in realtà, non è mai entrato in sintonia con la squadra. Un grande calciatore, benedetto da un enorme talento, ma forse un po' statico per il nostro gioco». La situazione con Ibrahimović fu per Guardiola decisamente più difficile rispetto a quella con Eto'o, che fece giocare come ala sia nello storico 2-6 del 2 maggio 2009 al Bernabéu sia, qualche settimana dopo, nella finale di Champions League a Roma. Eto'o non disse nulla, accettò l'ordine, nonostante non gli piacesse.

E gli piaceva così poco che, in una partita contro il Betis, si rifiutò di obbedire a Guardiola e di giocare come ala. Il camerunese si piazzò al centro e segnò. Fuori di sé, Eto'o andò verso la panchina a gridare il gol al suo tecnico che a quel punto abbassò il pollice. Eto'o aveva tutte le ragioni di esaltarsi perché fu grazie a due sue reti, una a sei minuti dalla fine, che il Barcellona recuperò lo svantaggio di 2-0 sul campo del Betis. Ma il dettaglio che uno dei primi a festeggiare con lui fosse Bojan, un altro dei «fagocitati» dall'irraggiungibile grandezza di Messi, fu una piccola premonizione. Era febbraio 2009 e l'argentino entrò al 57° minuto al posto del bielorusso Alexander Hleb, un centrocampista offensivo che mesi dopo sarebbe andato allo Stoccarda e tre anni più tardi giocava nel Krylya Sovetov Samara nella Lega russa. Hleb titolare: erano altri tempi. Presto nessuno avrebbe dubitato che la soluzione era Messi. Sempre.

Che quel 2-6 si verificasse un 2 maggio per la storia aveva il suo aspetto paradossale: fu infatti lo stesso giorno in cui, 201 anni prima, i madrileni si ribellarono a Giuseppe Bonaparte, conosciuto popolarmente come «Pepe Bottiglia», fratello di Napoleone. Se nel 1808 Madrid si liberò dal dominio francese, in quel 2009 il club che incarna come nessun altro la grandezza sportiva della capitale spagnola si piegò di fronte a quella che per un lungo periodo sarebbe stata una vera e propria «dittatura» calcistica da parte dello storico rivale catalano. In quella partita, che rappresentò un'umiliazione di proporzioni enormi per il Real Madrid, Guardiola provò per la prima volta Messi nella sua posizione di «finto 9» o «falso attaccante». La sorpresa fu grande per il Madrid di Juande Ramos, un allenatore che rimase talmente colpito da quella prestazione, da cercare di spiegare l'inspiegabile e ne uscì ancora peggio: «Non è stata una lezione». I due gol di Messi, i due di Henry, quello di Puyol e l'ultimo, con cui un difensore centrale come Piqué ha fissato il risultato finale con una giocata fantasiosa, non confermavano la tesi di Ramos: fu una lezione di calcio del Barcellona al Real Madrid. La libertà di Messi al centro dell'attacco avrebbe segnato per sempre il Barça di Guardiola, ma in quei mesi del 2009 l'argentino come «finto 9» era soltanto un'eccezione, una precisa risorsa o una sorpresa avvelenata per il rivale. Guardiola era in dubbio tra ciò che gli dicevano l'istinto e la ragione – mettere Messi in una posizione in cui potesse ricevere maggiori rifornimenti, piuttosto che «nascosto» a destra, dove non poteva collaborare nemmeno al recupero palla – e il fatto che l'abile e potente Ibrahimović era lì per essere usato come ariete. Quel messaggio di Messi all'inizio della stagione 2009-2010 fece intravedere all'allenatore il segnale di pericolo, sebbene Guardiola fu aiutato dal fatto che lo svedese perse presto la pazienza trasformandosi nel ribelle del gruppo: così assicura chi aveva libero accesso allo spogliatoio. «Io so giocare così, giocherò così, come attaccante centrale» disse all'allenatore, creando una distanza che non si sarebbe mai più colmata. La stagione successiva, Ibrahimović fu ceduto. Aveva di nuovo vinto Messi con il suo silenzio? Lo svedese crede di no: «All'inizio andava tutto bene con lui, poi Messi iniziò a parlare», spiegherà anni dopo l'attaccante in un'intervista rilasciata ai microfoni della CNN. «Pretendeva di giocare come punta centrale, passando dal 4-3-3 al 4-5-1. Così fui io a essere sacrificato perché in campo non avevo più quella libertà che mi serve per rendere al meglio.» Ibrahimović potrà sempre dire di aver fatto parte, per un anno, del Barcellona di Messi, ma l'esperienza fu per lui più amara di quanto potesse immaginare. Guardiola, che aveva insistito perché il Barça ingaggiasse lo svedese, dovette mettere da parte l'orgoglio, ma ne uscì vittorioso. Anche Ibrahimović lo mise da parte, ma perse. Per questo ebbe particolare valore ciò che disse qualche ora prima di misurarsi, nell'aprile 2013, contro il Barcellona di Messi e di Tito Vilanova nell'andata dei quarti di finale della Champions League: «Messi è il migliore, il Pallone d'Oro dovrebbe portare il suo nome».

I grandi calciatori sanno quando c'è un altro ancora più grande di loro. Anche per questo bisogna dare ascolto alle parole del gigante svedese: forse ha ragione, forse Messi lo sconfisse con qualcosa in più dei gesti e dei messaggini, forse ne parlò chiaramente a Guardiola. Non si può scartare l'ipotesi perché gli anni in cui Messi parlava solo attraverso il pallone stavano arrivando al capolinea.

III
La fine di un ciclo?

«La differenza fondamentale è la motivazione. Alcuni hanno vinto due Campionati d'Europa, un Campionato del Mondo e non so quante Champions.»

Aprile 2013, primavera a New York e Guardiola spiega al suo interlocutore, il cuoco Ferran Adrià, quelle che, secondo lui, sono le ragioni del crollo del Barcellona. Così ricordò lo chef, quando era ancora fresca la sconfitta 4-0 patita dai blaugrana all'Allianz Arena di Monaco nella semifinale di Champions League. E doveva ancora arrivare la seconda parte del disastro in due atti, una sconfitta per 3-0 al Camp Nou, che avrebbe segnato con numeri da incubo quell'eliminazione. Era la fine di un ciclo? Il dibattito invase Barcellona e il ragionamento di molti, per negare una qualsiasi fine, fu che un ciclo termina solo se si rinuncia a un'idea, a una filosofia di gioco. Non c'erano segnali che il Barcellona, sotto la guida di Vilanova, fino al 2012 «numero due» di Guardiola, volesse cambiare il suo stile. Altra cosa era, certo, che nei momenti chiave della stagione, e di fronte agli avversari più forti, il Barcellona 2012-2013 avrebbe fallito. Un addio con sconfitta nella semifinale della Champions e uno, senza spettacolo né calcio, nello stesso turno della Coppa del Re contro il Real Madrid di José Mourinho. Era stata così strana la stagione che i tifosi del Barcellona avevano festeggiato l'unico titolo, quello della Liga, dai divani di casa loro: fu l'1-1 tra Espanyol e Real Madrid che, un sabato sera di maggio, gli consegnò la quarta Liga in cinque anni. E il giorno dopo avrebbero festeggiato... a Madrid! A ospitare i campioni al Vicente Calderón fu l'Atlético. Un vero e proprio anticlimax, tant'è che la notte in cui fu matematico il titolo della Liga, solo un migliaio di persone andarono a tuffarsi nella Font de Canaletes, ritrovo abituale dei *culés* dopo una vittoria. Il giorno seguente, circa duecentomila persone uscirono per le strade di Barcellona a festeggiare quella Liga tanto strana, un campionato in cui le due grandi del calcio spagnolo vivono segnate da una sorta di «processo autodistruttivo», secondo l'acuta definizione dell'allora articolista del «Mundo», David Gistau. «Ormai vale solo la pena vincere la Champions. Non arrivarci è un insuccesso, perché le squadre sono troppo care e prestigiose per non accettare questa sfida. E perché la Liga, nella percezione dei settori più radicali della tifoseria, si è trasformata in un fastidioso "percorrere strade secondarie" che non fa altro che far perdere energie e riacquista un senso solo nei *superclásicos*.» Della stessa opinione fu Santiago Segurola, penna imprescindibile per l'analisi dello sport spagnolo: «È sempre più evidente che le due squadre vanno a velocità diverse. Una in Spagna. Un'altra in Europa. Ma si può cambiare velocità quando la routine in casa permette di vincere, e stravincere, col freno a mano tirato? Probabilmente no. È curioso, ma i due più avvantaggiati dall'insostenibile disuguaglianza forse iniziano a notare il pericolo dello squilibrio a cui loro stessi hanno dato vita in Spagna». Una situazione che pagarono nella Champions: con Barcellona e Real Madrid in semifinale, sia nel 2012 sia nel 2013 si parlò di una «finale spagnola». Furono eliminate entrambe le volte e la guardarono in televisione. Un fallimento in piena regola per le due squadre, sebbene causato da ragioni diverse.

Ossessionato dal voler vincere la sua decima Coppa dei Campioni e sopraffatto da un folgorante inizio del Barcellona di Vilanova, il Real Madrid aveva disprezzato il titolo di campione spagnolo e scommesso tutto su quello europeo. E il Barcellona non era da meno: tre mesi dopo l'inizio della Liga aveva già tredici punti di vantaggio in classifica sul Real e addirittura quattro in più sull'Atlético Madrid. Era come se i giocatori avessero ricevuto un'iniezione extra di motivazioni: non è Guardiola, siamo noi; senza Guardiola possiamo giocare come o meglio di prima. E il Barcellona di Vilanova non era davvero quello di Guardiola perché la squadra tendeva a verticalizzare di più ed era più travolgente. Subiva più gol di prima, ma se gliene facevano due, ne restituiva tre; se i gol erano quattro, ne rendeva cinque. Quella differenza di punti si sarebbe mantenuta e addirittura sarebbe aumentata dopo che, nel gennaio 2013, venne alla luce una notizia che colpì duramente il club e i giocatori: Vilanova doveva trasferirsi a New York per curare un cancro per il quale era necessario si sottoponesse a chemioterapia e radioterapia.

Così, per uno strano scherzo del destino, il passato e il presente del Barça si ritrovavano a New York. Guardiola si era infatti trasferito nella Grande Mela per concedersi il lusso di un anno sabbatico, vedere gente diversa, percorrere altre strade, respirare una nuova cultura. Si era fatto vedere in occasione della Ryder Cup di golf, dello US Open di tennis a New York e del campionato NBA. Le sue giornate trascorrevano tranquillamente: portava i figli a scuola, passeggiava per ore senza pensieri con sua moglie a Central Park, quando improvvisamente un Vilanova minacciato dal cancro compariva a qualche centinaio di metri da casa sua. Un vero problema, visto che Guardiola aveva smesso di parlare a quello che fino a poco prima era stato il suo miglior amico, stando a quanto affermano sia i «guardiolisti» sia gli «antiguardiolisti» che seguirono gli alti e bassi di quel rapporto, fatto confermato tra l'altro dagli stessi protagonisti. Aggiungono che Guardiola vide Vilanova a New York soltanto una volta, ma non durante quelle sette settimane consecutive che Tito trascorse al Memorial Sloan Kettering Cancer Center. Non gli telefonò nemmeno, cosa che invece aveva fatto all'epoca di una partita contro il Valencia, quando il suo amico si trovava a New York in uno dei suoi primi viaggi per curare la malattia. Quella volta, come tante altre, aveva avuto bisogno della sua saggezza tattica, di assicurarsi che stava vedendo la partita proprio come il suo «numero due».

Ma perché Guardiola troncò i rapporti con quel suo amico d'adolescenza con il quale tutti i lunedì andava a La Masia per mangiare insieme e scambiarsi salumi dei rispettivi paesi? C'erano anche Jordi Roura – che avrebbe sostituito Vilanova durante la sua assenza – e Aureli Altimira, il preparatore atletico. Avevano dato vita a un gruppo battezzato *Els golafres*, che in catalano significa «i ghiottoni».

Le voci sull'allontanamento tra Pep e Tito stavano diventando insistenti nel Barcellona, finché un giorno, ormai tornato da New York e dopo aver vinto una delle sue battaglie contro la malattia, Vilanova le rese reali: «Io e Pep siamo amici fin da piccoli, siamo stati insieme a La Masia e abbiamo vissuto un periodo spettacolare e irripetibile. È vero, con la distanza le relazioni si raffreddano». Avrebbe potuto scegliere un'uscita elegante, ma non lo fece, decise di ufficializzare l'allontanamento, e usò l'ironia, perché se qualcosa non ci fu in quelle settimane a New York fu proprio la distanza. Nei giorni che seguirono l'eliminazione contro il Bayern, i «guardiolisti» cercavano di spiegare cosa stava succedendo allo spesso impeccabile Pep con il suo (ex?) amico intimo: «A Guardiola non piacque che, prima di fargli il funerale, il suo secondo si comportasse da allenatore. Ci fu un battesimo, non un funerale». Sebbene settimane dopo avrebbe avuto uno spettacolare addio al Camp Nou, era in un certo senso la seconda volta che Guardiola era protagonista di un'uscita, un po' deludente, dalla sua squadra del cuore: quando se n'era andato come giocatore, i violenti *Boixos Nois* erano i padroni di uno stadio indifferente e semivuoto. L'uscita non sognata a cui fa riferimento l'amico dell'ex numero 4 del Barcellona è quella dell'aprile 2012 quando il club confermò che Guardiola se ne andava e, nella stessa conferenza stampa, annunciò Vilanova come suo successore, che era esattamente ciò che Guardiola aveva chiesto di non fare. Voleva separare le cose e avere il «suo» momento, un'uscita di scena in cui fosse l'unico protagonista. Quella, inoltre, fu una conferenza stampa nella quale stranamente mancò Messi. Il club avrebbe poi spiegato che c'era stato un malinteso, ma fu difficile crederci.

Più tardi avrebbero diffuso una foto in cui l'allenatore e il giocatore si abbracciavano durante un allenamento, ma quella sua assenza era assolutamente in linea con lo sgretolarsi delle relazioni in un gruppo in cui uomini come Fàbregas e Piqué avevano smesso di parlare con il loro allenatore. Pochi giorni prima che venisse confermato l'addio di Guardiola, il Real Madrid aveva sconfitto il Barcellona 2-1 al Camp Nou, davanti a centomila spettatori. Erano sette *clásicos* che le merengues non vincevano sui loro storici rivali e quattro che perdevano al Camp Nou.

Nello spogliatoio, Guardiola, che a volte veniva accusato di strafare e di essere un'idra che si comportava contemporaneamente da allenatore, preparatore atletico, direttore tecnico, presidente e addetto alle pubbliche relazioni, si avvicinò a dire qualcosa a Messi. L'argentino non lo volle ascoltare: «Avresti dovuto attrezzare una squadra per vincere, non lo hai fatto».

Come si può notare Messi, a volte, si esprime a parole. Mesi dopo, l'argentino avrebbe confermato, in un'intervista a «El Gráfico», il suo allontanamento dall'uomo che meglio l'aveva capito e che aveva avuto più pazienza con lui da quand'era diventato un professionista nel Barcellona.

«Tu e Guardiola parlate?»

«No, non ci siamo più parlati.»

«Ti sembra possibile che un giorno Guardiola possa essere a capo della Nazionale argentina?»

«Non credo, in Argentina non accetterebbero un tecnico non argentino.»

Con poche parole, Messi diceva molto.

Guillem Balagué, giornalista spagnolo residente nel Regno Unito, assicura anche che José Mourinho fu un'altra delle cause dell'allontanamento di Guardiola.

«Parlando con Pep, quando gli ho chiesto di Mourinho ha cambiato gestualità, il linguaggio del corpo, si capiva che non era molto a suo agio, ha alzato una barriera. I *clásicos*, per

Pep, non erano più piacevoli. Pep ha ammesso che Mourinho era riuscito a fare quello che voleva, destabilizzarlo a livello emotivo al punto da non godersi il suo lavoro» rivelò Balagué nel programma televisivo *Punto Pelota*, prima di entrare nel pieno dell'analisi di ciò che era successo in quello spogliatoio carico di tensione: «Il suo addio ha a che vedere con il fatto che doveva riciclare una rosa che aveva creato basandosi anche sull'affetto. Doveva cedere alcuni giocatori e prenderne altri in un club, in un paese [si riferisce alla Catalogna], dove ormai era un simbolo, e per lui è stata dura. Doveva ritrovare se stesso perché tutto ciò era troppo». E una confidenza per dimostrare che Guardiola non è d'acciaio: «Al suo secondo anno telefonò a un allenatore della Premier League per chiedergli: se hai tensioni con un giocatore, cosa fai, cacci il giocatore o te ne vai tu? E Pep ha avuto la risposta che non voleva: devi cacciare il giocatore».

Parole e dati che permettono di cogliere meglio il senso di una delle poche frasi che Guardiola pronunciò per spiegare la sua uscita dal Barça: «Era il momento di lasciare. Se no avremmo finito per farci del male».

Mesi dopo quell'addio, a gennaio 2013, Guardiola si rivide con il Barcellona. Era in corsa per la nomina come miglior allenatore dell'anno 2012 al galà del Pallone d'Oro. La scelta sarebbe poi caduta su Vicente del Bosque, commissario tecnico della Spagna. L'altro nominato, Mourinho, allenatore del Real Madrid, preferì non presentarsi salvo poi lanciare, mesi dopo, una strampalata accusa di manipolazione dei voti. Il passaggio di Guardiola da Zurigo si accompagnò a una dose extra di morbosità, come sottolineò bene Francesc Perearnau sul «Mundo Deportivo»: «Chi fu testimone al galà del Pallone d'Oro notò l'atmosfera gelida e distante tra Pep e i sette giocatori presenti, tra cui Messi, scelti nella miglior squadra della stagione».

Quel giorno d'inizio anno, a Zurigo, erano concentrate, in uno spazio esiguo, moltissime stelle del calcio, ex giocatori, allenatori, presidenti di club e giornalisti. Non hanno alternativa se non incrociarsi, salutarsi e addirittura parlarsi. E quindi nascono situazioni un po' insolite.

«Presidente» disse un corretto Guardiola stringendo la mano a Florentino Pérez, massimo dirigente del Real Madrid. A Emilio Butragueño, il leggendario ex giocatore e negli ultimi anni direttore delle relazioni istituzionali del club merengue, rivolse un saluto veloce, più informale, come se si fossero già visti. L'ultimo componente del trio era il portoghese Jorge Mendes, agente di Cristiano Ronaldo e di Mourinho.

Con un sorriso a trentadue denti, Mendes diede un cinque a Guardiola. Non fu un gesto freddo e informale: lo fece con impeto euforico e con la mano alzata, proprio come si salutano due buoni amici, due «persone» in confidenza. Mendes se ne andò via e il viso di Guardiola, per qualche secondo, rifletté tutto il suo stupore.

Si potrebbe dire che l'addio di Guardiola al Barcellona fu una prova di saggezza e che l'allontanamento da Vilanova ebbe più a che fare con una questione di ego. Ma non tutti la vedono così. «Io ho parlato con entrambi» spiega Joan Laporta, presidente del Barcellona per sette anni e che nel 2008 scommise su un Guardiola con pochissima esperienza come allenatore.

Insieme a lui entrava anche Vilanova come «numero due». Laporta dà a intendere che Guardiola si sentì tradito dagli altri appartenenti al gruppo, gli *Els golafres*. «Che la squadra di Pep non l'avesse accompagnato, che ci fosse andato da solo... fu questo a sorprendere. Era una squadra che Pep aveva formato e difeso molto, sono testimone diretto del fatto che se c'era qualcosa che Pep anteponeva ai propri interessi erano quelli dei suoi giocatori.» Parlando del sì di Vilanova al Barcellona, Estiarte, nelle dichiarazioni al giornale «Sport», dirà qualcosa di simile: «Ci sorprese». In quella primavera spagnola, turbolenta a livello economico e sociale, tutti ormai sapevano che Guardiola aveva deciso di andare a vivere nel paese più ricco d'Europa per dirigerne il club calcistico più facoltoso: il Bayern Monaco. Che fosse proprio il Bayern a eliminare il Barcellona rendeva la situazione ancora più strana, sebbene un carissimo amico che assistette con Guardiola, a New York, a quel 4-0 confermò ciò che il tecnico non poteva dire: Pep voleva che vincesse il Barça. Lo voleva sebbene fosse lontano da Vilanova, lo desiderava anche se non parlava più con molti dei suoi giocatori. Laporta non ha dubbi su quello che sarebbe stato il futuro di Vilanova, Roura e Altimira se non avessero assunto il controllo del Barcellona. «Pep se li sarebbe portati al Bayern, è ovvio! Quando Pep, a New York, mi raccontò che accettava l'offerta del Bayern, fu come se stesse lanciando un messaggio al mondo del calcio: "Non mi faccio comprare da un magnate pieno di soldi, io scommetto su un progetto serio, su un club con una tradizione e dei dirigenti qualificati".»

Quella notte di Monaco, prima della sconfitta, Zubizarreta fu avvicinato da un giornalista: «Andoni, sa qualcosa di Guardiola? Ha idea da dove guarderà la partita?». Il direttore sportivo del Barcellona respirò a fondo e disse soltanto: «Lasciate in pace Pep». Arrivò a ripeterlo per tre volte, prima di chiudere la porta e andarsene.

Giorni dopo, mentre Laporta parlava nel suo studio d'avvocato, un sesto piano nell'imponente avinguda Diagonal di Barcellona, Guardiola si stava godendo un tour in America latina, una serie di chiacchierate a Bogotá e a Buenos Aires, grazie alle quali avrebbe guadagnato in tutto centinaia di migliaia di euro. Il suo prestigio era enorme. Quello smilzo testone che qualche tecnico aveva apertamente preso in giro il primo giorno in cui aveva messo piede a La Masia era un riferimento a livello mondiale. Quel successo, secondo Laporta, generava invidie, in particolare tra i dirigenti di Rosell, che per un anno e mezzo fu il suo vicepresidente e che poi gli sarebbe succeduto al comando del Barça. «Si sono comportati molto male con Pep Guardiola, in maniera infantile, dietro le spalle, mai in faccia. Lo trattavano in modo sarcastico, come un profeta, un messia. "Guarda," dicevano "è arrivato il Dalai Lama." Paragonare Guardiola al Dalai Lama può strappare un sorriso a chiunque perché è una malignità con un certo fondamento.»

Sebbene le distanze in quanto a percorso di vita tra un ex calciatore e l'esiliato leader del buddismo tibetano siano siderali, sono entrambi calvi, entrambi parlano con calma, entrambi sono speciali. Con quella voce dolce e roca, con il suo insistere nell'essere «diverso», nel dotare di poesia e profondità il discorso calcistico, Guardiola presto si trasformò in leader, in una figura unica. Nel Dalai Lama del calcio? Forse lo stesso Pep non lo vede come un titolo da rifiutare.

Probabilmente risulta difficile da capire che un club non si senta a suo agio con un tecnico vincente o che questo tecnico vincente si allontani dal suo «numero due», nonché amico, per questioni di ego. Ma cose simili sono accadute tra Johan Cruijff e Carles Rexach, tra Jürgen Klinsmann e Joachim Löw o tra Mourinho e André Villas-Boas. Fa parte della vita, i migliori amici possono trasformarsi, da un giorno all'altro, in perfetti estranei. In parte perché tra amici ci si raccontano molte confidenze, perché il tuo (ex) amico sa troppe cose, cose che adesso preferiresti non aver rivelato. È ciò che sembra essere successo all'editorialista spagnolo Salvador Sostres, che condivideva con Guardiola lunghe colazioni e cene, disponendo così d'informazioni di prima mano su quell'uomo che faceva solo conferenze stampa e non rilasciava mai interviste. Se si fa caso a ciò che scrisse Sostres, l'uscita di Guardiola dal Barcellona fu piuttosto tormentata. Quasi un film di gangster. Sostres sostiene che Guardiola disse così a Rosell: «Me ne andrò senza fare rumore, senza dichiarazioni, senza rilasciare interviste e senza scrivere libri. Ma se tu e i tuoi amici provate a fottere me o i miei, dirò tutto quello che ho da dire e sai che mi staranno a sentire».

Una cosa è certa: il Dalai Lama non parla in questo modo.

No, Guardiola non è il Dalai Lama. Chi condivide con il tecnico momenti di relax, dice che parla in maniera volgare, che è una macchina da *tacos*, il termine con cui gli spagnoli indicano le parolacce. Ossessionato dalla pianificazione e dal controllo, all'allenatore si adatta bene una storia che circola per Barcellona ovvero che avrebbe invitato a cena, all'inizio del suo lavoro al Barça, i proprietari delle principali discoteche della città. Voleva, assicurano, siglare un patto affinché gli raccontassero quali giocatori si muovevano di notte, quanto tempo passavano in discoteca, cosa bevevano e quanto.

Non si sa se questo supposto patto con i signori della notte ci fu e, soprattutto, in cosa consistette, ma lo spionaggio di giocatori fu un dato di fatto in quegli anni. Un chiaro esempio è quello di Gerard Piqué, atleta bello e di successo, oggetto di un intenso pedinamento. Secondo persone che ebbero accesso a notizie di prima mano, si evidenziò che il centrale destinava enormi quantità di denaro alle sue partite di poker online e che organizzava anche delle «bische» con altri compagni di squadra. E non solo, contrariamente a ciò che si poteva pensare, spesso non usciva: sovente restava fino alle sei del mattino a casa sua a parlare con delle ragazze al telefono. Un giovane come tanti altri.

Anni dopo quello spionaggio, di cui non si arrivò mai a cogliere del tutto la dimensione e che in Catalogna divenne una moda perché non riguardò solo personaggi del Barcellona, Piqué sarebbe comparso a Las Vegas. Nelle vacanze del 2013, ormai ufficialmente impegnato con Shakira e padre di Milan, con berretto azzurro dei New York Yankees, maglietta bianca, occhiali scuri e auricolari dorati, il centrale del Barcellona cercava di passare inosservato alle World Series di poker. Mentre Piqué mostrava la sua abilità nella città del gioco, in Europa stava nascendo una crisi che avrebbe scosso il Barcellona.

Pep dichiara guerra e *Guardiola all'attacco* furono due dei titoli in prima pagina. L'uomo che era diventato un messia per i barcellonisti, interrompeva i rapporti con il suo club. Era giovedì 11 luglio sul lago di Garda, sede del ritiro estivo del Bayern Monaco. In quattro minuti e quaranta secondi Guardiola lanciò un attacco furibondo ai dirigenti del Barça, ma mise anche in una situazione imbarazzante Vilanova, il suo (ex?) amico.

«Per un anno sono andato a seimila chilometri di distanza e ho chiesto ai vertici del Barça di lasciarmi in pace, ma non è bastato» disse riferendosi ai suoi dodici mesi a New York. «Non hanno mantenuto la parola.»

Di fronte allo sconcerto dei giornalisti e della televisione tedesca, che non erano preparati al fatto che Guardiola avrebbe parlato in catalano, l'ex allenatore del Barcellona proseguì con la sua invettiva fino a pronunciare un'altra frase che sarebbe diventata oggetto di una lunga polemica: «Utilizzare la malattia di Tito Vilanova per farmi del male è qualcosa che non dimenticherò mai». E aggiunse che lui e Vilanova si erano visti a New York, e se poi non erano seguiti altri incontri non era stata colpa sua.

La durezza del messaggio di Guardiola contribuì a togliere importanza a un annuncio che, da solo, in circostanze normali, sarebbe stato il centro di una polemica piuttosto grande a Barcellona: Pep acquistava Thiago Alcántara. Il centrocampista, che da anni era visto come il naturale sostituto di Xavi Hernández, sebbene non giocassero proprio allo stesso modo, se ne andava al Bayern.

Ed era Guardiola a portarlo con sé. Ed era il fratello di Guardiola, Pere, l'agente di Thiago, ad aver negoziato un abbassamento della clausola di rescissione da 90 a 18 milioni di euro. Il Bayern si sarebbe preso Thiago per 25 milioni.

Le accuse di Guardiola a Rosell e i riferimenti a Vilanova servirono – secondo l'opinione di molti a Barcellona – da «specchietto per le allodole» nel «caso Thiago». Per giorni non si parlò d'altro.

Sostres, ex amico di Guardiola (ormai senza dubbio, almeno per un po' di tempo), si sentì chiamato in causa e intitolò *Lasciami in pace* un articolo riferito alla conferenza stampa nell'idilliaco ritiro del Nord Italia. «Di verità ce n'è una sola, e ieri Pep l'ha confermata punto per punto» sintetizzò Sostres, che chiuse attaccando ancora una volta il suo vecchio compagno di confidenze: «Conosce tutti i trucchi del cinismo per comportarsi come un egoista, far sì che i suoi avversari sembrino i tizi più miserabili del pianeta e lui invece un angelo immacolato e puro».

Gli attacchi di Sostres a Guardiola non si sarebbero fermati lì, perché il «melodramma catalano» andò avanti in modo allucinante.

Quattro giorni dopo lo scossone rivolto a tutti dall'ex allenatore del Barcellona, arrivò la risposta di Rosell: «Quando si fa una dichiarazione del genere, bisogna dimostrarla e questa non è dimostrabile perché non è vera. Nessuno di noi membri del direttivo userebbe mai la malattia di Tito, né quella di nessun altro, per nessuna ragione. È già sufficientemente grave la malattia stessa. Per questo non capisco».

Una totale smentita a Guardiola, sebbene fu poi la reazione di Vilanova, un giorno dopo, ciò che trasformò il botta e risposta in un vero dramma.

«Cerco sempre di evitare le polemiche personali, e di parlare di calcio, ma non credo che la giunta direttiva del club abbia utilizzato la mia malattia per attaccare Guardiola. Sia io sia la mia famiglia siamo molto felici di come ci hanno trattato quelli del club, sono sempre stato aiutato il più possibile ... Si sono preoccupati molto per me; e anche i miei amici, molto. Alcuni hanno addirittura preso un aereo per New York per venirmi a trovare.»

Poteva essere sufficiente così, ma Vilanova si spinse oltre e rispose direttamente a una delle affermazioni più delicate di Guardiola: «Avrei preferito non trattare questioni personali, ma lui ha parlato di me. Quando sono arrivato a New York per curarmi Pep è venuto due giorni a farmi visita, ma poi, dopo l'operazione, sono stato in trattamento per più di due mesi e non ci siamo più visti, ma non è stato per colpa mia, fu lui a decidere». E poi seguì ciò che venne vissuto come un colpo da ko: «Era un mio amico, e avrei avuto bisogno di lui, ma forse pensò che in quel momento non doveva starmi accanto. Lui ha agito così, io sicuramente mi sarei comportato in altro modo». E se la cosa non era ancora abbastanza chiara, aggiunse: «Ero io che stavo male, che passavo un momento difficile, ero io che avevo bisogno».

In quest'atmosfera gelida, ormai tutto era possibile, persino che un Sostres assetato di protagonismo unisse la sua abituale misoginia con un furioso e recente «antiguardiolismo» per dar forma a uno di quegli articoli che lasciano il lettore a bocca aperta: «Per capire Guardiola bisogna pensare al femminile. Non m'intrometto nella sua vita sessuale, nemmeno la conosco e non mi interessa, so solo che è sposato e ha tre figli. Ciò che intendo dire è che in Guardiola, e soprattutto nel suo modo di rapportarsi con il mondo, predomina la parte sinuosa, quella serpeggiante, quella femminile. Per questo le sue reprimende sono sempre indirette, contorte, e lui fa sempre la parte di uno che è in mezzo a un'orgia ma non ne sa nulla».

Era evidente che il Barcellona si stava complicando la vita senza alcun bisogno di farlo, stava sprofondando in una telenovela con una sceneggiatura improponibile e lasciava sempre più lontano nella memoria il ricordo di quegli anni in cui Guardiola e Vilanova erano pappa e ciccia, due amici per la pelle. Per questo Messi evitò di entrarci quando gli vennero fatte domande sulla faccenda: «È una cosa accaduta tra loro due, hanno detto quello che dovevano dire, ma soltanto loro sanno cos'è successo, la verità...».

Fu intelligente Messi a eludere la questione quel mercoledì d'estate. In quel momento Rosell sapeva ciò che il numero 10 ancora ignorava. Due giorni dopo, un venerdì alle otto e mezzo di sera, il presidente sganciava la bomba: Vilanova avrebbe smesso di essere l'allenatore del Barcellona per dedicarsi interamente alla cura del cancro.

Mentre Rosell leggeva con calma l'annuncio, accanto a un pallido Zubizarreta, Vilanova saliva sulla sua auto e abbandonava in solitudine la Ciudad Esportiva del Barcellona.

Non era un film di Hollywood, era un fatto reale. Tanto che, a meno di un mese dall'inizio della stagione, bisognava cercare un nuovo allenatore.

Né André Villas-Boas né Michael Laudrup, né Ronald Koeman né Luis Enrique: la scelta ricadde su Martino, uno sconosciuto per la stragrande maggioranza degli spagnoli e raffinato numero 10 del Newell's negli anni Ottanta, commissario tecnico di successo del Paraguay – la Nazionale che fu a un passo dall'estromettere dai Mondiali di Sudafrica 2010 la Spagna che avrebbe poi vinto – e campione nazionale di quel paese. Il Tata Martino si era appena aggiudicato il campionato argentino con il Newell's e aveva raggiunto la semifinale di Coppa Libertadores, l'equivalente della Champions League europea, mostrando un gioco che esprime amore per la palla. Lo stesso amore tipico del Barça. Martino fu scelto anche contro l'opinione – che a tratti divenne campagna – di alcuni media catalani, e lui, prima di volare a Barcellona, riconobbe ciò che gli sembrava ovvio: «Non ho dubbi che Messi e suo padre abbiano influito».

Alfredo Relaño, direttore di «As», dichiarò che «Martino non è stato furbo»* nel rivelare questa indiscrezione, parlando di una «certa diffidenza esistente» in Spagna «nei confronti degli argentini» come di un fattore di cui avrebbe dovuto tener conto. Messi, che su un social network definiva una «bella sorpresa» la scelta di Martino – un tentativo per smentire le voci circa una sua implicazione in merito? – completò l'insolito quadro: trent'anni dopo un Menotti che arrivò con l'aura del campione mondiale per dirigere Maradona, un altro argentino, e sempre di Rosario, calcava il prato del Camp Nou per tirare fuori il meglio dal Maradona del terzo millennio. Una cosa era evidente fin da subito: con Martino tutto sarebbe stato più «noioso» perché il calcio si sarebbe ripreso il centro della scena, lasciando da parte le accuse incrociate e gli articoli esplosivi.

All'epoca Guardiola – che nove mesi prima aveva fatto sapere, per mezzo di suo fratello Pere, che sarebbe stato disponibile a guidare la Nazionale del Brasile, sogno subito frustrato – aveva altro in mente: per esempio, preparare il Bayern per un'amichevole estiva con un Barcellona ormai senza il suo – nonostante tutto – amico Tito. Sicuramente provato da come si erano messe le cose, tre giorni prima di quella partita chiese, nella città tedesca di Mönchengladbach, di mantenere a «livello personale» il discorso sul suo rapporto con Vilanova. E aggiunse ciò che a molti suonò assolutamente logico, sebbene in ritardo: «Come avrebbe sempre dovuto essere».

* Gli autori usano l'espressione «*A Martino se le escapó la tortuga*», frase pronunciata un tempo da Maradona e il cui significato è in effetti quello di non riuscire nemmeno a fermare una tartaruga, quindi di essere talmente sciocco da farsela sfuggire. (Tutte le citazioni al piede sono a cura del traduttore.)

Tre mesi dopo avrebbe preso un aereo privato da Monaco a Barcellona per parlare per quasi quattro ore con Tito che, nelle sue scarse apparizioni pubbliche in quelle settimane di faticosissima terapia contro il cancro, era sembrato estremamente pallido e magro.

Messi ricordava ancora i tempi felici di Vilanova e Guardiola, due uomini che l'avevano segnato in due importanti fasi della sua carriera calcistica: l'adolescenza e l'età adulta.

Non era necessario andare molto indietro nel tempo per rivivere quei momenti, quegli anni in cui il calcio era al centro di ogni discussione e in cui Guardiola era un semidio. Lo sapeva bene un altro degli uomini chiave di quegli anni.

Così come Guardiola è unico nella sua visione del calcio, nel suo modo di trasmetterla e nella sua ossessione verso le proprie squadre, Dani Alves è speciale come giocatore. E non soltanto perché in uno dei periodi migliori per il Barcellona lui fu essenziale e formò una bella coppia con Messi: anche perché non ha peli sulla lingua. Con indosso i suoi pantaloni verde prato e gli occhiali da sole, un pomeriggio d'aprile del 2013 il brasiliano non sfuggì al paragone tra Guardiola e Vilanova, ormai già pubblicamente lontani: «Il lavoro è lo stesso. Tito era il braccio destro di Pep, quando si doveva agire; sapeva già come fare, solo che adesso ha cambiato posto, sedia, ma il lavoro è lo stesso».

«Lei cosa sottolineerebbe della personalità di Vilanova?» Alves fissò negli occhi Noelia Román, la giornalista che lo stava intervistando: «Direi che non bada tanto al dettaglio, che non guarda tutto al microscopio...» il laterale non trovava la parola. «Non è tanto...» «Ossessivo?» lo aiutò la Román. «Esatto! Ma ognuno ha le sue idee e sono tutte rispettabili e hanno tutte il loro valore. A parlare sono i numeri.»

Essere «ossessivo» può avere molti aspetti positivi. Significa anche essere perseverante, prendere molto sul serio sé, il proprio lavoro e gli altri. Laporta, pur conoscendolo, non poté evitare di stupirsi quando entrò nell'appartamento newyorkese di Guardiola. «C'erano libri di tedesco ovunque. La sua voglia di imparare mi ha sempre impressionato, ma ora è alle prese con una lingua molto complicata. Pep sta facendo uno sforzo enorme, si porta l'insegnante ovunque.» L'obiettivo di Guardiola aveva tutta l'aria di voler essere un'azione eroica: fare in tedesco la sua prima conferenza stampa come allenatore del Bayern. Una cosa è sapere il catalano e lo spagnolo o parlare ragionevolmente bene l'inglese e l'italiano. Ma mettersi, a quarant'anni suonati, a studiare la lingua di Goethe fa pensare a una personalità particolare e che ben si addice alle ossessioni, alla testardaggine e all'audacia, anche queste testimoniate da una frase riportata da un carissimo amico di Guardiola che giura di averlo sentito dire: «Il mio obiettivo è fare abbastanza soldi da far vivere molto bene tre generazioni di Guardiola».

IV
La squadra eccelsa

«Il successo di un allenatore dipende da come gestisce l'ego dei giocatori» ha teorizzato una volta Guardiola. Avrebbe certo potuto aggiungere che dipende anche da come sa gestire il proprio, perché anche in panchina ce n'è, e spesso fin troppo. Ciò che è sicuro è che se si misura Guardiola in base alle sue parole, il successo è assoluto. L'ex numero 4 del Barcellona ottenne la quadratura del cerchio nelle quattro stagioni in cui allenò il club conquistando grandi vittorie: i suoi modi e le sue parole furono quasi sempre squisiti e coerenti con un profilo modesto, magari non del tutto naturale, cosa che però non impediva che la sua immagine ricevesse più attenzioni di quella di molti dei suoi giocatori. Era protagonista, ma non lo si poteva accusare di volerlo essere. Certo ci furono delle eccezioni come quella del «fottuto padrone», espressione rivolta a Mourinho, o il suo insistente ironizzare, nella parte finale della Liga 2011-2012, su alcuni arbitraggi discutibili o quando i suoi stessi dubbi sul continuare o meno ad allenare gli fecero perdere a tratti una certa forma ed eleganza, e quell'aura di semisantità che lo avvolgeva. Ma questi non sono che dettagli: la chiave per capire gli anni di Guardiola nel Barcellona, gran parte della spiegazione dei 14 titoli vinti sui 19 a disposizione, sta nel suo rapporto con Messi, in come riuscì subito a capire cosa aveva tra le mani. Molto meglio del suo predecessore, l'olandese Frank Rijkaard. Guardiola si guadagnò il rispetto e l'attenzione del miglior giocatore del mondo, un giovane che non potrebbe vivere senza il calcio. Messi ama giocare, ma anche parlare del gioco, cosa che faceva durante lunghe conversazioni sulla tattica con Xavi e Guardiola. Per questo Xavi affermò, in un'intervista al giornale tedesco «Süddeutsche Zeitung»: «Ci sono tante squadre che giocano molto bene, anche se non sanno esattamente perché, dove le cose avvengono più che altro per caso».

Non era così nel Barça di Guardiola, che spiegava ogni particolare «molto didatticamente», a volte fin troppo.

«La chiave di tutto» dice Xavi «sta sempre nel chiedersi dove si creeranno situazioni di superiorità numerica per liberare spazio agli altri. Pep [Guardiola] ce lo ripete prima di ogni partita: oggi la superiorità sarà qui, lì o là. E ci azzecca sempre.» Quest'intervista del giornalista cileno-tedesco Javier Cáceres venne realizzata un paio di mesi dopo il 3-1 che il Barcellona inflisse al Manchester United nella finale di Champions League 2011 disputata al Wembley Stadium.

Xavi considera quel match e il 5-0 del novembre 2010 contro il Real Madrid come i due migliori della sua squadra. «Fu una partita stupenda, il Manchester United non è praticamente mai stato pericoloso, abbiamo dominato per tutto il tempo, eccetto gli ultimi venti minuti, in cui loro hanno avuto un paio di occasioni. Ma ormai non ci credevano più, glielo si leggeva in faccia, nei loro gesti. Persino Wayne Rooney mi si avvicinò e mi disse: "Non possiamo fare niente, niente". E... accidenti! Una cosa del genere con una squadra come il Manchester che avevamo sconfitto nella finale di due anni prima e che voleva prendersi la rivincita... Wow!» Xavi vede la giocata prima di ricevere la palla e per tutta la partita ha in testa sia i suoi compagni sia i rivali. Anche – o soprattutto – Messi. «Quando mi accorgo che sono cinque minuti che non tocca la palla, mi dico che non è possibile, mi chiedo dov'è» spiega girando la testa a destra e a sinistra. «E quando lo vedo faccio in modo che mi si avvicini e gli dico "vieni, vieni qui". Lui è un attaccante, e gli attaccanti a volte si sconnettono, come se fossero in off. E spesso se la prende perché non riceve abbastanza di frequente il pallone. Ma quando si avvicina a noi a centrocampo, allora è di nuovo felice, perché può di nuovo toccare il pallone una, due, tre volte, e a quel punto si gira e inizia a giocare all'attacco... quel tipo è davvero una bomba. Non ho mai visto in vita mia un giocatore così bravo. Non sto parlando di Pelé o Maradona, e nemmeno di Di Stéfano o Cruijff. Di loro non ho visto dieci partite di seguito, ma Messi è il migliore del mondo in ogni partita, in ogni partita!» Xavi può sembrare discreto e amante del basso profilo, ma questo non significa che non abbia le sue opinioni.

Le ha espresse, per esempio, al giornale spagnolo «El Mundo», parlando delle ingiustizie che i mezzi di comunicazione commettono quando danno informazioni su una partita di calcio: «Se uno non ha fatto niente per tutta la partita, ma segna il gol della vittoria, allora si prende la prima pagina. Mi disgusta». Forse lo disgusta perché sa che la velocità di pensiero – il suo forte – non può essere immortalata in una fotografia e quindi non finirà sulla prima pagina di un giornale, cosa che invece succede con un bel gol. «Non ho un grande fisico, per cui devo pensare velocemente» spiegò Xavi alla «Süddeutsche Zeitung». Secondo lo spagnolo, nel calcio ci sono «due tipi di velocità. Una è quella dell'azione, come nel caso di Messi che fa tutto a 200 all'ora o di Ronaldo. E poi c'è la velocità mentale. Certi hanno la testa che va a 80 all'ora, altri a 200. Io cerco di avvicinarmi a quelli che vanno a 200». Poi Xavi spiega in cosa consiste la velocità mentale estrema: «Sapere sempre dove si è posizionati nel campo da gioco, sapere sempre cosa si farà con il pallone, prima ancora che ti arrivi. Questo, nel Barça, lo impari fin da piccolo. Quando un giocatore mi pressa, al 99 per cento è più forte di me, quindi non ho altra alternativa che pensare velocemente. Fare un passaggio, un movimento, smarcarsi, fare una finta, lasciare che corra verso il vuoto...».

Che Xavi possegga un'intelligenza naturale per giocare a calcio nessuno lo mette in dubbio, ma anche quell'intelligenza e quelle qualità si allenano. E sistematicamente, con un'insistenza che ne dimostra l'importanza. «Che lavoriamo sulla forza, la velocità o la resistenza, è uguale: ogni seduta d'allenamento inizia con un "torello", un esercizio in cui ci si dispone in cerchio con un giocatore nel mezzo e ci si passa la palla cercando di non fargliela toccare. Il primo che sbaglia deve andare nel mezzo. Un allenamento mentale incredibile. E [l'allenamento] finisce sempre con un gioco in cui si lavora sul controllo palla. Giochi di posizione in cui bisogna pensare molto in fretta, in cui la palla può essere toccata al massimo una volta. Senza spazio e senza tempo per pensare che si può perdere il pallone. E non lo perde nessuno, nessuno. A volte dico a Pep: "In realtà dovresti filmare i nostri allenamenti. Sono molto meglio di qualsiasi partita. Molto meglio".»

La maggior parte degli spagnoli vorrebbe Xavi come vincitore del Pallone d'Oro, ma il centrocampista sa che vive nell'epoca di Messi. Gli resta, comunque, la soddisfazione di essere considerato e ammirato da molti come il cervello del Barça e della Nazionale spagnola, come il miglior interprete del calcio intelligente e chiaroveggente. Per Xavi il calcio è qualcosa di molto serio. «Il problema è che al 95 per cento delle persone piace il calcio, ma a capirne davvero qualcosa è soltanto un 2 per cento. Uno dei miei migliori amici è un vero fanatico. Vede tutte le partite, conosce tutti i giocatori. E nonostante questo non ne capisce niente. Gli dico sempre cose del tipo: "Guarda, quello fa dei falli stupidi, quell'altro è un individualista...," ma lui non lo nota, semplicemente non mi ascolta. La gente guarda solo i risultati. Quando non vincevamo niente, il nostro calcio era in un certo modo disprezzato. E ora siamo un riferimento mondiale! Mi fa veramente ridere... cinque anni fa giocavo esattamente come adesso. E parlo sul serio: "esattamente come adesso".»

Come giocava il Barcellona di Guardiola? Lo spiegò nel 2011 José Sámano, caporedattore di «Deportes», la rubrica sportiva del «País», ancora sconvolto per il 4-0 rifilato al Santos nella finale della Coppa del Mondo per Club disputatasi in Giappone: «Il Barça è l'ultimo rivoluzionario e una delle squadre più estremiste. Dall'Ajax dal calcio totale al Barça senza attaccanti, con tre difensori e con un gruppo di centrocampisti dalle dimensioni più adatte a un ippodromo che non al gioco del calcio. Questo direbbero i puristi, quelli che diffidavano della fragilità di [Emilio] Butragueño o di Raúl, consumati dall'idea antidiluviana che il calcio sia una faccenda da uomini. Di fronte a un calcio di *machos*, di doppi o tripli mediani, di centrali simili a travi di cemento armato, di laterali che vanno e vengono senza andare da nessuna parte o di arieti alti due piani, Pep Guardiola si è impegnato a scommettere contro la fisicità di questo stile di gioco. Si potrebbe dire, nel vedere questa squadra che evolve verso il "centrocampismo" totale – Messi incluso –, che l'allenatore catalano ha importato il calcetto nel calcio. I giocatori del Barça si muovono di casella in casella, come su una scacchiera, e muovono sempre le pedine bianche. Il gioco corto con lo sguardo lungo, in avanti e indietro. La squadra avanza e difende dal centro». E il giornalista argentino Ariel Scher, del «Clarín», fu sintetico e preciso: «Il Barcellona è la somma di quanto bene si giocava in passato e del meglio che si può giocare oggi».

Nonostante il rapporto tra i due abbia finito per rovinarsi, Messi rispetta profondamente Guardiola, sebbene per molto tempo abbia cercato di evitarlo il più possibile. L'argentino imparò a far finta di niente, a fuggire lo sguardo del suo allenatore e ad allontanarsi dalla panchina quando intuiva che poteva essere sostituito. Ma c'era ancora qualcosa di peggio rispetto al non arrivare al novantesimo minuto: che Guardiola decidesse di preservarlo e di non farlo giocare.

«No, io devo sempre giocare. Mi metta in campo» disse una volta, agli inizi, Messi a Guardiola. Previdente, pianificatore e consapevole dei cali di forma che un giocatore ha durante la stagione, all'inizio Guardiola cercò di «aver cura» di Messi, senza però rendersi conto che per lui era il peggiore affronto, la situazione più sgradevole: non giocare, vedere che gli altri giocano e lui no. «Dovevo dosare il tuo impiego» gli disse in un'occasione, dopo due giorni di assenza dell'argentino dagli allenamenti, giorni in cui il club fu costretto a giustificarlo parlando di una gastroenterite. «No, io vivo solo per il calcio e lei non mi fa giocare.» In questo Messi continua a essere lo stesso bambino di dieci, quindici anni fa. Lo descrive con tenera precisione l'acuta penna del «País», Ramón Besa: «Messi non parlava a ricreazione e adesso non parla in campo, tuttavia c'è sempre stata la coda per giocare in squadra con lui».

Messi parla a gesti, spiega Ramón Besa in un articolo pubblicato molto prima che nel 2012 l'argentino, durante le partite, iniziasse a scongelarsi, a far pressione sui rivali, sui compagni, sugli arbitri e addirittura sugli allenatori: «Un giorno si presentò in campo con in bocca la paletta di plastica per il caffè e non la mollò fino alla fine del torello. Quel gesto venne interpretato come segno del fatto che Messi era contrariato, perché qualcuno non gli aveva passato la palla o chissà per che diavolo. Tuttavia nessuno intervenne per scoprire il motivo. Meglio così. A volte passano giorni prima che si riesca a capire la ragione della sua seccatura e, di solito, avviene attraverso uno dei suoi compagni più cari». Una volta Guardiola deve essere andato a casa di Messi per capire cos'aveva che non andava la sua stella. E non era niente di strano: era solo scocciato per essere stato messo tra le riserve e quindi aveva deciso di non andare ad allenarsi. Dopo quelle prime scaramucce, Guardiola decise che Messi doveva giocare sempre, 98 volte su 100. E ne spiegò la ragione in innumerevoli occasioni: «Leo, anche quando ha un calo di forma, ti fa vincere le partite. Bisogna sempre cercare di farlo giocare. Per ora decido io. Niente di ciò che stiamo facendo sarebbe possibile senza di lui e niente di ciò che faremo a questo livello sarà possibile senza di lui. Per noi è fuori discussione». I bambini, anche quelli che vogliono sempre giocare, crescono. Anche Messi, che da poco ha iniziato a capire che ogni tanto bisogna riposare. L'ha fatto, per esempio, il 3 marzo 2012. Aveva appena segnato tre gol alla Svizzera con la Nazionale argentina. Guardiola gli diede quattro giorni liberi e gli raccomandò di sgombrare la mente, di andarsene da Barcellona. Quella sera l'argentino apparve sulle gradinate del Camp Nou dove assistette alla partita come un tifoso qualunque. Giorni dopo, sempre sul prato di quello stesso stadio, si disputò la partita che avrebbe lasciato a bocca aperta tutto il «pianeta calcio»: cinque gol di Messi nel 7-1 del Barcellona al Bayer Leverkusen nel ritorno degli ottavi di finale della Champions League. Era il 7 marzo e quest'impresa lo portò a una manciata di partite dal diventare il massimo goleador nella storia del Barcellona, a soli ventiquattro anni. Si era calcolato che César Rodríguez, fino ad allora in testa a questa classifica, avesse segnato 235 gol in partite ufficiali. Ma il 20 marzo di primo mattino, il giorno in cui il Barcellona riceveva il Granada per una partita di Liga, i siti web del club e del giornale «La Vanguardia» rivelarono l'inaspettato: Messi era molto più vicino al record di quanto si credesse perché, dopo un'approfondita revisione nel favoloso archivio del giornale, fondato nel 1881, si arrivò alla conclusione che i gol di César – così è conosciuto – erano stati in realtà 232, cifra raggiunta a trentaquattro anni. Messi, con 231 gol e dieci anni in meno, aveva solo bisogno di segnarne altri due per superarlo. Qualche ora dopo ne avrebbe segnati tre, con una clamorosa curiosità: il numero 233, quello del record, fu un pallonetto (una *emboquillada*, come dicono in Argentina, o una *vaselina*, come dicono in Spagna) al portiere Júlio César. Il primo gol di Messi in quella serie di 234 era stato realizzato il 1° maggio 2005 contro l'Albacete al Camp Nou, e fu esattamente uguale a quello delle 22.25 contro il Granada: sopra la testa del portiere, in quel caso dopo un assist del suo grande amico Ronaldinho. Ottantadue mesi dopo, il Camp Nou festeggiò sotto la pioggia. I maxischermi rimbalzarono auguri in catalano, ma la meta raggiunta era talmente grande che nessuna festa era sufficiente. Messi palleggia, passandosi la palla da un braccio all'altro, poi la fa rimbalzare come giocasse a pallacanestro. Tutti, assolutamente tutti i giocatori del Granada sfilarono per salutarlo. E il giorno dopo a Barcellona si riapriva il dibattito sulla necessità o meno di costruire uno stadio dalla capienza ancora maggiore, in grado di accogliere 110.000 spettatori.

Se nel 1957 le 98.000 anime che riempiono il Camp Nou hanno preso il testimone dallo stadio Les Corts, perché i suoi 60.000 posti non erano sufficienti a contenere i tifosi che volevano vedere la squadra di Ladislao Kubala, cinquantacinque anni dopo Messi faceva pensare alla necessità di un nuovo cambiamento. Cosa piuttosto comprensibile dato che lo stadio risulta ormai vetusto sotto vari aspetti; e al tempo stesso anche curiosa, perché nell'irripetibile «epoca Messi», il Barcellona, in generale, non gioca con le tribune piene. In più di una partita, infatti, il Camp Nou presenta dei vuoti, nonostante in campo stia brillando una delle squadre più forti della storia. Non è l'ambiente del calcio britannico e nemmeno quello del San Paolo ai tempi di Maradona o di Pelé con il Santos. Si tratta di una cultura e di un'epoca diverse. La televisione ha superato la realtà e i catalani non possono – e probabilmente non vogliono – rivaleggiare con la passione degli inglesi, degli italiani, degli argentini e dei brasiliani.

Se qualcuno è in grado di dimostrare che lo sport è molto più dei numeri, che il suo calcio non può essere spiegato da un punto di vista statistico, sebbene nelle sue scarpe dal 2012 ci sia un microchip che registra tutti i suoi movimenti, quello è Messi. Ma le statistiche stanno lì, e val la pena analizzare quei 234 gol che l'hanno posto vicino ad altri grandi in qualità di massimi goleador delle rispettive squadre. Messi è come il tedesco Gerd Müller, che ne segnò oltre 525 nel Bayern Monaco; come il brasiliano Pelé, che ne siglò 643 con indosso la maglia del Santos; lo spagnolo Raúl, 323 con il Real Madrid, o l'italiano Giuseppe Meazza, 288 con l'Inter.

L'80 per cento dei suoi gol sono stati segnati di sinistro, ma l'elemento fondamentale per pesare il talento di Messi è che, di quei 234 gol, 114, quasi la metà, li fece di prima. Gli altri 53 a due tocchi. In 20 casi, quasi uno ogni dieci, Messi ci è riuscito facendo passare la palla sopra il portiere, in 12 occasioni lo ha saltato in dribbling, 10 volte di testa, nonostante sia alto 1,69, e si è anche concesso il lusso di segnare con la mano – colpì la palla con un guanto nero in una fredda notte contro l'Espanyol – e di petto nella finale della Coppa del Mondo per Club contro l'Estudiantes de La Plata. Due giorni dopo, su «Mundo Deportivo» campeggiava il titolo *Io ho visto giocare Messi*, accompagnato da una serie di personaggi del Barcellona che mostravano la maglia dell'argentino. Ma la miglior reazione fu, la notte stessa, quella del giornale sportivo argentino «Olé» che, per un giorno, cambiò il suo nome in «Culé» – soprannome del club catalano – grazie a un ardito disegno creativo. Messi rispose alla chiamata del giornalista argentino Jorge López e gli disse due cose.

«Il mio gol più bello? Non lo so...» L'altra dichiarazione fu «messianicamente» piatta, ma tuttavia carica di connotazioni profonde: «Sono felice che nel mio paese siano contenti per me». Sapeva di aver già vinto la lotta per essere amato in Argentina. E sebbene sia un fatto risaputo che là alcuni appassionati continueranno ad avere una visione ristretta e provinciale del calcio, che più di un nostalgico penserà sempre che il miglior Riquelme sia stato superiore a Messi, quel 20 marzo 2012 buona parte del paese era incollata alla televisione. Il motivo è molto semplice: Leo stava di nuovo offrendo delle ragioni per sentirsi orgogliosi di essere argentini. Non potevano sapere che in meno di un anno avrebbero anche avuto un papa argentino, che il calciatore avrebbe incontrato in Vaticano ad agosto 2013. E così Messi si addentrava nel terreno dell'indiscutibile, pronto per andarsi ad aggiungere ai grandi idoli popolari di un paese che si gode come pochi i propri miti.

Per il Real Madrid, invece, Messi è un mito negativo, perché incarna buona parte delle sue frustrazioni tra il 2008 e il 2013. Ma tra le merengues, al di là delle inimicizie e rivalità, ci sono grandi calciatori e conoscitori del gioco, e quei cinque gol di Messi diedero luogo a ciò che molti non credevano avrebbero mai sentito: sinceri elogi da parte di Cristiano Ronaldo e Mourinho. Avvenne martedì 13 marzo 2012 in una Madrid soleggiata in un anticipo di primavera.

Nella sala stampa della Ciudad Deportiva de Valdebebas, alla periferia della capitale spagnola, sulla strada per l'aeroporto, era difficile percepire la giornata luminosa che c'era fuori: le finestre erano coperte da tende – ordine di Mourinho perché nessun giornalista riesca in alcun modo a vedere anche un minimo dettaglio dell'allenamento – e nella stanza faceva troppo caldo. Alla terza domanda, Paul Logothetis, dell'agenzia statunitense AP, prese in mano il microfono per fare un nome che di solito manda Mourinho su tutte le furie: «Immagino abbia visto i cinque gol segnati da Messi la scorsa settimana. Cosa ha pensato?» chiese il giornalista greco-canadese. La sala venne sorvolata da una certa tensione, perché Mourinho da tempo era riuscito a intimorire diversi giornalisti solitamente non disposti a essere maltrattati dal portoghese al momento di rispondere. Ma questa volta fu diverso. Senza alcun cenno di tensione, Mourinho fu breve ma lodò l'argentino: «I cinque gol di Messi? Non è facile segnare cinque gol, figuriamoci in Champions League. È stata una grande serata per lui». E lo stesso è successo con Cristiano Ronaldo, che non parlava in conferenza stampa da un anno e mezzo. Fu ancora una volta un anglosassone, Iain Rogers, dell'agenzia britannica Reuters, ad affrontare la questione. E l'attaccante portoghese, nonostante il coinvolgimento in una leggendaria battaglia tra goleador con l'argentino, fu generoso e anche lievemente modesto: «Sono felice per lui e per il calcio. Non so se sarò mai in grado di segnare cinque gol in una sola partita. Spero di sì».

È comunque paradossale che Mourinho e Cristiano Ronaldo si siano mostrati così timidi nei confronti del Barcellona. Prima che arrivasse al Real Madrid, ci fu un interessamento dei catalani per l'attaccante. La vicenda dell'allenatore andò ben oltre: si riunì con i rappresentanti del club per guidare la squadra. Lui era più interessato della società stessa a siglare questo accordo, ma in quel momento pensava fosse il contrario. Laporta, che ricorda come all'inizio del proprio mandato Rosell avrebbe voluto in panchina il brasiliano Luiz Felipe Scolari, venne a sapere un giorno che uno dei suoi vicepresidenti si trovava a Vigo, vicino al confine con il Portogallo, insieme a Mourinho. «Cosa ci fai lì?» chiese a Marc Ingla. «Siamo venuti perché vogliamo sondare la disponibilità di Mourinho» fu la risposta. Jorge Mendes, il potente procuratore che gestisce la carriera del tecnico portoghese, chiamò Laporta con entusiasmo, il quale però cercò di rallentare l'affare. «No, Jorge, io ho deciso di prendere Guardiola e ho la maggioranza nella giunta per poterlo fare.» Esistono dei CD di Mourinho in cui presentava i suoi progetti per il Barcellona? Laporta afferma di sì «ma a me non sono mai arrivati».

L'ex presidente del Barça dice di comprendere perché Mourinho abbia portato il suo scontro con il Barcellona a un livello quasi personale: «Ci conosce, è stato al Barça con Robson. Se ci sei stato, fai dei paragoni e pensi sempre che è un posto splendido in cui lavorare. A lui, che è un grandissimo e che ha allenato club molto importanti, non è andato giù il fatto di aver desiderato allenare il Barcellona, perché sono convinto che avrebbe voluto allenarlo. Lo dissi a Jorge Mendes».

V
Il riconoscimento

La frase fluì dolcemente, senza strepiti, sebbene per alcuni ebbe la potenza di una bomba: «Oggi il mio paese si sente orgoglioso di me, come mai prima me l'aveva fatto percepire e dimostrato. Per me è molto importante e gliene sono grato».

Alcuni si accigliarono, il cuore di certi giornalisti aggiornati sulla vicenda prese a battere velocemente. Era davvero Lionel Messi a parlare? Stava per caso annunciando la sua «riconciliazione» con l'Argentina?

Così sembrava, ma era necessaria una conferma, bisognava parlare di nuovo con la Pulce. Fatto per niente facile, perché quel pomeriggio del 9 gennaio 2012, a Zurigo, l'unica cosa che importava era che l'argentino avrebbe vinto il suo terzo Pallone d'Oro consecutivo, eguagliando così il francese Michel Platini. E fin quando non l'avrebbe alzato, sarebbe rimasto nascosto, protetto da guardie del corpo due volte più grandi di lui, al riparo, con la sua famiglia e i suoi compagni del Barcellona, in saloni discreti e camere d'hotel a cinque stelle.

Il Pallone d'Oro è, ovviamente, un premio molto prestigioso, ma nonostante tutto, questa volta non era la cosa più importante. Come aveva detto Cruijff un paio di giorni prima al giornale argentino «Olé», «Messi ne ha già vinti due e sarà il giocatore con più Palloni d'Oro nella storia, può fare ancora moltissimo. Ne vincerà sei-sette».

E aveva ragione: quel pomeriggio di un mite inverno sul lago di Zurigo non era altro che un gradino, un traguardo in più nel viaggio che Messi stava compiendo verso mete ben più grandi di tre Palloni d'Oro consecutivi. Un anno dopo avrebbe vinto il quarto. Sì, ma niente in confronto a vincere i Mondiali, successo che lo stesso Cruijff non aveva ottenuto, qualcosa che, per esempio, era stata negata ad Alfredo Di Stéfano.

Per questo, il premio non era la cosa essenziale: ciò che contava era il «nuovo» Messi che stava emergendo, una novità che non trapelava certo dallo smoking granata di Dolce&Gabbana che indossò in Svizzera. Parlava un Messi che stava iniziando a cicatrizzare la ferita più profonda della sua vita.

Non lo fece da solo. Fasciata da un vestito nero, stretto e corto, Antonella Roccuzzo lanciava sguardi alla stella del Barcellona e non faceva altro che sorridere. Nonostante le resistenze da parte della famiglia dell'astro – in particolare di sua madre Celia – Antonella era lì, a Zurigo, in veste di fidanzata ufficiale di Messi. E aveva contribuito molto a far sì che il campione si affermasse come persona anche fuori del campo.

No, non era semplice sfuggire ai microfoni in quella piccola sala dell'hotel Grand Hyatt in cui era riunita la *crème de la crème* del Futbol Club Barcelona, forse la miglior squadra di tutti i tempi. Giocatori ed ex giocatori, il presidente Rosell, familiari, amici. Un'ottantina di persone, giornalisti compresi. Mancava solo la più famosa delle fidanzate, Shakira. Comprensibile: era una delle stelle che avrebbe animato il galà della premiazione.

Cultore del basso profilo e «protetto» da Estiarte, Guardiola, all'epoca allenatore del Barça ma anche il migliore del mondo, secondo quanto avrebbe poi confermato la FIFA un paio di ore dopo, se ne stava seduto su una poltrona grigia. A due metri c'era Xavi, il «cervello» del Barcellona e della Nazionale spagnola, l'uomo che tanti vorrebbero vedere premiato con il Pallone d'Oro. Ma lui, «cervello» sia dentro sia fuori del campo, sa bene che è praticamente impossibile: «Ho davanti un calciatore che diventerà il migliore della storia di questo sport. È molto giovane, ha ventiquattro anni, e supererà tutti i record possibili e immaginabili».

Xavi era quindi d'accordo con Cruijff: nella «dimensione Messi» il terzo Pallone d'Oro era più che altro un dettaglio e non un punto di svolta nella sua carriera.

Ma in quella sala d'hotel a Zurigo Messi continuava a rispondere a domande sul Pallone d'Oro, su ciò che avrebbe significato vincerlo di nuovo, sul fatto che lo potesse meritare Xavi.

Si parlava per ipotesi, nonostante tutti sapessero che il premio sarebbe stato assegnato a lui.

Ma la storia che più interessava era un'altra, e finalmente fu possibile raggiungerlo per potergli porre la fatidica domanda: «Leo, oggi hai detto di essere orgoglioso di come sei stato accolto in Argentina. Sono andate così bene le cose nell'ultimo viaggio? Come mai sta cambiando il tuo rapporto con l'Argentina?».

Messi, dal basso all'alto, lanciò uno sguardo tra il curioso e l'inquisitorio. Erano andati oltre il copione stabilito dai giornalisti catalani, ancora preoccupati per il pareggio della sera precedente con l'Espanyol, in una partita di Liga. Messi, intuitivo, sapeva che quella domanda era diversa, sapeva di non poter rispondere a grandi linee o con parole cortesi e vuote. E non lo fece: «I premi ricevuti, il riconoscimento nel mio paese, nella mia città, l'affetto della mia gente… sì, questo viaggio è stato davvero speciale».

Aggiunse anche dell'altro, ma in queste poche parole Messi aveva già spiegato molto, più del minimo indispensabile. Quando parla di «premi» si riferisce a quello ricevuto nel 2011 dal giornale «Clarín» – il più diffuso in Argentina – come giocatore dell'anno, ma soprattutto all'Olimpia d'Oro. Dietro a questo nome magniloquente, c'è il premio al miglior sportivo dell'anno, votato dai giornalisti argentini. Averlo finalmente vinto significava una piccola rivalsa per Messi, figura di risonanza planetaria, idolo dei bambini, dei giovani e degli adulti, che un anno prima aveva visto finire in mano a Luciana Aymar, una brillante giocatrice di hockey su prato, il prestigioso riconoscimento.

Quelle dodici ore di volo transatlantico dalla Spagna all'Argentina, che per anni furono per Messi una piccola tortura – provato dalle critiche e dalla freddezza con cui era accolto dal suo paese – erano state tutt'altra cosa in quel viaggio del 1° gennaio 2012: un viaggio di festa, per celebrare il fatto che l'Argentina, che il giocatore ha sempre la sensazione di non aver mai abbandonato, finalmente ne riconosceva il valore.

Con quel volo della compagnia Aerolíneas Argentinas che inaugurò la tratta Rosario - Buenos Aires - Barcellona, Messi andava a raccogliere un altro riconoscimento che lo toccava nel profondo: «Cittadino emerito» di Rosario, la sua città natale, la terza del paese e quella in cui vuole tornare al termine della carriera per giocare nei Newell's Old Boys.

Fu insignito nientemeno che dal sindaco della città, la socialista Mónica Fein, e la fotografia in cui entrambi mostrano il certificato che trasforma Messi in «emerito» è una piccola sintesi di ciò che può significare un momento felice: con un'estiva maglietta bianca con lo scollo a V, i capelli corti e un sorriso sgargiante, l'astro del Barcellona stava realizzando un sogno.

E così, nutrito dall'affetto e dal riconoscimento, Messi arrivò euforico a Barcellona. Il 4 gennaio il suo club annunciò che quella sera non avrebbe potuto disputare l'incontro di Coppa del Re contro l'Osasuna perché malato. Per questo la sorpresa fu immensa quando, a mezz'ora dalla fine della partita, l'argentino scese in campo.

E fu uno spettacolo, una costante fonte di pericolo che si tradusse in due gol che fissarono il 4-0 finale contro un indignato Osasuna. Il Barcellona avrebbe poi detto che si trattava solo di un «mal di stomaco», cosa che provocò la risposta del presidente dell'Osasuna, Patxi Izco, risposta ben poco elegante: «Se a Messi fa male lo stomaco, a me fan male i coglioni».

«Ma tu non avevi l'influenza?» gli chiese il tecnico rivale, José Luis Mendilibar, quando lo vide uscire a scaldarsi.

Messi rispose con un ampio sorriso, lo stesso che aveva dipinto in volto dal suo ritorno dall'Argentina.

Il sorriso di Xavi è diverso, meno aperto, più contenuto, ma è accompagnato da occhi tanto scintillanti quanto scuri, incorniciati da spesse sopracciglia nero corvino che danno alle sue parole un certo peso in più, una certa maggior serietà. E la questione, ovviamente, è Messi. «Prima Messi, quando tornava a Barcellona dall'Argentina, dopo ogni partita in Nazionale era psicologicamente distrutto. È cambiato qualcosa? Va davvero molto meglio il suo rapporto con l'Argentina? Lui sta meglio?»

E Xavi non dubita un solo istante, la sua risposta è spontanea e convinta.

«Siiì... Leo sta molto meglio, molto meglio. Niente a che vedere con prima. Per lui è importante sentirsi davvero amato in Argentina. E questo, ovviamente, si riflette sul suo gioco. Anche vincere aiuta, certo.»

L'avrebbe notato lo stesso Messi alla fine di quel 2012.

Sull'avenida 9 de Julio di Buenos Aires, che tutti gli argentini sostengono essere «la più larga del mondo», campeggiava un enorme cartello pubblicitario con l'immagine del giocatore, protagonista anche di una gigantografia al Luna Park, mitico stadio di boxe e altri eventi. Era proprio come se nel Sud del Sud si fossero finalmente resi conto di ciò che avevano. Impressionante paradosso: un paese storicamente fiero del suo calcio, a lungo parve non esserlo di «possedere» il miglior giocatore del pianeta. Un vero abisso rispetto a ciò che l'Argentina aveva dato a Messi sei mesi prima, in una Coppa America che terminò in un fiasco nientemeno che a Santa Fe, la sua provincia di nascita.

Quello 0-0 contro la Colombia mostrò un'Argentina patetica e un Messi irriconoscibile. Fu tutto un continuo fischiare da parte del pubblico. Non a caso la partita si disputò nello stadio Colón, soprannominato «Cimitero degli elefanti».

Ma il calcio e la vita vanno molto in fretta, e né Messi è un elefante né ci sono in vista cimiteri per la sua carriera.

VI
Il malessere

«Leo sta molto male.» In quattro parole Jorge Messi ufficializzò ciò che il mondo del calcio sospettava da tempo: all'epoca, in quel freddo inverno argentino del 2011, la sfida più difficile per suo figlio era vestire la maglia dell'Argentina.

Il giorno precedente a questa confessione, Jorge Messi, coperto fino al collo, si teneva la testa tra le mani, chiaramente sconvolto. «Cosa succede, cosa succede?» sembrava dire a gesti, gesti molto italiani e molto argentini, che è in fondo la combinazione che dà origine ai Messi.

Qualche metro più in basso, sopra l'erba rada dell'inverno, in uno stadio sfocato dalla nebbiolina, Lionel Andrés Messi era contrariato.

Ciò che stava accadendo l'aveva preso di sorpresa perché non gli era mai capitato in tutta la vita: stavano fischiando la sua squadra. Dalla tribuna si sentivano urla, insulti, un'imponente ondata di sdegno e frustrazione. E Messi non ne era escluso, perché stavano fischiando anche lui.

Era andato tutto storto a Leo in quella Coppa America che si prospettava come l'occasione per migliorare i rapporti con l'Argentina, l'occasione affinché il suo paese la smettesse di criticarlo. Ma accadde l'opposto e la Coppa America si stava trasformando, per il miglior giocatore del pianeta, in un incubo.

Non era forse un incubo quel primo torneo completo che Messi giocava davanti al proprio pubblico? Non si trattava solo del fatto che lo stessero fischiando, in Argentina. Era ancora peggio. Quella gelida notte del disamore si stava svolgendo esattamente nello scenario dei suoi sogni, in quello dei suoi migliori ricordi: la provincia di Santa Fe, la terra che l'aveva visto nascere, il luogo in cui, insieme a Barcellona, le parole «calcio» e «felicità» per Messi diventavano intercambiabili.

Ma non era così ora che lasciava la maglia blaugrana e indossava, con il suo 1,69 di altezza, la divisa della Nazionale bicampione del mondo. La pressione era – è – alle stelle e Messi la percepiva. In caso contrario non si spiega la punizione calciata incredibilmente fuori bersaglio, direttamente in tribuna, al trentacinquesimo minuto di quello 0-0 con la Colombia.

Fischi, è ovvio, perché nessuno si aspetta quello dall'Argentina, e ancor meno da Messi, il migliore di tutti.

Quella partita fu uno dei momenti più delicati della sua carriera.

«Leo sta vivendo male questa situazione perché è la prima volta che lo fischiano, non se lo aspettava» riconobbe Jorge Messi, molto più loquace del figlio, un giovane che per anni sembrò dissolversi fuori dalle linee del campo da gioco. Ma dentro quelle linee si era sempre dato totalmente, era il re, il migliore dei suoi amici, il migliore del mondo. Ma quando usciva da lì ammutoliva, diventava fragile. Anche in questo Messi è cambiato nel corso del tempo.

Quando giocava per l'Argentina però, e solo in quel caso, quella fragilità si trasportava, con significativa frequenza, anche in campo, sebbene nella fase finale dell'«era Guardiola» e nel primo anno dell'«era Vilanova» si assistette ad apparizioni un po' spettrali del giocatore anche con il Barça. Basta ricordare la sua presenza-assenza nell'aprile 2013 di fronte al Bayern a Monaco.

Con l'Argentina ciò accadde più di una volta, ma sarebbe ingiusto mettere l'accento su questo: grazie a una notevole giocata di Messi contro la Colombia a Barranquilla, la Nazionale di Alejandro Sabella iniziò a ingranare nel 2012. Altra cosa è che Messi arrivi a ventisette anni al Mondiale di Brasile 2014 come detentore di un'indesiderata statistica: un solo gol segnato nella competizione.

La Pulce indossava il 19 ai Mondiali di Germania 2006, torneo al quale arrivò dopo aver superato uno degli infortuni che in quegli anni sembravano accanirsi contro di lui. Il debutto avvenne contro la Serbia e Montenegro, ma dovette aspettare fino al settantatreesimo minuto per entrare, con l'Argentina in vantaggio 3-0. Non appena in campo, si fece notare. Con i capelli lunghi e la sua faccia da bambino, al settantottesimo fece un assist a Hernán Crespo e segnò il 6-0 dieci minuti dopo, trasformandosi in uno dei bomber più giovani della storia dei Mondiali.

Mancavano otto giorni al suo diciannovesimo compleanno.

Che in quello stesso torneo non abbia giocato nemmeno un minuto nella sconfitta ai rigori contro la Germania ai quarti di finale fu una benedizione per i tedeschi, assolutamente terrorizzati, nei giorni precedenti, dalla certezza che José Pekerman avrebbe scommesso sui «piccoletti» Messi e Javier Saviola. La Germania si reputava inferiore all'Argentina.

Due Mondiali dopo, forse, le sue sensazioni sono cambiate.

Messi avrebbe seguito quella partita dalla panchina, a causa di una decisione per la quale il commissario tecnico ha una spiegazione, sebbene il giudizio popolare, all'epoca, gli diede pollice verso: fu un errore, forse un errore chiave che contribuì all'eliminazione.

Quattro anni dopo, Sudafrica 2010, Messi andò di male in peggio nella Nazionale allenata da Diego Maradona. Le statistiche dicono che tornò a casa senza mai gonfiare la rete, anche se i numeri non spiegano mai completamente lo sport. Spesso, addirittura, non spiegano niente. La colpa che l'argentino, nella partita d'esordio, non si sia portato via un bel bottino, fu del portiere Vincent Enyeama, che parò tre palloni destinati a finire in gol. E ce ne fu un quarto, che bloccò, sebbene in quel caso fu piuttosto Messi, ormai annebbiato da tante occasioni sventate, a sbagliare in modo non abituale per lui.

Ma i tifosi a volte diventano preda delle statistiche o di questioni intangibili, difficili da spiegare razionalmente.

«Che se ne torni a Barcellona!» reclamarono molti argentini in quel freddo inverno sudafricano. «Ma se non sa nemmeno l'inno, non lo canta!» si scaldavano.

Ma non sapere alla perfezione il testo dell'inno nazionale non dovrebbe preoccupare Messi: in fondo capita a molti dei suoi compatrioti perché, due secoli dopo, nessuno parla più la lingua dei versi di Vicente López y Planes e Blas Parera. Tantomeno Messi.

La faccenda dell'inno è un dettaglio senza importanza perché in quei giorni circolavano due accuse ben più gravi. La prima riguardava la sua mancanza d'impegno fuori del campo e la seconda sempre la mancanza d'impegno ma questa volta nelle partite.

Messi ebbe la sfortuna di disputare la Coppa America poche settimane dopo la nascita di «Libre», un giornale che, per la prima volta nella storia del giornalismo argentino, voleva imitare il sensazionalismo del britannico «The Sun». Certo con meno soldi e mezzi, ma senza limiti quanto ai titoli di copertina. Quello dedicato all'attaccante del Barcellona non lascia dubbi: *Per Messi festini a base di sesso, alcol e cumbia a Puerto Madero.*

Quel titolo apparso su un giornale destinato a chiudere dopo soli dieci mesi fu una calamita per altri mass media, soprattutto internazionali, che diffusero, senza riflettere troppo sulla loro fonte, la notizia secondo cui Messi stava preparando la Coppa America nei momenti liberi dai suoi «festini selvaggi».

Stando a «Libre», tutto questo avveniva nell'appartamento al 34° piano di un lussuoso edificio, appartamento che Messi si era comprato a Puerto Madero, in una sorta di nonluogo di Buenos Aires, tanto caro quanto privo di personalità, nonostante i lussuosi grattacieli che in parte gli conferiscono l'aspetto della futuristica Shanghai. È in quel quartiere che investono gli uomini facoltosi e famosi d'Argentina, tra cui, come informano molti mezzi di comunicazione, ci sono la presidentessa Cristina Fernández de Kirchner e il vicepresidente Amado Boudou.

Leggendo l'articolo si giungeva subito a due conclusioni. La prima, che non c'erano fonti attendibili a sostenerne la veridicità. E quel titolo aveva ben poca sostanza. La seconda, che l'unica testimonianza, quella di una delle invitate alle «feste», in realtà, agli occhi di molti, non faceva fare una gran bella figura a Messi. E non tanto perché eccedesse nel suo ruolo da «festaiolo» quanto piuttosto il contrario.

«Abbiamo parlato di cumbia e abbiamo giocato alla PlayStation, o qualcosa di simile» dichiarò, sempre secondo «Libre», una delle modelle reclutate nella buia discoteca Ink, un baluardo della malavita nel quartiere Palermo, uno dei più vivaci di Buenos Aires. Il momento culminante di quel «festino messianico» fece ricordare il predatore dell'area di rigore che è Messi.

«Lui è andato a dormire per potersi concentrare meglio l'indomani e non è più passato dal soggiorno. C'era veramente tanta gente. Se fossimo stati soli, ne avrei approfittato per infilarmi nel suo letto» disse la modella a «Libre».

È difficile stabilire, conoscendo in profondità la mentalità dell'argentino, cosa fu peggio per la figura di Messi nell'immaginario collettivo: se i supposti festini bagnati con l'alcol, o l'idea di una donna da urlo nel suo appartamento di lusso che lui fa giocare alla PlayStation prima di andarsene a dormire da solo.

Quella storia non andò oltre a ciò che pubblicò «Libre», che non approfondì mai la questione. Fu invece constatabile e reale la mancanza d'impegno che gli venne sbattuta in faccia in un terreno molto più sacro e infinitamente meno discutibile per l'uomo medio argentino: una partita di calcio.

«Idiota! Nell'ultima azione devi correre, non puoi farti anticipare! Sei proprio un figlio di puttana!» Il grido arrivò dal compagno Nicolas Burdisso, frustrato dall'atteggiamento di Messi negli attimi finali di quel fatidico 0-0 contro la Colombia, a Santa Fe.

Messi, che stava camminando in direzione degli spogliatoi, nel sentire la frase si girò e, nello scoprire che a urlarla era il difensore, fece inequivocabili segni con il braccio: vattene, stai lontano, non ti avvicinare.

Ma la discussione proseguì negli spogliatoi e la frase si diffuse come polvere da sparo in tutto il paese. Dopo il giudizio popolare – i fischi dalla tribuna – a Messi arrivava la prima critica pubblica da parte di un compagno di squadra. Pubblica, sebbene non fosse questa la volontà di Burdisso: la frase, tipico litigio tra giocatori di una stessa squadra durante una partita, venne captata dalla televisione e diventò il centro di un dibattito nazionale.

La tensione, nello spogliatoio, era al massimo. Mentre le docce saturavano di vapore denso l'ambiente, Messi si tratteneva per non rispondere a Burdisso che continuava a dare segni della sua frustrazione. Il commissario tecnico della Nazionale, Sergio Batista, quello che un paio di mesi prima ripeteva che l'Argentina doveva giocare «come il Barcellona», intuiva che il suo tempo stava per finire.

Tutto un paradosso quello di Batista, che forse non riuscì a vedere in tempo ciò che invece avrebbe notato Sabella: Messi poteva essere l'emblema del Barcellona, ma in quel momento la verità parlava di un Messi costretto in un'Argentina che gioca in modo molto più simile al Real Madrid degli anni di Mourinho.

Il 3-0 di pochi giorni dopo contro una formazione giovanile del Costa Rica fu il preludio dell'eliminazione ai quarti di finale con l'Uruguay. Quella sconfitta ai rigori, il 16 luglio, dieci giorni dopo lo 0-0 con la Colombia, avvenne nuovamente nello stadio Estanislao López di Santa Fe.

Il destino, maligno, mostrava a Messi che non era più un bambino, che l'Argentina, il calcio e Santa Fe potevano essere duri con lui. Che quei ricordi di un'infanzia felice lasciavano il posto all'Argentina adulta, un paese esigente e spesso crudele.

L'eliminazione, che avrebbe prolungato a ventun anni il digiuno di titoli importanti della Nazionale argentina, aveva un unico punto a favore di Messi: tornava a concentrarsi sul Barcellona, poteva di nuovo essere felice. Lo fece capire chiaramente suo padre: «A Barcellona c'è una squadra costruita quattro anni fa, c'è un altro ambiente. La Nazionale non ha potuto fare questo. E poi, giocare la Coppa America nel tuo paese mette addosso una pressione terribile».

VII
La nascita

Immobile. In piedi dentro al suo altarino, il Gauchito Gil controlla calle Estado de Israel. Impassibile. Sotto di lui qualche offerta lasciata con delicatezza. Come da tradizione, ha baffi neri, una camicia azzurra, un fazzoletto rosso intorno al collo e pantaloni e stivali da gaucho. Sonnecchianti per il caldo, alcuni cani randagi sono distesi intorno al modesto santuario. A pochi metri dal Gauchito, si siede un abitante del quartiere, ha circa vent'anni e il torso nudo imperlato di sudore. «È sempre stato lì» dice. «Ci protegge. Mi piace venirmi a sedere vicino a lui, mi tranquillizza.» Il Gauchito Gil è un santo molto popolare in Argentina. Un santo non riconosciuto dalla Chiesa. Santuari come questo ce ne sono a migliaia sparsi in tutto il paese. Secondo la leggenda, il Gauchito compie miracoli. Era un soldato, accusato di diserzione e tradimento, che al momento della sua esecuzione avvertì il boia che al suo ritorno a casa lo attendeva una terribile disgrazia. Non appena questi aprì la porta di casa, scoprì suo figlio agonizzante e per salvarlo dovette tornare sul luogo del crimine, seppellire la sua vittima e pregare per l'anima del Gauchito Gil. Tutto avvenne secondo quanto predetto dal futuro santo. Il boia seguì le istruzioni e si verificò il miracolo. Il soldato traditore si trasformò in santo ed è da qui che nasce la leggenda. Due secoli dopo la sua morte, sono molti quelli che continuano ad avvicinarsi per cercare un po' di consolazione dal Gauchito.

Messi ci passò davanti decine, centinaia di volte. Forse gli avrà parlato in segreto e gli avrà rivolto qualche preghiera. Forse il pallone con cui trascorreva le giornate a giocare, da quando usciva di casa fino al tramonto, sarà ruzzolato sotto i suoi piedi...

La Pulce è cresciuto a un centinaio di metri da quel santuario, al numero 525 di calle Estado de Israel. Si tratta di una via fatta di case modeste a uno o due piani, situata nella zona sud della città di Rosario. È un quartiere senza nome, abitato da una classe medio-bassa, da lavoratori. Alcuni lo chiamano La Bajada, altri Las Heras. Messi trascorse i primi tredici anni di vita in una casa su un solo piano, color cemento, con persiane che oggi sono sempre chiuse. Sua madre (Celia) e sua sorella (Marisol) vissero lì fino al 2010, quando finalmente decisero di trasferirsi. Non è né una casa degna di una zona residenziale né un edificio di legno e lamiera ondulata tipico delle baraccopoli. Non è grande, ma sufficientemente ampia da evitare di pestarsi i piedi l'un l'altro e da poterci far dormire quattro bambini. Ha tre stanze: una per Jorge e Celia, i genitori; una per i figli grandi, Rodrigo e Matías, e un'altra per Leo e la sorella minore, Marisol. La famiglia Messi era una famiglia normale, assolutamente normale. «Siamo, e siamo sempre stati, gente del quartiere» spiegò una volta Celia. «Qui ci conosciamo tutti. Ero una vicina di Jorge. Suo padre viveva a un isolato da qui e il mio a due. Ci siamo conosciuti da adolescenti. Lui aveva diciassette anni e io quindici. Ci siamo sposati, abbiamo comprato un piccolo terreno e lì abbiamo costruito casa nostra. I nostri figli sono nati qui.»

Lionel Messi venne al mondo proprio all'inizio dell'inverno australe, il 24 giugno 1987. Nacque nell'Hospital Italiano di Rosario e alla nascita pesava 3 chili ed era lungo 47 centimetri. Jorge e Celia non avevano ancora trent'anni. Era il loro terzo figlio, il terzo maschio. Il piccolo vide la luce in una città sottosopra, più divisa che mai. Una parte di Rosario, situata a poco più di 300 chilometri a nordest di Buenos Aires, stava festeggiando i suoi eroi.

Due settimane prima della nascita del piccolo, il club Rosario Central si consacra campione d'Argentina grazie, tra gli altri, a Omar Palma, calciatore tanto piccolo (1,65 metri) quanto prolifico (venti gol) e spettacolare. È la prova vivente che i «bassetti» possono stare sul campo da gioco. I *canallas*, le canaglie (soprannome dei tifosi del Central), sono i padroni della città di poco più di un milione di abitanti. Jorge ha il morale a terra, perché è *leproso*, lebbroso, ovvero tifoso del Newell's Old Boys. Una malattia che è riuscito a trasmettere ai suoi primi due figli e che spera di passare anche a Lionel, il nuovo arrivato. Gli argentini si tramandano l'appartenenza a una squadra di padre in figlio. È la tradizione e raramente viene interrotta.

A Rosario, i tifosi del Central e del Newell's Old Boys si detestano. È una rivalità storica, perché si tratta del più antico dei *clásicos* del calcio argentino (il primo ebbe luogo nel 1905.) Le partite tra i due nemici atavici sono elettrizzanti. Disgrazia per i perdenti, gloria ai vincitori.

In un ambiente tanto esplosivo come quello, solo la Nazionale argentina è in grado di riconciliare i tifosi, per il tempo di una partita o di un torneo. Dopo il loro memorabile festeggiamento, i *canallas* si stanno ancora riprendendo quando il meglio del calcio continentale arriva in Argentina per la trentatreesima edizione della Coppa America. Maradona, l'idolo nazionale, è a capo dei campioni mondiali, di cui non manca quasi nessuno. Solo tre giorni dopo la nascita di Leo, l'Argentina debutta pareggiando 1-1 con il Perú a Buenos Aires. Rosario non vedrà i giocatori della Nazionale albiceleste in carne e ossa, ma la città venne scelta per le partite del gruppo C (Paraguay, Bolivia e Colombia). Dopo tre settimane di competizione, l'Uruguay di Enzo Francescoli si laurea campione del Sudamerica. L'Argentina, classificatasi quarta, deluse proprio nella sua terra, come sarebbe accaduto ventiquattro anni dopo. E in entrambi i casi, eliminata dall'Uruguay che le avrebbe rubato il titolo. Lionel, ancora neonato, forse sentì le urla di gioia che seguirono i tre gol di Maradona e i due del giovanissimo e promettente attaccante ventenne, Claudio Caniggia.

Appena nato, era già avvolto dalla passione per il calcio made in Argentina.

Rodrigo e Matías, i suoi fratelli maggiori, avevano il calcio nel sangue. Non appena la madre glielo permetteva, uscivano di casa e si mettevano a correre dietro la palla in calle Estado de Israel. Leo era un neonato tranquillo. Cominciò a camminare a dieci mesi e per il suo primo compleanno gli zii gli regalarono una maglia del Newell's Old Boys, nera e rossa, ormai diventata un oggetto da collezione, dato che nel 1988, pochi giorni prima del compleanno di Leo, i *leprosos* divennero campioni d'Argentina. E così succedevano ai loro rivali del Rosario Central.

Era il secondo titolo della loro storia e i festeggiamenti furono grandiosi. Si trattava di una squadra piena di giovani promesse come Abel Balbo o Néstor Sensini, di giocatori storici come Martino e di altri quali Sergio Oscar Almirón o Fabián Basualdo. Gli ultimi tre sarebbero poi tornati nella vita di Messi anni dopo.

Fin dai suoi primi passi Lionel si affezionò a una pallina da tennis e presto divennero inseparabili. Ci giocava e imparava a controllarla in casa, sempre con i piedi. «Quando mia madre lo mandava a fare delle commissioni,» ricordò suo fratello Matías a «El Gráfico» «Leo doveva prendere la sua pallina, se no si arrabbiava e non ci andava. Quando non aveva la sua pallina, allora ne preparava una con sacchetti di plastica o con delle calze.» Passava molto tempo con Celia, sua nonna materna, e ogni settimana litigava con i suoi cugini per decidere chi sarebbe andato a dormire da lei. Nonna Celia era una grande appassionata di calcio. A lungo il rituale fu sempre lo stesso. La domenica mattina presto, la nonna andava in cucina a preparare un bel po' di pasta per i suoi cinque nipoti (i tre Messi e i due Biancucchi). «Non appena arrivati da lei, divoravamo la pasta e correvamo in strada» ricordò Matías. «Improvvisavamo una porta e giocavamo partite ai sei gol. Si era sempre piccoli contro grandi. Leo era in squadra con Manu [Biancucchi, che avrebbe poi avuto una discreta carriera come centrocampista]; io con Maxi [Biancucchi, ex giocatore del Flamengo e con una carriera sviluppatasi nei campionati di Messico, Paraguay e Brasile].» Già all'epoca Messi detestava perdere, e quando la partita non andava come voleva scoppiava a piangere e bisognava continuare a giocare finché non vinceva. Nonostante la differenza di età, erano partite tese, afferma Matías: «Ti posso assicurare che non riservavamo un trattamento di riguardo nei confronti di Leo; segnava già abbastanza».

Ancora a «El Gráfico», Lionel conferma: «Quelle partite erano piuttosto aggressive e finivano sempre male. Mio fratello entrava sempre duro su di me anche quando stava vincendo perché tanto sapeva che io saltavo. Quanto devo aver pianto in quelle sfide familiari della domenica!». Ma il calcio era più di una faccenda familiare per i Messi, che giocano anche «ufficialmente».

Spesso era nonna Celia ad accompagnare Matías e Rodrigo al club Grandoli, a dieci isolati da casa. «Da piccolo Lionel veniva con i suoi fratelli, ancora con il pannolino. Giocava con una pallina da tennis e la faceva battere, instancabile, contro la parete. Giocava da solo, in un angolo» affermò Oscar López, uno degli allenatori che ebbe a che fare con i Messi.

Il Grandoli è un tipico club di quartiere argentino.

I bambini, di solito provenienti dagli edifici che circondano l'unico campo da calcio di quella piccola realtà, vengono allenati da uomini tanto appassionati quanto amici dei loro allievi. L'innegabile mancanza di mezzi spiegava, senza dubbio, lo stato disastroso in cui si trovava il terreno di gioco in quegli anni: raso, coperto da terra e con alcuni ciuffi d'erba che crescevano selvaggiamente ai lati. Per più di trent'anni il club rimase in piedi grazie all'energia di don Salvador Aparicio, un vecchio impiegato delle ferrovie argentine che visse fino alla morte in un'umile casetta a pochi metri dal campo da calcio.

Nell'arco di trent'anni, Aparicio vide passare moltissimi giocatori: eccezionali, bravi e meno bravi. E Messi, che faceva parte di tutt'altra categoria. Se il numero 10 del Barcellona è oggi il giocatore che in effetti è, lo deve anche a quell'uomo dai baffi sottili e dalle parole dirette. Sprofondato nel suo misero divano, in una stanza insalubre, Aparicio, durante una visita, ricordò perfettamente il giorno in cui Messi bambino mosse i suoi primi passi: «Rodrigo, il fratello maggiore [classe 1980], era molto bravo, un giocatore finito che mi ricordava Gabriel Batistuta. Quel giorno del 1992, la madre e la nonna di Lionel accompagnavano i due più grandi. Arrivarono in anticipo e, prima della partita dei ragazzi dell'età di Matías [classe 1982] e di Rodrigo, avevamo organizzato un'amichevole per i più piccoli. Ci mancava un giocatore. Io ero un po' preoccupato perché i nostri avversari ci stavano facendo pressioni perché trovassimo il bambino che ci mancava. Guardo in tribuna. Niente. Mi guardo attorno e vedo un bimbo che sta calciando la palla contro la parete. Mi avvicino a sua madre e le chiedo se sia d'accordo a lasciarlo giocare. Mi dice di no. Non vuole ed è irremovibile. Alla fine la nonna, seduta di fianco, tranquillizza la figlia e insiste che Lionel giochi. Ricordo che fu un lungo negoziato. Siccome Celia non era convinta, le dissi che avrei messo il bambino all'ala destra, vicino alla tribuna, perché così, se iniziava a piangere o qualcosa non andava, lei l'avrebbe avuto lì vicino. La partita ebbe inizio e Lionel appoggiava le mani sul campo. Stava giocando con la terra, sembrava essere da un'altra parte, su un altro pianeta. Arriva il primo pallone e lo lascia passare. Solo dopo compresi che lo lasciò passare perché gli arrivava sul piede destro, e lui è mancino. Mi avvicino e gli dico che quando la palla gli va incontro, lui deve andare in avanti. La seconda palla arriva sul piede sinistro. La controlla e corre, corre, dribbla, non riusciva a fermarlo nessuno e io gli gridavo "Tira! Tira!". Sembrava giocare da sempre. Sua madre, sua nonna, io e tutti gli altri rimanemmo a bocca aperta».

Messi aveva trovato la sua strada, il suo gioco. Il pallone si era definitivamente trasformato nella sua ragion d'essere.

Non appena indossava la maglia arancione, si trasformava nello spettacolo del quartiere. Ogni volta che colpiva la palla, ogni dribbling veniva festeggiato con degli «olé» da bordo campo. Si allenava due volte la settimana e giocava una partita ogni weekend.

Nelle foto di squadra che Aparicio tenne da parte come un tesoro in una piccola busta di plastica, Lionel appare impassibile. È decisamente più basso dei suoi compagni di squadra. Nuota dentro i pantaloncini bianchi e la maglia arancione. I calzini gli cadono sulle caviglie. Guardando quelle fotografie, è difficile immaginare il bimbetto che dribbla a zigzag tra gli altri giocatori e rendersi conto delle enormi differenze che li separano. La palla sembra immensa, tra le sue fragili gambette. «Giocava da solo» ricorda Aparicio. «Era molto intenso, dribblava tutti. E non aveva ancora cinque anni. Decisi di farlo salire di categoria per cui lo mandai con quelli dell'86; ma l'anno dopo poté tornare con quelli della sua età. Era un bambino facile da allenare. Non parlava, era molto timido. Non rispondeva mai; ma durante gli allenamenti, quando si spiegava un esercizio, si metteva sempre davanti ed era come se si abbeverasse alle nostre parole.» Tutti questi ricordi rimasero nella memoria di Aparicio fino alla sua morte, avvenuta nel 2009. Durante quella chiacchierata a Rosario, si lamentava soltanto del fatto che la famiglia Messi non avesse avuto nessuna attenzione, non tanto per lui ma per il suo club, visto che, diceva, «ormai non abbiamo nemmeno più palloni».

Tuttavia, quando nel 2009 ottenne il suo primo Pallone d'Oro, Messi approfittò di una sala stampa che pendeva dalle sue labbra per fargli un omaggio postumo: «Salvador Aparicio mi ha aiutato molto quand'ero bambino. Il suo appoggio fu fondamentale per la nostra famiglia, per questo dedico anche a lui il Pallone d'Oro».

Furono in molti ad aiutare Messi nel suo primo quarto di secolo di vita. E non tutti, quel giorno, ebbero la fortuna di ricevere i suoi ringraziamenti. Forse Aparicio se la meritò perché non gli mise mai i bastoni tra le ruote.

Sapeva che prima o poi la piccola promessa del calcio se ne sarebbe andata a giocare in un altro club. In Argentina ci sono osservatori in tutti i campetti. Cercano una perla da scoprire, un diamante grezzo. Per evitare che Messi se ne andasse troppo in fretta, il secondo anno Aparicio propose al padre Jorge di allenare la squadra della classe 1987 del club Grandoli. Il capofamiglia non ebbe alcun dubbio ad accettare. Aveva sotto controllo suo figlio che continuava a dribblare e dribblare chiunque si trovasse davanti. Ma la fama del «Nano», così lo chiamavano affettuosamente, finì per attraversare le frontiere del quartiere.

La sua partenza divenne ben presto inevitabile. «Il Newell's aveva osservatori ovunque» ricordò Aparicio. «In più, in quel periodo, Rodrigo stava giocando proprio lì. Un allenatore chiese a Jorge di portare Leo per una prova. Come c'era da aspettarsi, la superò senza problemi. Jorge me lo disse, mi disse anche che era a disagio, ma io gli risposi di andare avanti, perché non poteva lasciarsi sfuggire un'occasione come quella.»

E così iniziava un nuovo capitolo nella vita di Lionel Messi. Da quel momento in poi, poté indossare la maglia della sua squadra ogni fine settimana, ma ormai in modo ufficiale.

Continuò il suo apprendistato in campi da calcio di piccole dimensioni. In Argentina, tutti i futuri giocatori, tra i cinque e i nove anni, imparano i rudimenti del calcio in campi piccoli. Quella tappa della formazione è chiamata «baby-fútbol», cosa che in parte spiega come mai gli argentini sono così bravi in spazi ridotti. Ma Rosario non è Buenos Aires. E se solitamente i giovani di Buenos Aires giocano su superfici dure e coperte, a Rosario iniziano all'aria aperta, su campi d'erba. Il loro stato, migliore o peggiore, dipende dal club. Il Newell's Old Boys è molto noto per le sue squadre giovanili, un club che ha tra l'altro fornito numerosi giocatori alla Nazionale.

Le strutture della scuola calcio si trovano in un'altra zona della città. Si tratta di un piccolo complesso chiamato Malvinas Argentinas. Su uno dei muri esterni, scritto a lettere nere e rosse su fondo bianco, si legge: «È il glorioso Newell's Old Boys». Su un altro: «Malvinas Argentinas in prima divisione», un elenco che include nomi quali Sebastián Domínguez, Lucas Bernardi, Maxi Rodriguez… giocatori che, come Messi, sono passati di lì e hanno salito tutti i gradini fino a giocare in prima divisione con la maglia rossonera. Tutti i bambini, come Messi a suo tempo, sognano un destino del genere. Nel marzo 1994, la Pulce scoprì qual era il suo posto. A sette anni era sempre piccolino e timido. E il luogo in cui meglio si esprimeva continuava a essere il campo da calcio. «Persino un cieco avrebbe notato che c'era della magia nei suoi piedi» afferma Carlos Morales, il suo allenatore e educatore per tre anni. «Si allenava al Newell's, ma all'inizio continuò a disputare qualche partita con il Grandoli. Era un bambino che giocava come un adulto. Dagli otto anni in poi il mio compito era semplice: dovevo formare i ragazzini perché giocassero undici contro undici. Di fatto, dai nove anni in poi, si allenavano due volte la settimana in un campo da calcio grande. Nel baby-fútbol, Leo era testardo, non passava mai la palla. Se la teneva come fosse qualcosa di prezioso. Era particolare. Nei campi da calcio a sette era un campione, perché la sua tecnica, unita alla sua velocità, lo rendevano imbattibile. Dribblava i suoi avversari uno dietro l'altro. Era impossibile togliergli la palla. Nei campi a undici era un mago. Si notavano ancora di più le differenze, perché aveva più spazio. Quando la partita si faceva difficile, metteva tutti d'accordo. Fu campione con la sua squadra per quattro volte in sei stagioni. Una cosa impressionante perché il livello era molto alto. Per questo chiamavano la squadra "máquina 87". Era un gruppo molto unito, si vedevano spesso a casa di Lucas Scaglia.»

Lucas Scaglia è uno dei pochi amici di Messi che accetta ancora di parlare con i giornalisti. Anche lui cerca di guadagnarsi da vivere giocando a calcio. Dopo il Newell's Old Boys volò nel Vecchio Continente e giocò in Spagna (Terrasa) e in Grecia, poi Bolivia e Colombia. La sua casa di Rosario è un museo dedicato all'amico.

Fotografie di Leo, maglie del Barça, della Nazionale albiceleste e ricordi dell'epoca meravigliosa della «máquina 87». Proprio come il suo amico, anche Lucas non è un gran chiacchierone. «È vero che, al primo impatto, Leo può sembrare molto timido. In effetti all'inizio non parlava troppo;

ma via via si rilassò e con noi entrò subito in confidenza. Spesso, dopo le partite, andavamo a mangiare a casa sua, e appena finito uscivamo in strada a giocare. Mio padre aveva campi da calcio a cinque e la sera ci andavamo tutti insieme. Poi facevamo un "pigiama party" da me con Franco Casanova, Juan Cruz Leguizamón e il Nano. Giocavamo a carte, chiacchieravamo e immaginavamo di essere delle stelle. Erano bei tempi, non avevamo preoccupazioni e l'unica cosa di cui ci importava era il calcio. Ogni volta che era possibile, ci mettevamo a giocare fino all'imbrunire.»

Quando stava insieme ai suoi amici, Leo era una persona diversa, molto meno introversa, ma quando usciva da quella cerchia, da quel bozzolo protettivo, ammutoliva. All'Escuela n° 66 General Las Heras era noto per essere taciturno. A parlare al suo posto era l'amica Cintia. Lo viziava e si occupava di lui come fosse il suo fratellino minore. Gli suggeriva durante gli esami e faceva da mediatrice tra lui e i professori. Leo si rilassava al momento dell'intervallo, perché i suoi compagni litigavano per averlo in squadra con loro. La sua abilità con il pallone lo trasformava in un leader silenzioso in tutte le materie. Nel suo club, il Newell's, succedeva lo stesso. «Leo era muto» ricorda Carlos Morales. «Ascoltava tutto quello che gli dicevo con grande attenzione. Capiva molto in fretta. Ogni giocatore aveva un soprannome. E ogni tanto mi sbagliavo a dar loro delle indicazioni da bordo campo. Allora Leo arrivava a tutta velocità e mi diceva: "No mister, lui è tal dei tali". Era un bambino dolce.»

Sul campo da gioco, la Pulce era un gradino sopra gli altri e si liberava dei suoi avversari uno a uno. Anni dopo hanno tutti un bell'aneddoto da raccontare. Carlos Morales: «Stavamo giocando le semifinali di un torneo. Leo arrivò tardi perché suo padre era uscito dopo dal lavoro, quindi lo feci sedere in panchina. In palio c'era una bicicletta. All'intervallo stavamo perdendo 3-0. A quel punto decisi di farlo entrare. Nel secondo tempo segnò tre gol e fece un assist. Se ne andò a casa tutto felice con la sua nuova bicicletta». Al piccolo piacevano già le sfide. Suo zio e padrino, Claudio

Biancucchi, ricorda un'altra prodezza: «Un giorno, i dirigenti del club andarono da lui prima di una partita e gli dissero: "Oggi dobbiamo vincere a tutti i costi, ti daremo un *alfajor*, un dolcetto, a ogni gol che segnerai". Lui assentì, segnò otto gol e a fine partita andò dai dirigenti a riscuotere la promessa». Anche Ernesto Vecchio, il primo allenatore di Messi al Newell's, ricorda la sua ansia di vittoria e di gol: «Leo non stava bene e non volevo che giocasse. Ma a pochi minuti dalla fine stavamo perdendo 1-0, quindi lo guardai e gli chiesi se se la sentiva di entrare. Disse di sì. Entrò in campo e segnò due gol, uno dietro l'altro, e così vincemmo la partita».

Il Nano era un giocatore senza eguali, un vero campione, un «crack» insomma, come piace dire agli argentini. «Il calcio è sempre stato il centro della sua vita» spiegò Celia, la madre di Leo. «Era sempre lì che giocava. Ci rendevamo conto che era diverso, era evidente quanto la presenza di un naso in mezzo al volto. Ma di lì a immaginare che si sarebbe trasformato in ciò che è, nessuno di noi ci avrebbe scommesso.» Claudio Biancucchi ha ricordi simili: «L'unica cosa che piaceva a Leo era giocare a calcio. Il peggiore dei castighi era impedirgli di allenarsi. È nato professionista. Se l'allenamento era alle sei del pomeriggio, lui aveva già la sacca pronta alle cinque e mezzo e se la preparava sempre da solo. Tutti sognavamo che diventasse un professionista. Quand'era bambino e andavamo in macchina ridevo insieme a lui, gli indicavo delle case e dicevo: "Quando diventerai il migliore giocatore del mondo, mi regalerai quella casa, oppure quell'altra". E alla fine l'ha fatto.»

Al Newell's gli allenatori e i dirigenti sono più controllati nell'entusiasmo. Sergio Omar Almirón, lo stesso che fece parte della squadra del Newell's campione nel 1988, poi coordinatore generale delle giovanili, sottolineò che Messi «era un giocatore eccezionale», anche se lo fece con cautela: «Alla sua età sono molti i bambini che fanno la differenza. Tra di noi ci dicevamo che se fosse andato avanti così, di sicuro un giorno avrebbe potuto giocare in prima divisione. Ti mentirei se dicessi che vedevamo in lui quello che si sarebbe trasformato nel miglior calciatore del mondo». Carlos Morales dice: «Certo ci colpiva. Aveva una tecnica fantastica. Inoltre, durante l'intervallo delle partite del Newell's, faceva dei numeri dimostrativi con la palla davanti a migliaia di spettatori che rimanevano a bocca aperta nel vedere un bambino così piccolo tanto abile con il pallone. Per me, l'ostacolo principale per la sua carriera erano le sue dimensioni. Era troppo minuto, troppo piccolo».

VIII
La terapia

Sergio Omar Almirón ci riceve nel suo ufficio. Dalla piccola finestra ha una vista impagabile sul campo principale del complesso Malvinas Argentinas del Newell's Old Boys. Solleva la cornetta del telefono, chiama la segretaria e le chiede di portare subito la scatola con su scritto il nome «Messi». La tengono da parte con attenzione, sigillata, in una piccola cassaforte. Quando la segretaria entra nell'ufficio, lui tira fuori una chiave dal cassetto e apre nervoso la scatola. Dentro ci sono una ventina di ricevute. «Guardate» ci dice. «Queste ricevute sono la prova che abbiamo cercato di aiutare i Messi.» Ci sono ricevute azzurre, bianche e rosa. Sono grandi quanto una cartolina. Sono datate e firmate. Su ognuna c'è un timbro ufficiale, «Escuelas de Fútbol Malvinas Argentinas», così come è indicata la destinazione dei beni: «Medicine per Lionel Messi». Nel 2000, per esempio, il Newell's diede delle somme di denaro ai Messi quasi ogni mese. Duecento pesos a marzo, 155 ad aprile, 150 a giugno, 150 a luglio, 100 ad agosto e altri 100 a settembre. In quegli anni, con la dollarizzazione dell'economia argentina, un peso equivaleva a un dollaro.

«Un giorno» ricorda Almirón «i genitori di Messi ci chiesero un incontro. Li ricevetti qui, in questo ufficio. Non erano a loro agio. Mi confessarono che da soli non ce la facevano, che nessuno li aiutava con la terapia di Lionel. Risposi loro che avremmo cercato di trovare una soluzione. E da allora collaborammo come ci fu possibile. Bisogna però ricordare che all'epoca l'Argentina era in crisi e il bilancio della scuola calcio era ridicolo. Se avessimo potuto fare di più, l'avremmo fatto. Non sono certo che i Messi lo capirono.»

A fine anni Novanta il Newell's era in crisi. Il suo presidente, Eduardo López, lo dirigeva con pugno di ferro, alleato con gli ultras per far regnare l'ordine e il terrore.

Mentre il club s'impoveriva, lui e i suoi collaboratori più stretti sembravano vivere la situazione un po' diversamente. Durante la gestione del «dittatore» Eduardo López, sia il centro di formazione sia la scuola calcio vennero abbandonati al proprio destino. Mancavano i soldi e le strutture cadevano in rovina. Almirón aveva ragione, il club non aveva liquidità e poteva aiutare Messi solo in piccola parte. Se la crisi che il paese stava attraversando era un'evidente motivazione, lo era anche il modo in cui era gestito il club.

Nonostante tutto, dieci anni dopo questi fatti il rancore non si era attenuato. Sergio Almirón e Carlos Morales (all'epoca allenatore di Leo) non riuscivano a capire perché i Messi li avessero tanto in antipatia. Celia, la madre di Leo, fu dura con il club in una conversazione con Cecilia Caminos, corrispondente in Argentina dell'agenzia tedesca DPA: «Per me il Newell's non esiste». Parole che fecero rabbrividire i maschi di casa, e che né Almirón né molti altri del club hanno ancora digerito. In forma anonima, più persone sostengono che il risentimento dei Messi si debba anche al fatto che il club espulse il promettente Rodrigo, fratello maggiore di Lionel. Rodrigo era un giocatore assai bravo; ma il maggiore del clan attraversò un momento molto difficile durante l'adolescenza. Divenne incontrollabile e i dirigenti del Newell's preferirono mandarlo via. Celia e Jorge non l'hanno dimenticato.

«Hanno dei problemi di memoria» afferma Almirón. «È stato proprio grazie al club che si è scoperto il problema ormonale relativo alla crescita di Lionel. Siamo stati noi a consigliargli di andare da un medico, perché in effetti era molto più piccolo rispetto alla media.» Carlos Morales conferma: «È vero. Era già successo ad altri due giocatori del

Newell's. Ci fu un certo Sergio Maradona, impossibile inventarsi una cosa del genere! E anche Damián Manso [ex giocatore del Newell's, del Bastia, del Pachuca e della Liga de Quito]. Fu Néstor Rozín, un dirigente del club, a prendere per mano i Messi e a portarli a fare una visita dal dottor Schwarzstein».

Noto endocrinologo di Rosario, il dottor Diego Schwarzstein è anche un gran tifoso del Newell's. Quando la sua squadra del cuore ricorre a lui, è sempre disposto a dare una mano.

Il suo studio è proprio in centro città. Non ha mai nascosto nulla e riceve i giornalisti a braccia aperte. Poco più che cinquantenne, quasi calvo e con la barba ordinata e a punta, parla senza riserve del suo paziente più celebre. «La prima visita è stata il 31 gennaio 1997» ricorda. «Lionel è venuto insieme a Jorge. Era così minuto, timido e tenero. Aveva nove anni ed era alto 1,25, quindi era decisamente sotto le normali curve di crescita. Prima di tutto Leo dovette fare una serie di test. Per un anno venne seguito a livello clinico in modo rigoroso. Si trattava di un procedimento lungo perché bisognava controllare la sua curva di crescita. Gli esami erano cari e il servizio sanitario ci impiegava sempre un po' a rimborsarli. Gli venne diagnosticato un deficit parziale di ormoni della crescita, una carenza che colpisce un bambino su ventimila. Leo iniziò il trattamento un anno dopo, nel 1998.

«Nel suo caso la sostanza naturale poteva essere sostituita con un'altra sintetica. Doveva iniettarsi quotidianamente gli ormoni, per tutto il periodo della crescita. Il trattamento di solito dura dai tre ai cinque anni. È importante sottolineare che un bambino sottoposto a questo tipo di terapia conduce una vita del tutto normale. Non ci sono controindicazioni, quindi Leo poteva continuare a giocare senza problemi. L'unico piccolo inconveniente è che, ogni tanto, ci si può sentire più stanchi, cosa che succedeva a Messi. Per questo gli venne consigliato di abituarsi a fare un pisolino.» Anni dopo, la megastella non ha perso quest'abitudine e continua a farsi ogni giorno una siesta nel suo appartamento di Barcellona, come aveva fatto per anni nella casa dei suoi a Gavá, nella periferia della città spagnola.

Dopo essere venuti a conoscenza dell'esito degli esami, i Messi tirarono un sospiro di sollievo nello scoprire finalmente la ragione delle ridotte dimensioni del figlio. E scoprirono anche che tutto si poteva risolvere. Lionel non parve toccato dalla cosa. Di fatto era lui, e soltanto lui, a doversi iniettare quotidianamente gli ormoni. Non si lamentava e non aveva bisogno che nessuno gli ricordasse di farlo. Di notte, quando andava a dormire a casa di Lucas Scaglia, per esempio, non appena entrato dall'amico metteva nel frigorifero una piccola scatola con le sue fialette. Arrivato il momento, s'iniettava con discrezione la sua dose nella gamba e poi proseguiva normalmente la giornata. Lionel aveva dieci anni. Celia, sua madre, ormai non lavorava più. Jorge, suo padre, si guadagnava da vivere come caporeparto in una grande fabbrica siderurgica della zona: l'Acindar. Era una famiglia della classe media e il trattamento di Lionel costava molto: 960 dollari al mese.

La storia, ripetuta per anni, dice che i Messi ebbero molti problemi per riuscire a pagare la terapia e che nessun club volle collaborare, così alla fine, provata da grosse difficoltà finanziarie, alla famiglia non restò altra scelta che tentare la fortuna in Spagna. Si tratta di un racconto ripreso con una certa regolarità dai mass media, ma pare che la realtà sia stata un po' diversa. Il dottor Schwarzstein è categorico: «Del trattamento di Lionel se ne occupò la Sanità pubblica, la mutua di suo padre e la fondazione Acindar. È vero che c'erano molti intoppi burocratici, perché era necessario rifare la richiesta ogni sei mesi. Di conseguenza, ogni tanto, c'erano dei ritardi nei rimborsi. Ma posso assicurarle che per tre anni il Servizio sanitario nazionale si fece carico del trattamento».

La stessa cosa dicono alla fondazione Acindar, anche qui sorpresi dalla reazione dei Messi. «Nel 1998» conferma un impiegato «abbiamo ricevuto una richiesta di aiuto da parte di Jorge Messi. Il Servizio sanitario pagava metà del trattamento, la mutua il 25 per cento e la fondazione si fece carico del restante 25 per cento. E andò così da settembre 1998 fino a giugno 2000. Ad agosto di quell'anno ricevemmo addirittura una lettera di ringraziamento. E a dicembre, sempre del 2000, pagammo ancora alcune dosi addizionali.» Se il costo totale del trattamento era coperto da altri, perché mai Celia avrebbe chiesto dei soldi al Newell's?

L'Argentina all'epoca era vittima di una crisi economica e finanziaria senza precedenti. Dal 1998 il paese viveva in recessione e il tasso di disoccupazione aveva raggiunto il record storico del 22 per cento della popolazione attiva, mentre il tasso di povertà toccò il 57 per cento. I consumatori erano assolutamente disarmati dinanzi al rincaro dei prezzi. La famiglia Messi non era un'eccezione. Per sfuggire alla crisi, molti argentini approfittarono quindi delle loro origini italiane o spagnole per attraversare l'Atlantico. Erano pronti a sradicarsi pur di trovare un lavoro e iniziare da zero. Secondo la Dirección Nacional de Migraciones, nel 2000 abbandonarono il paese 250.000 argentini. Ufficialmente 60.000 di loro trovarono rifugio in Spagna; ma in realtà furono molti di più. Jorge Messi continuava a pensare e a ripensare alla possibilità di intraprendere quell'avventura. Di fatto, lui e Celia avevano parlato dell'ipotesi di trasferirsi in Australia.

Prima di prendere una decisione, però, Jorge provò di tutto. Sicuramente contava sul fatto che il talento di Lionel aiutasse la famiglia, più che a uscire da quella situazione, a realizzare un grande cambiamento. Decise di scommettere il tutto per tutto e offrire suo figlio al River Plate, uno dei grandi club argentini. «All'epoca io ero un talent scout per il River nella zona di Rosario» disse Federico Vairo al canale argentino C5N. «Un amico mi parlò di Messi. La prima volta che lo vidi, mi sorprese perché era davvero molto piccolo. Suo padre mi disse che gli sarebbe piaciuto che lo vedessi giocare. Il problema è che avevo organizzato una prova, però era riservata a giocatori di sedici anni. Messi non ne aveva ancora compiuti tredici, ma suo padre mi assicurò che quello non sarebbe stato un problema, perché suo figlio era abituato a giocare con quelli più grandi di lui. Quindi accettai, e rimasi a bocca aperta. Dribblò tutti. Non riusciva a fermarlo nessuno. Chiamai il club e chiesi che portassero Lionel a Buenos Aires perché lo vedessero in carne e ossa.»

Qualche settimana dopo, Lionel e Jorge sbarcarono nella capitale accompagnati da un ragazzo di nome Giménez, un altro attaccante del Newell's. I due fecero coppia in avanti e si capì subito che erano decisamente superiori ai loro avversari. «Quando lo vedemmo in azione,» afferma Galdino Luraschi, all'epoca allenatore delle giovanili del River Plate «decidemmo di prenderlo. Nonostante fosse così minuto, fu fenomenale, era di sicuro quel tipo di giocatore su cui puntare a occhi chiusi. Ricordo addirittura che lo facemmo allenare con Gonzalo Higuaín, un altro portento classe 1987. Se all'epoca mi avessero detto che quei due avrebbero formato la coppia di attaccanti della Nazionale argentina ai Mondiali, non ci avrei creduto.» Il River Plate era felicissimo. Jorge ne approfittò e alzò la posta. Se i *millonarios* (soprannome di tifosi e giocatori del River) volevano veder giocare Lionel con la maglia del loro club, dovevano offrire a lui un lavoro e una casa. Lionel ha solo tredici anni. I dirigenti del River rifiutano, non sono disposti a investire così tanti soldi su un bambino. «Inoltre,» assicura Luraschi «c'era anche un altro problema. Il Newell's non voleva cedere il giocatore.» E la legge è molto chiara in Argentina: se un calciatore abbandona un club senza la sua autorizzazione, non può essere tesserato da un'altra squadra per due anni. È il prezzo della sua libertà. Alla fine il Newell's lasciò andare soltanto Giménez. «Posso assicurare che né lui né suo padre ci parlarono del suo problema relativo alla crescita e del trattamento che doveva seguire. Per cui mi sembra decisamente ingiusto che affermino che Messi non venne al River perché il club non gli volle pagare gli ormoni per la crescita. È una menzogna.»

Quando la faccenda arrivò alle loro orecchie, i dirigenti del Newell's Old Boys andarono su tutte le furie.

«Credo che Jorge portò Lionel al River per fare pressioni sul Newell's» commentò anni dopo Claudio Biancucchi, zio e padrino di Leo. Sergio Almirón e Carlos Morales decisero allora di andare a casa dei Messi per affrontare la faccenda a quattr'occhi. Morales spiegò a Messi padre che c'è un patto tra i club argentini che prevede di non rubarsi a vicenda i giocatori. In breve: tutti i calciatori sono intoccabili a meno che il club non accordi il suo permesso. Quel giorno, Almirón e Morales fecero promettere ai genitori di Lionel che sarebbero stati loro i primi a cui si sarebbero rivolti nel caso in cui avessero deciso di andarsene.

A Rosario, Messi prosegue come sempre la sua terapia. Cresce, s'irrobustisce. Sul campo da gioco continua a far impazzire gli avversari. Gli agenti, che captano i buoni affari, si avvicinano a Jorge. I Messi prima si appoggiano a Fabián Basualdo, ex nazionale (29 volte). Ma il rapporto non dura a lungo, perché la società per cui lavora si rifiuta di farsi carico di una parte del trattamento. Sebbene Basualdo ogni tanto si porti Lionel al cinema e gli dia qualche peso, per Jorge questo non è sufficiente. Decide di chiudere i rapporti quando Claudio Biancucchi inizia a fare l'intermediario. Suo figlio Maxi (nato nel 1984) è cugino di Leo ed è rappresentato da Martín Montero e Fabián Soldini, della società Marka.

Claudio, decisamente soddisfatto del lavoro di entrambi, dice di dare un'occhiata anche al suo figlioccio. «All'inizio non ne eravamo molto entusiasti» confessa Soldini. «Leo aveva solo dodici anni e non eravamo abituati a rappresentare giocatori così giovani. Ma un giorno lo vidi, per caso. Ero andato a una partita del Newell's e la squadra di Leo giocava proprio prima. Chiamai subito Claudio e gli chiesi se il suo figlioccio indossava la maglia numero 9. Mi rispose di sì e gli dissi che volevamo incontrare la sua famiglia il prima possibile.» Qualche giorno dopo, un sabato mattina, Fabián Soldini, Martín Montero, Claudio Biancucchi e Jorge Messi si ritrovano in un bar, che oggi non esiste più, in calle Córdoba, una via pedonale nel pieno centro di Rosario. «Jorge ci avvisò fin da subito. Avrebbe collaborato con noi soltanto a due condizioni: la prima, che pagassimo metà della terapia di suo figlio; la seconda, che ottenessimo una prova in un grande club straniero. Jorge aveva visto che un giocatore argentino di undici anni, Leandro Depetris, aveva appena firmato con il Milan. Quindi, l'età di suo figlio non era un ostacolo per fare una prova all'estero. Accettammo.» I nuovi agenti acconsentirono a farsi carico delle spese di metà del trattamento di Messi. Perché Jorge gli chiese una cosa del genere? Forse la fondazione Acindar non rimborsava più gli ormoni a suo figlio? È ciò che sostiene Soldini: «La fondazione aveva promesso a Jorge che gli avrebbe rimborsato il costo totale del trattamento, ma alla fine gliene pagava soltanto metà. Tra il Servizio sanitario e la fondazione provvedevano alle cure di Leo. Ma, da marzo del 2000, il Servizio sanitario non rimborsò più nulla. Quindi da allora fino a gennaio 2001 pagammo noi la metà della terapia di Leo».

Tanto il dottor Schwarzstein quanto la fondazione smentiscono questa versione. E la smentì anche il dottor Aldo Miglietta, endocrinologo membro, in Argentina, della Comisión Nacional Asesora para los Niños con Déficit de Hormona de Crecimiento. «Questa storia mi fa uscire dai gangheri» dichiarò a «La Capital», il giornale regionale più letto di Rosario. «Mi scandalizzo quando leggo o sento che i Messi furono costretti a emigrare in Spagna perché in Argentina nessuno si occupò della terapia del figlio. È una menzogna. In primo luogo perché è un trattamento che rientra nel programma medico obbligatorio. E, nell'azzardata ipotesi che Messi non beneficiasse di tale programma, avrebbero potuto presentare un reclamo alla Comisión Nacional Asesora para los Niños con Déficit de Hormona de Crecimiento che, fin dal 1991, si fa carico di tutto il costo della terapia per i bambini che non possono pagarla.»

Soldini e Montero non ne sono al corrente, quindi, proprio come si era stabilito, ogni mese inviano un assegno da 480 dollari ai Messi. In contemporanea si muovono per trovare un contatto che possa aprirgli le porte di un grande club. «Chiamammo Juan Mateo, un avvocato argentino specializzato nel mercato brasiliano e che lavorava molto con Josep Minguella, l'agente numero uno del Barcellona» racconta Soldini. «Gli dicemmo che avevamo un giocatore eccezionale da presentargli. Ci ascoltò con attenzione, ma ci rispose che era troppo giovane e che il Barça non era solito scommettere su giocatori di quell'età.» Seguirono settimane di calma piatta. Finché, improvvisamente, un giorno squilla il telefono di Soldini. È Juan Mateo che sta chiamando per chiedere un grande favore: «Era giugno del 2000» ricorda Soldini. «Juan mi chiese di andare a trovarlo a Buenos Aires. Voleva che incontrassi Luiz Felipe Scolari, allenatore del Palmeiras, proprio prima della finale d'andata della Coppa Libertadores tra Boca Juniors e il club brasiliano. Juan voleva che gli spiegassi due o tre cose sul Boca. Ne approfittai per menzionare Messi. Mi chiese di mandargli un video del ragazzo per farsi un'idea di cosa avessero di speciale i suoi piedi.» La porta iniziava ad aprirsi un po', per Soldini. E non ci impiegò molto a esserne inghiottito.

Sono settimane che Fabián ha preso l'abitudine di registrare tutto; ma non vuole mandare un video qualsiasi, con le immagini di un folletto che dribbla tutto ciò che incontra. Soldini è astuto e ha altro in mente. «Andai da Lionel e gli diedi un chilo di arance e varie palline da tennis. Gli dissi: "Ti allenerai per fare delle acrobazie con queste e tra una settimana ti filmo". Una settimana dopo Leo dominava la tecnica alla perfezione. Fece 113 palleggi con un'arancia e 120 con una pallina da tennis. Mandai il tutto a Juan Mateo. Lunedì 4 settembre, Juan mi chiamò per dirmi che ci aspettavano a Barcellona il 18 settembre.» Jorge, Lionel e Fabián Soldini avevano due settimane per preparare tutto: fare i passaporti, comprare i biglietti e organizzare il viaggio.

Domenica 17 settembre i tre si imbarcarono all'aeroporto di Rosario e, cinquanta minuti dopo, atterrarono a Buenos Aires. Presero un altro aereo per attraversare l'Atlantico, diretti a Barcellona, il primo di una serie di voli su quella rotta. «Fu un viaggio agitato. L'aereo si muoveva parecchio» ricorda Soldini. «Quando le hostess ci servirono da mangiare c'erano già molte turbolenze, così Leo lasciò tutto lì e si addormentò subito. La mattina successiva arrivammo a Barcellona.»

IX

L'esilio

Viaggiatori, turisti e uomini d'affari. Uscivano tutti a passo deciso dalla hall degli arrivi dell'aeroporto di Barcellona.

Alcuni erano accolti dai loro familiari, altri da autisti che tenevano bene in alto cartelli con su scritti dei nomi. Ma Jorge Messi, Lionel Messi e Fabián Soldini erano abbandonati a se stessi.

Era la prima volta che Leo e suo padre toccavano il suolo europeo. Fortunatamente Soldini, la loro guida e agente, si occupò di tutto. «Dopo aver ritirato i bagagli, prendemmo un taxi per andare direttamente agli uffici di Minguella... Ci disse di prepararci perché alle sei del pomeriggio Leo si sarebbe allenato per la prima volta con il Barça.» Prima di recarsi ai campi d'allenamento del Barcellona, l'inseparabile trio passò dall'Hotel Plaza, un edificio su molti piani situato in plaça d'Espanya, per lasciare le valigie.

Dalla sua stanza Leo aveva una vista impressionante sulla collina di Montjuïc, sulla plaza de toros, sulle Torres Venecianes e sulla fontana monumentale intorno alla quale circolano macchine e pullman da mattina a sera. «Poi prendemmo la metropolitana per andare agli allenamenti» afferma Soldini. «Prima di giocare incontrammo Joaquim Rifé, direttore tecnico del settore giovanile del club. Ci presentammo e Rifé ci spiegò che a decidere se tenere o meno Leo sarebbe stato Carles Rexach. Il problema era che in quel momento si trovava all'altro capo del mondo, a Sydney, per le

Olimpiadi.» L'avventura iniziava male: Leo doveva aspettare prima di fare la prova ufficiale. Non era previsto, ma ci vuole ben altro per destabilizzare la Pulce. Fin dal primo allenamento, il piccolo argentino dimostrò che non era un giocatore qualsiasi. Quel giorno Juan Mateo era a bordo campo: «Il primo esercizio consisteva in un passaggio in diagonale da centrocampo a un giocatore in fascia. Questo doveva stoppare la palla, portarla verso la bandierina del calcio d'angolo e crossare per un terzo che doveva controllarla con un tocco. Solitamente non sono cose facili da realizzare a tredici anni; ma Leo, che già possedeva eccezionali doti tecniche, superò la prova con estrema facilità. Fece tutto alla perfezione; bisognava essere ciechi per non rendersi conto che era decisamente più bravo degli altri. Quel giorno c'era anche José Ramón Alexanko, ex difensore del club, che chiamò subito un altro allenatore perché vedesse quel ragazzino. Insieme a Rifé decisero di organizzare una prova al rientro di Rexach dall'Australia».

Tre giorni a settimana, lunedì, mercoledì e giovedì, Rifé permetteva a Messi di allenarsi con i giocatori del Barça della sua età. E ogni volta si ripeteva lo stesso rituale. Leo si preparava da solo la sacca ed era sempre pronto quando arrivava l'ora di andare. Poi, Fabián, Jorge e Leo prendevano la metropolitana alla stazione di plaça d'Espanya e risalivano in superficie a Collblanc, la fermata più vicina al Camp Nou. Mentre Leo si cambiava, Jorge e Fabián si disponevano vicini al campo da gioco.

Non parlavano né incoraggiavano con enfasi la Pulce.

Erano entrambi assai discreti. In campo, Leo si dimostrava superiore ai suoi avversari. Mateo e Soldini non ci impiegarono molto a capire che il loro giocatore avrebbe superato la prova. «Dopo una decina di giorni» spiega Soldini «chiedemmo a Horacio Gaggioli di unirsi a noi e di iniziare a occuparsi del ragazzino. Sapevamo che avremmo avuto bisogno di qualcuno di fiducia a Barcellona che si prendesse cura dei Messi. Da quel momento in poi andammo agli allenamenti con la macchina di Horacio. Non dovevamo più prendere la metropolitana.» Un giorno Gaggioli arrivò insieme a Gabriel Calderón (ex giocatore del Psg ed ex nazionale argentino, che all'epoca giocava nel Betis) e Migueli, che da giocatore aveva disputato 549 partite in maglia blaugrana. «Migueli mi chiese di mostrargli il piccolo argentino di cui parlavano tutti» ricorda Gaggioli. «Quando gli indico Messi mi dice: "Non è il caso di fargli fare una prova, solo a vedere come si muove posso assicurarti che è un campione!".»

Tutto procede alla perfezione, ma ai Messi inizia a pesare il trascorrere dei giorni. La colpa è di «Charly» Rexach, ancora a Sydney. Era stato costretto a restarci di più perché la Spagna di Xavi e Puyol era arrivata alla finale del torneo olimpico di calcio contro il Camerun di tale Samuel Eto'o. Dopo la finale, che si disputò il 30 settembre, e la sconfitta ai rigori della Nazionale spagnola, Rexach aveva iniziato il suo lungo viaggio di ritorno. A quel punto Rifé aveva avvisato Soldini e Jorge Messi che il bambino poteva prepararsi perché avrebbero fatto la prova. Il momento era arrivato.

L'indomani Leo si alza dopo aver dormito placidamente. Non c'è una sola nuvola in cielo, Barcellona si sta godendo un perfetto prolungamento dell'estate. Il giovane Lionel è tranquillo, non si sente agitato. La prova era prevista per le cinque del pomeriggio e per tutto il giorno Jorge e Fabián gli avrebbero ripetuto di giocare a modo suo, di fare come sempre. Fin dal giorno prima sapevano che il Barça aveva deciso di valutare Leo sul campo numero 3 del Mini Estadi del Camp Nou e che avrebbe affrontato giocatori di uno o due anni più grandi di lui, molto più grossi e forti.

Quando il piccolo Messi piantò i suoi tacchetti nell'erba, accanto al campo c'era un bel gruppetto di stelle della storia del club a osservarlo. C'erano Migueli, Juan Manuel Asensi (396 partite come giocatore del Barcellona), Rifé (401) e Rexach (449). Tutti insieme, avevano giocato un totale di 1795 partite nel Barça. Facevano parte della storia del club, quindi erano assolutamente pronti a intravedere un potenziale giocatore blaugrana. «Non appena toccò la palla per la prima volta» ricorda Rifé «ci rendemmo conto che quella piccola "pulce" aveva qualcosa di speciale. Segnò un gol eccezionale, alla Maradona, dopo aver dribblato praticamente tutta la squadra rivale. Migueli, Asensi, Rexach e io ci guardavamo senza credere ai nostri occhi.» Rexach dichiarò a «Mundo Deportivo»: «Mi girai verso Rifé e Migueli e dissi: "Prendiamolo subito!". Ci sono giocatori che hanno bisogno di essere ben preparati per fare la differenza. Messi no, e ancor meno a tredici anni. Aveva uno scatto incredibile, tecnica, abilità, e non avevo mai visto un giocatore correre così in fretta con il pallone. Quel giorno persino un marziano si sarebbe reso conto che era speciale, che era un giocatore diverso».

Messi aveva già conquistato le vecchie leggende del Barça. Fabián Soldini e Jorge Messi potevano stare tranquilli. Il giorno seguente i tre rientrarono a Rosario.

Se tutto fosse andato bene, sapevano che sarebbero tornati presto a Barcellona, ma questa volta per trasferirsi definitivamente.

A Rosario, Carlos Morales, l'allenatore della «máquina 87» del Newell's, la squadra di Leo, non sospetta ciò che sta per accadere. «In occasione del suo primo viaggio a Barcellona, Celia, la madre di Lionel, mi disse che il figlio aveva una polmonite e poi Leo tornò e si reinserì come se niente fosse.»

La Pulce finisce il 2000 a casa sua, in attesa di buone notizie da Barcellona, notizie che tardano ad arrivare. Non si rendeva conto che forse stava trascorrendo il suo ultimo Natale a Rosario insieme ai cugini, agli zii, ai nonni. All'inizio del 2001, dopo aver cominciato la stagione nel suo club, Leo dovette partire improvvisamente per Barcellona. La situazione si era sbloccata. «Mi chiamò a casa una domenica per avvisarmi che se ne andava» ricorda Lucas Scaglia, il suo compagno di squadra, il suo miglior amico. «Io invece sono ancora qui che aspetto che la madre venga a dirmi che se n'è andato» afferma Almirón. «Mi aveva sempre detto che sarei stato il primo a saperlo.» Nel 2008 Almirón uscì dalla porta di servizio del Newell's dopo essere stato accusato di tentata estorsione dalla madre di un giocatore di ventun anni. Carlos Morales continua a occuparsi dei bambini e ad allenare nel club. «Non ho più avuto notizie di Leo da quando se n'è andato a febbraio 2001. Come venni a sapere che era andato via? Uno degli allenatori del club possiede dei taxi e mi raccontò che un nipote di sua moglie aveva accompagnato Leo e la sua famiglia all'aeroporto e che stavano per volare verso la Spagna. È da vent'anni che gli agenti continuano a rovinare il calcio argentino e Leo ne è la prova, perché avrebbe potuto continuare la sua formazione con noi. Sarebbe diventato quel che è oggi? Non lo so, perché all'epoca avevo paura che il suo fisico potesse fermare la sua carriera. Pensavo che avrebbe giocato in prima divisione, questo sì; ma non che si sarebbe trasformato nel miglior giocatore del mondo.»

La famiglia Messi era pronta a volare via, pronta a cambiare la propria vita. Il 1° febbraio 2001, Celia, Jorge, Rodrigo, Matías, Leo e Marisol s'imbarcarono all'aeroporto di Rosario per un lungo viaggio verso Barcellona. «Nel breve volo da Rosario a Buenos Aires, Leo pianse con tutta l'anima. Gli scendevano dei lacrimoni, non riusciva a smettere» racconta Fabián Soldini. «Sapeva che non sarebbe più tornato. Abbandonare Rosario gli spezzò il cuore.» Durante un'intervista a «El Gráfico», Messi riconobbe: «È vero che quel giorno piansi tanto. Mi stavo lasciando alle spalle molte cose, i miei amici, la mia casa, una parte della mia famiglia, i miei compagni di squadra... Ma sapevo anche che Barcellona mi avrebbe potuto aiutare a realizzare i miei sogni». Inizialmente i Messi trascorsero diverse settimane alloggiati all'Hotel Rallye. Una sistemazione comoda e dalla cui terrazza si ha una bella vista sul Camp Nou. Poi si trasferirono in un appartamento, abbastanza gradevole, di 110 metri quadri, con quattro stanze, sulla Gran Via de Carles III, nello stesso quartiere, a pochi isolati di distanza dal Camp Nou. Un posto comodo per tutte le necessità di Leo: vicino alla scuola Juan XXIII, dove avrebbe proseguito i suoi studi, e a La Masia, il centro di formazione del Barcellona. Ma c'era qualcosa che non andava, una specie di malessere. Le partite non sono mai facili. L'arrivo in una nuova città, nemmeno.

«La sensazione era che alcuni membri della famiglia lo considerassero responsabile di quella situazione» ricorda Juan Mateo. «Suo fratello maggiore Rodrigo aveva dovuto lasciare la fidanzata. Passava il giorno a guardare la televisione insieme all'altro fratello, Matías. Non uscivano di casa. Quando Celia andò a vedere l'appartamento, che era di un certo livello, ci fece intendere che si aspettava di meglio. Al momento di decidere la suddivisione delle stanze, diede le più grandi a Rodrigo e Matías. A Leo fu assegnata una stanza molto piccola. Fummo obbligati a intervenire, perché eravamo preoccupati, ma lui non pensava ad altro che al calcio. Quando il Barça giocava in casa, al Camp Nou, non ci dava pace, passava la settimana a chiederci di trovargli i biglietti.»

Leo non era in Catalogna per vedere la Sagrada Família, il Parc Güell o le meraviglie di Gaudí.

Lui e la sua famiglia avevano deciso di trasferirsi a Barcellona anche per questioni mediche. Il Barça si era impegnato a pagare la costosa terapia di Lionel e i Messi avevano, nei loro bagagli, lo storico clinico di Leo, consegnatogli a Rosario dal dottor Schwarzstein. Tra tutti i dati indicati nel dossier, ciò che richiedeva la massima attenzione era la curva di crescita. Lì si vede, per esempio, che a luglio 1998 Leo, che all'epoca aveva undici anni, era alto 1,32 e pesava 30 chili. A gennaio del 2000, a dodici anni, era alto 1,41 e pesava 34,5 chili. Infine, a gennaio 2001, a tredici anni, la sua altezza era di 1,48 e il peso di 39 chili. «Fin dal suo arrivo,» assicura Horacio Gaggioli «Leo venne visitato da diversi medici. Andammo da un famoso endocrinologo [Martí Hennenberg] che sfortunatamente morì di lì a poco. In seguito, a occuparsi di lui fu il servizio medico del club.» A quel tempo il capo dei servizi medici era il dottor Josep Borrell, morto nel 2013. In un incontro nel suo studio, parve ricordare bene l'arrivo di Messi: «Soffriva di un deficit di ormoni della crescita, che non è una cosa grave; ma aveva una costituzione piuttosto fragile. Gli facemmo seguire una particolare dieta e delle sessioni per rinforzare la cartilagine delle ginocchia». Fin qui, nulla di strano. «Di fatto, l'ormone della crescita permette che crescano le cartilagini e le ossa, ma non i tendini o i legamenti. Questi ci impiegano di più. Durante la terapia bisogna far attenzione ai tendini, adattare gli allenamenti, massaggiare e massaggiare perché la crescita proceda bene. Il trattamento deve essere interrotto quando le cartilagini sono ben saldate perché, in caso contrario, il paziente corre il rischio di acromegalia, una crescita anormale di mani, piedi e mandibola causata da una disfunzione ormonale.»

Leo era in buone mani. Nonostante Joaquim Refé creda di ricordare che il trattamento durò solo qualche mese, Borrell e Gaggioli concordano nel dire che Messi continuò a iniettarsi ormoni della crescita per due anni dopo il suo arrivo. La Pulce non era il primo giocatore a sottoporsi a una terapia del genere a Barcellona. «Anche Pep Guardiola e Jordi Cruijff presero ormoni della crescita» confermò Borrell.

Ma, a differenza di Messi, non soffrivano di un deficit ormonale. Nel loro caso, il trattamento serviva a dargli maggiore forza.

La terapia di Messi cambiò al suo arrivo a Barcellona? È una questione spinosa. Borrell assicura che «ci fu una piccola differenza, ma per sapere esattamente quale bisogna chiedere al dottor Ramón Segura Cardona». Questi però ha sempre preferito non parlare: «Mi dispiace comunicarvi che la politica del Barcellona relativa alle notizie concernenti i giocatori mi impedisce di darvi le informazioni che mi chiedete» è stata ogni volta la sua risposta. Anche Juan Lacueva, un dirigente del Barcellona che insistette perché Leo entrasse nel club, assicurò che ci fu un lieve cambiamento nel trattamento di Messi. Quale? È difficile scoprirlo. Soldini rammenta che il club chiese a Leo di seguire una particolare dieta. Per esempio doveva ricordarsi di fare una bella colazione, quando invece lui era abituato a mangiare poco la mattina. Gli chiesero anche di smettere di bere Coca-Cola, che consumava a dosi enormi. «Quindi facemmo un patto: avremmo entrambi smesso di berla fin quando non l'avessero convocato per la Nazionale argentina. Il Barça modificò il trattamento, ma non saprei dirvi esattamente come. Ricordo che doveva prendere cinque pastiglie al giorno. Di cosa? Non ne ho la più pallida idea.» Il mistero resta... Ma una cosa è certa: a causa dei problemi dovuti alla difficoltà di raggiungere un accordo e firmare un contratto, Lacueva pagò di tasca sua alcune settimane di terapia. Cosa che nemmeno Leo e la sua famiglia sanno, visto che Lacueva non è una persona a cui piaccia sbandierarlo ai quattro venti. Anche un'altra cosa è chiara: la terapia diede i suoi frutti. A Barcellona, Messi crebbe di 21 centimetri in trenta mesi. Qualsiasi cosa fosse, ciò che è certo è che la terapia non traumatizzò il piccolo argentino, abituato a iniettarsi una volta al giorno gli ormoni della crescita. La sua vita non cambiò per niente; ma sapeva perfettamente che, senza quelle iniezioni, forse non sarebbe mai arrivato a un livello così alto. Il Barça non solo gli permise di crescere, ma anche di trasformarsi in un calciatore professionista.

I primi mesi dei Messi a Barcellona furono difficili. Faticavano parecchio a adattarsi alla nuova vita. Leo, che era arrivato lì per giocare a calcio, non poteva dedicarsi del tutto alla sua passione e il 21 aprile 2001 s'infortunò gravemente: frattura del perone della gamba sinistra. Fu un primo stop. L'incidente lo allontanò dai campi da gioco per troppe settimane.

Per lui una vita senza il pallone era il peggiore degli incubi. Tuttavia, e anche questo non lo consola, non aveva ancora diritto a indossare la maglia blaugrana. La colpa era del Newell's Old Boys che si rifiutava di cederlo. In Argentina la legge è chiara: quando un calciatore minorenne va a giocare all'estero, i genitori devono dimostrare di essersene andati per questioni di lavoro. Leo era in un vicolo cieco e alla fine fu la FIFA a decidere in favore di quel giocatore di tredici anni. La Fédération Internationale de Football Association accettò il trasferimento e Messi fu autorizzato a cambiare club e passare dal Newell's Old Boys al Barça. Forse a quel punto si accorse che il mondo del calcio è implacabile e spietato. Quando si riprese, iniziò ad allenarsi normalmente, ma i giorni delle partite era costretto a sedersi in tribuna a veder giocare i suoi compagni di squadra. Era duro da accettare e non lo aiutava a facilitare la sua integrazione. Ma non si lamentò mai; o almeno, non lo fece mai davanti ai suoi allenatori o ai suoi compagni di squadra. Passava il giorno con Cesc Fàbregas, Gerard Piqué o Víctor Vázquez, le altre stelle della sua squadra. Hanno già tutti il loro piccolo soprannome. Cesc veniva chiamato «Chisca», Piqué «Largo» e Vázquez «el Gitano» («perché ho la carnagione scura e all'epoca avevo i capelli lunghi», spiegò al giornale sportivo spagnolo «Sport»). «Era molto timido, non troppo loquace» aggiunse l'attaccante del Bruges, squadra di prima divisione belga. «Si sedeva in fondo allo spogliatoio, si preparava, ci guardava, ci ascoltava, ma non apriva mai bocca. E dopo l'allenamento si cambiava e andava via.» Cesc Fàbregas, divertito, disse a «El País»: «Pensavamo fosse muto». Messi viveva in un suo mondo. Imperturbabile. «È vero che non parlava molto» confermò Joaquim Rifé «ma quando entrava in campo si trasformava. Diventava un leader, silenzioso, senza dubbio, ma un vero leader.» Leo esplose nella seconda stagione (2002-2003) a La Masia, segnando ben 37 gol in trenta partite, e si rilassò un po' di più con i suoi compagni di squadra. Alcuni lo soprannominarono affettuosamente «el Enano», il Nano. Non se la prendeva perché a Rosario molti dei suoi compagni lo chiamavano così. In quella stagione iniziò a farsi conoscere maggiormente dagli altri. «Fu grazie alla PlayStation che scoprimmo che sapeva parlare» afferma Vázquez. «Si aprì finalmente durante un torneo in Italia, iniziò a parlare mentre giocavamo alla consolle. Bisogna riconoscere che era molto bravo.»

In quegli anni, quelli della formazione di Leo, il nome di Messi iniziò a comparire sui giornali; ma la sua riservatezza e la discrezione dei suoi genitori non lo aiutarono a farsi conoscere. La prima menzione di Messi su «Mundo Deportivo» è datata 17 marzo 2001. È un piccolo riquadro di 75 parole scritto dal giornalista Manuel Segura. Compare come «Lionel Messi Pérez» (sic), un giocatore «venuto dal River Plate» e definito come «rapido e verticale nonostante le sue dimensioni minute». Sette mesi dopo, il 14 ottobre,

Messi, ancora sconosciuto, viene presentato, sempre dallo stesso giornale, come il «ragazzino di Vélez». Il 14 aprile 2002, «Mundo Deportivo», a firma Roberto Martínez, si mostra entusiasta. Il titolo dell'articolo è eloquente: *La fantastica squadra degli Allievi B forse ha il «nuovo Maradona»*. Un po' più avanti c'è un paragrafo premonitore: «Se il Barça fa tutto ciò che deve e cura bene la squadra, Messi, Cesc e Piqué faranno vincere un bel po' di titoli al club».

In quella stagione Messi dimostrò che poteva essere duro, che aveva già un carattere ben temprato. Nell'ultima partita di campionato, contro l'Espanyol, perse conoscenza dopo aver sbattuto contro un avversario. Fu subito trasportato in ospedale e i medici gli diagnosticarono un leggero trauma cranico e una frattura allo zigomo destro. E furono irremovibili: doveva rimanere lontano dai campi da gioco per quindici giorni. Il problema era che la settimana successiva il Barça avrebbe giocato l'ultima partita della stagione, la finale della Coppa Catalogna, contro il suo vecchio nemico, l'Espanyol. La sicurezza di Messi dipendeva da Carles Puyol, un giocatore formatosi a La Masia che gioca già in prima squadra e che qualche settimana prima era dovuto scendere in campo con una maschera protettiva fatta su misura. I medici autorizzarono Leo a giocare solo a patto che indossasse quella maschera. Messi accettò ed entrò in campo che sembrava RoboCop. Tuttavia, dopo cinque minuti di gioco, si avvicinò al suo allenatore, Alex García, per dirgli che non vedeva niente e che voleva togliersi la maschera. Richiesta bocciata. Rientrato in campo, Leo se la tolse lo stesso, segnò due gol e fece due assist (4-1) prima di essere rimpiazzato al 41° minuto.

La partita chiuse una stagione da sogno per gli allievi del Barcellona. Non avevano perso una sola partita e avevano vinto tutte le competizioni a cui avevano partecipato (campionato regionale, Coppa Catalogna e campionato spagnolo). Alex García, l'allenatore di quella squadra leggendaria, ricordò, su «Mundo Deportivo», «un gruppo straordinario, formato da giocatori molto competitivi, degli autentici campioni. Avevano la maturità calcistica di uomini di ventidue o ventitré anni. Gareggiavano tutta la settimana e si allenavano la domenica».

«Mi ricorderò sempre di quell'anno perché ho conosciuto amici che lo saranno per tutta la vita» disse Cesc Fàbregas a «Mundo Deportivo». «Víctor Vázquez e Lionel Messi venivano spesso a dormire da me. Erano inseparabili. Si punzecchiavano a vicenda. Se uno segnava quattro gol un giorno, la partita successiva l'altro ne segnava cinque.» Alex García, sempre sullo stesso giornale, affermò: «Si sfidavano. Io per principio non designavo chi avrebbe dovuto calciare i rigori; ma nel loro caso ne dovevo sempre sceglierne uno. Non ho mai visto un duo di attaccanti come quello nelle giovanili del Barça».

Quella contro l'Espanyol fu l'ultima partita che disputò questa squadra leggendaria. Nell'estate del 2003, Cesc andò all'Arsenal.

Messi, dal canto suo, continuò a bruciare le tappe. Qualche mese dopo, il 16 novembre 2003, a 16 anni e cinque mesi, giocò per quindici minuti in prima squadra in un'amichevole contro il Porto di Mourinho. La sua carriera stava iniziando.

X

La firma

La vita è bella come da poche altre parti, quando si tratta di un dolce pomeriggio estivo nel golf club dell'Empordà, sulla costa catalana. Le piccole palline bianche contrastano con il cielo azzurro, dopo essere state lanciate da un prato tanto curato quanto quello del Camp Nou.

Sulle rive del Mediterraneo, in Costa Brava, il golf club è un rifugio di pace, un luogo perfetto per riprendersi e rilassarsi dopo una settimana di duro lavoro. Ma quel mese di giugno del 2001, Antón Parera, che era andato lì a fare qualche buca, sta per esplodere. La colpa è di un Juan Lacueva ossessivo. E dire che erano grandi amici. In effetti quel giorno erano andati a giocare a golf con le rispettive mogli. Sono due pezzi grossi del Barça. Il primo, Antón Parera, è il direttore generale. Ruolo che occupò dal 1976 al 2003, in seguito vicedirettore generale, il che dimostra che fu un uomo importante all'interno del club durante i mandati di Josep Lluís Núñez e Joan Gaspart. Il secondo, Juan Lacueva, è l'amministratore delegato della sezione giovanile del Barça e direttore generale della fondazione. Quel giorno, da quando iniziarono a giocare a golf, Lacueva non la smise di ripetere in continuazione che bisognava fare qualcosa con il piccolo argentino, Lionel Messi. Che era assolutamente necessario fargli firmare un contratto il prima possibile. «E piantala di tormentarmi!» sbotta Parera. «Ha ragione, dai, smettila...» gli chiede sua moglie. «Juan, per favore...» insiste la compagna di Lacueva.

Parera esplode perché il caso Messi gli pare irrilevante. All'epoca era un direttore generale sotto pressione. Il Barça stava attraversando una profonda crisi politica e le lotte intestine stavano facendo affondare la nave catalana. «Il club stava per implodere» ricorda Parera, un uomo forte, con una barba che rivela i suoi settant'anni. Cattolico convinto, padre di una politica che fu pioniera del partito nazionalista catalano Convergència i Unió, è molto ben inserito nella borghesia locale. Nei suoi tanti anni al Barcellona, ha visto ogni tipo di situazione e, con il tempo, ha imparato che quando il Barça è in crisi conviene muovere le pedine lentamente, camminare con i piedi di piombo e cercare di non mettere altra legna sul fuoco. Deve usare tutte le sue doti diplomatiche per evitare di ferire la sensibilità di dirigenti isterici. In tale esplosivo contesto, inizialmente la polemica circa Messi non catturò la sua attenzione. Che ragione c'era di passare ore a discutere di un bambino di tredici anni quando quotidianamente si presentavano nuovi problemi? «All'inizio» ammette Parera «prendemmo la decisione di non far firmare nulla a Messi. E questo per il semplice fatto che era un bambino e non avevamo l'abitudine di mettere sotto contratto giocatori così giovani. Charly [Rexach] aveva accettato la decisione, era d'accordo con noi, anche se in un primo momento era favorevole al suo reclutamento.» Pronunciando queste parole, Parera distrugge un mito, perché una delle leggende che circolano nel Barça sostiene che Rexach litigò come una belva, con tutti e contro tutti, pur di ottenere che quella piccola meraviglia di Rosario firmasse.

Ma la realtà è un'altra. Nessuno s'impuntò tanto come Lacueva perché Messi diventasse barcellonista. Persino l'entourage di Laporta, che in seguito sarebbe diventato il presidente di un Barça pluricampione grazie a un Messi stratosferico, si opponeva ferocemente a tale reclutamento. «Joan Laporta ed Evarist Murtra avevano addirittura sostenuto che era una vergogna che il Barça prendesse un giocatore così giovane» afferma Parera. Poco dopo, e involontariamente, Parera riconosce, senza però menzionarlo, che la pecora nera che si oppose categoricamente a far firmare Messi fu Juan Ignacio Brugueras, un uomo molto vicino a Núñez e Gaspart. Lacueva conferma l'indiscrezione.

Il fatto che Murtra si oppose categoricamente alla firma sembra paradossale, perché fu proprio quello stesso dirigente che pochi anni dopo usò tutta la sua influenza perché Josep Guardiola diventasse l'allenatore del Barça. Scelta che azzeccò in pieno, perché fu la coppia Guardiola-Messi la chiave degli anni d'oro del Barcellona.

Parera non riveste più nessun ruolo nel Barça, ma vuole che venga fatta giustizia, che la vera storia sia conosciuta: «Oggi tutti dicono di aver scoperto Messi; ma ce n'è più d'uno che si è opposto all'epoca al pagamento di 2 milioni di pesetas [circa 12.000 euro] per portarlo via al Newell's» assicura. Tutti fecero qualche sbaglio, lui compreso: «Riconosco di essere stato uno di quelli che si sono opposti all'aumento di stipendio di Iniesta. E fu nuovamente Juan [Lacueva] che aggiustò la faccenda. Andò da Gaspart e insieme trovarono un accordo. Allora Gaspart decise di rinnovare a qualsiasi costo i contratti di Puyol e Iniesta. Tale merito non gli è mai stato riconosciuto».

Lacueva è un uomo discreto a cui il Barcellona deve molto. Forse perché non molla mai la presa e quando tutti dicono «no» lui non desiste. Parera, che conosce bene Lacueva, alla fine si dà per vinto. Forse per amicizia, ma non solo per quello. Per chiudere con quella storia, la faccenda Messi, convoca una riunione straordinaria.

Dieci uomini, molto potenti, del comitato esecutivo del club si trovano in una sala del Camp Nou per decidere il futuro di Lionel. L'atmosfera è tesa. Più tendente ai colpi bassi e alle accuse che al dibattito sereno e amichevole. «Almeno sei dei presenti quel giorno speravano di diventare presidente del club. Le lascio immaginare che atmosfera... ma nonostante l'ambiente esplosivo Lacueva continuava a insistere, fino a rendersi sgradevole» ricorda Parera. Alla fine, fuori di sé, Lacueva si mette a urlare in faccia agli altri: «Non capite niente di calcio! La storia vi giudicherà!».

Uno dei presenti gli rimbalza la palla: «Guarda, non siamo l'Espanyol, qui non paghiamo commissioni». Succede di tutto. Nella sala volano gli insulti. Per molti l'obiettivo è screditare il lavoro di Lacueva e ricordargli che, prima di entrare al Barça, collaborava con l'Espanyol, il rivale storico del club.

«Fu a quel punto che decisi di intervenire» afferma Parera. «Diedi un colpo sul tavolo e chiesi loro di scusarsi. E poi, che cazzo, se fate così allora il ragazzo lo prendiamo e fine della storia. Ero fuori di me, e affinché sia ben chiaro a tutti: non avevo la più pallida idea di chi fosse quel famoso Messi o quanto valesse.» Se si crede a Parera non furono né Rexach né José María Minguella a battersi all'ultimo sangue perché la Pulce firmasse. Parera scredita tutto, persino il leggendario episodio del «tovagliolo di carta» sul quale si racconta venne deciso il destino di Messi: «Sono particolarmente arrabbiato con Minguella e Rexach. Si prendono un merito che in realtà appartiene a Juan Lacueva. E la storia del tovagliolo fa ridere i polli. È un bell'aneddoto, ma in realtà non ha alcun valore legale. L'aveva firmato Minguella che non era assolutamente autorizzato a firmare a nome del Barça». Minguella, l'uomo che dice di aver portato sia Maradona sia Messi al Barcellona, racconta una diversa versione dei fatti. Stando a lui, il contratto firmato il 14 dicembre 2000 su un tovagliolo di carta in un bar del Tennis Club Pompeia di Barcellona fu fondamentale. Questo «primo contratto» è breve ed esplicito, nonostante gli errori di punteggiatura, i nomi senza i cognomi o i cognomi senza i nomi: «Barcellona, 14 dicembre 2000, in presenza dei signori Minguella, Horacio e Carles Rexach Segretario Tecnico dell'FBC, ci si impegna, sotto la propria responsabilità e nonostante alcuni dissensi all'interno del club, all'assunzione del calciatore Lionel Messi, sempre che si mantengano le cifre convenute». Il documento è firmato da Rexach, Minguella e Jorge Messi. La soluzione del contratto simbolico su un tovagliolo accontentò i primi due. Non tanto, invece, Jorge Messi, che iniziava a essere stufo.

Dalle prime prove di Leo c'erano state diverse riunioni, erano seguite promesse e tuttavia non si era ancora firmato nulla. «Alcuni pensavano che Messi fosse un giocatore di calcetto, e che non sarebbe mai cresciuto abbastanza da far carriera» ricorda Horacio Gaggioli. Il quale, un giorno, decise di occuparsene personalmente, con la benedizione di Fabián Soldini, Martín Montero e Juan Mateo, gli agenti di Leo: «Invitai Charly [Rexach] a giocare a tennis con me al club Pompeia, dove ero solito andare. Avevamo tempi stretti perché quel gennaio il Newell's avrebbe potuto iscrivere Leo come giocatore dell'AFA,* il che avrebbe decisamente complicato le cose. Quindi firmammo un contratto su un pezzo di carta. Non appena uscito dal club, lo consegnai subito ai miei avvocati. Il giorno dopo mi confermarono che il documento aveva validità giuridica. Ho ancora quel foglio di carta al sicuro in una cassaforte, in banca. L'avevo fatto plastificare e autenticare da Charly Rexach davanti a un notaio». Juan Mateo assicura: «Sarà anche una bella storia che piace a quelli che firmarono, ma il tovagliolo non ha alcun valore legale». Gaggioli non la vede così. È categorico: «Quel pezzo di carta ha cambiato la storia del Barça. Se Charly non l'avesse firmato è molto probabile che Leo sarebbe diventato un giocatore del Real Madrid. Era la soluzione più semplice, perché il ragazzo doveva vivere in un paese di lingua spagnola. Portarlo in Italia sarebbe stato un grande errore e un sicuro insuccesso».

È un pomeriggio del novembre 2011 e Juan Lacueva, molto debole, è sdraiato su un letto nella stanza 524 della Clínica Quirón, un ospedale alla periferia di Barcellona, al confine tra la città e la montagna. Lacueva è pelle e ossa. Lotta contro una malattia complessa. È estremamente magro e ha grandi difficoltà a muoversi, ma i suoi ricordi sono intatti. È sufficiente pronunciare la parola magica «Messi» perché la sua memoria e la sua lingua si attivino. Ricorda tutto: le

* L'acronimo AFA sta per Asociación del Futbol Argentino, la Federazione argentina di calcio.

cifre, le date e numerosi aneddoti. È solo, ma accanto a lui, sulle lenzuola bianche, un portatile gli permette di restare connesso con la realtà e aggiornato sull'attualità.

Il suo primo incontro con Messi lo segnò profondamente: «All'epoca era molto più fragile di quanto non lo sia io adesso» dice e abbozza un sorriso. Nel 2000 il Barcellona faceva prove a circa «tre giocatori a settimana» e la situazione di Leo non era semplice. «Non era a suo agio, si sentiva solo. Aveva l'impressione che nessuno lo notasse. Per questo decise di tornare in Argentina dopo le prime prove. Non sapevamo con esattezza chi detenesse i diritti del giocatore. Il Newell's non l'aveva ancora iscritto all'AFA. Io e Minguella pretendemmo che il suo caso venisse studiato seriamente, perché quel ragazzino aveva qualcosa di magico nei piedi. Messi giocò all'epoca una partita con calciatori più grandi di lui. Dopo dieci minuti, Rexach mi disse, convinto: "Prendilo, io devo andare a una riunione". Joaquim Rifé, tecnico delle giovanili del Barça, me ne diede conferma e mi suggerì di reclutarlo il prima possibile.»

Sembrava fatta, eppure tutto si complicò. Fabián Soldini e Martín Montero, i giovani agenti che avevano inviato un video del prodigio a Minguella, avevano già un contratto pronto.

Pensavano in grande. Si fidavano ciecamente del talento di Leo. Inserirono clausole abbastanza sorprendenti per un bambino di tredici anni: «Se Leo debuttava con la squadra giovanile A, il club doveva pagargli una bella somma, e un'altra se riusciva a giocare con il Barça B, e 600.000 euro se arrivava alla prima squadra» conferma Lacueva. «Uno dei dirigenti ci disse che eravamo pazzi, perché non capiva come potessimo promettere 600.000 euro a un bambino di tredici anni. Gli spiegai con calma che avremmo dovuto sborsare quella cifra solo se fosse riuscito a giocare con la prima squadra. E che se questo fosse accaduto, sarebbe stato un affare per il club che avrebbe dovuto pagare soltanto 600.000 euro per un giocatore di prima divisione.»

Il giorno del famoso incontro al Tennis Club Pompeia, quando venne firmato il primo contratto di Messi su un tovagliolo di carta, alle cinque del pomeriggio si presentò un uomo nell'ufficio di Lacueva. Era Jorge Messi, il padre di Leo. Arrivava dal Pompeia ed era sul punto di scoppiare. «Francamente, ti sembra serio che il Barcellona firmi un contratto su un volgare tovagliolo di carta?» Lacueva gli rispose senza perdere il suo sangue freddo: «Ti propongo un contratto in cui, ogni volta che si tratterà di soldi, bisognerà sottoscrivere un accordo finanziario ufficiale».

Il Barcellona era interessato a suo figlio, adesso Jorge ne era certo. Ma la legge è la legge e afferma che un bambino non è una mercanzia. Quindi un club, qualunque esso sia, non può comprare un giocatore di tredici anni. Fortunatamente per lui e per Leo, è da tempo che i club sanno come aggirare la legge. Perché Leo potesse restare a Barcellona, Jorge doveva avere un lavoro, anche fittizio. Quindi chiese subito a Lacueva: «E il mio lavoro? Ci avete pensato?». Lacueva gli rispose: «Ti faremo un contratto come osservatore dei giocatori per un totale di 7 milioni di pesetas [circa 45.000 euro] l'anno. Ti firmo subito il contratto, ma per renderlo valido avremo bisogno di altri due firmatari e il consenso del comitato esecutivo».

Lacueva cercava di placare Jorge in qualche modo, ma non era sufficiente. Jorge non era molto soddisfatto della proposta. «A quel punto mi disse che era stanco di quelle sanguisughe, approfittatori, di tutti quelli che ci guadagnavano una commissione per un sì o per un no. Non si riferiva a me. Piuttosto a Minguella, responsabile dell'arrivo di grandi giocatori al Barcellona. Ed è vero che ogni volta ci guadagnava parecchio. È così che funziona, è questo il sistema di transfer, non c'è nulla di scandaloso in questo meccanismo.» E non è tutto qui, perché Jorge Messi aveva altre buone ragioni per essere irritato.

Le promesse del club non si erano ancora concretizzate, la sua famiglia era divisa a metà tra Barcellona e Rosario e il suo figlio minore non era felice. Nessuno era felice e l'angoscia incombeva sulla famiglia Messi.

Tutti erano in attesa che le cose si sistemassero.

Jorge aveva bisogno di un lavoro e il Barça ne era assolutamente consapevole. All'inizio, a Parera venne in mente di offrirgli un posto nella birreria Dam, molto vicina al club e che spesso dava una mano ai suoi ex giocatori. «Chiesi a Gustavo Biosca, che si occupava di quelle faccende, se aveva un lavoro per il padre disoccupato di un giocatore che avremmo preso di lì a poco. Per diverse ragioni, alla fine la cosa non andò in porto. Jorge Messi non ha mai saputo che forse sarebbe potuto finire a lavorare alla Dam.» Al posto di una birreria, «il Barça gli offrì un lavoro fittizio in una ditta davanti al club» afferma Gaggioli. «Poi venne a lavorare con me, nel mio ufficio, ma non fece mai niente.» Prima di questo, per tranquillizzare Jorge Messi, consigliato da Montero, Minguella mette mano al portafogli. «Eravamo giunti a un accordo» conferma Martín Montero. «Minguella aveva proposto un contratto alla famiglia Messi: una casa e 4000 euro al mese.» Finalmente la famiglia poteva respirare.

Non è facile capire cosa pretendesse Jorge e cosa ottenne; ma quel che è sicuro è che per mesi tutto fu appeso a un filo. Leo firmò il suo primo contratto professionistico nel 2004. «Fino a quella data» assicura Parera «Leo aveva un contratto da giocatore delle giovanili che gli rinnovavamo ogni volta. Era tutto abbastanza precario.»

Ciò che è certo è che nel 2001 Lacueva aveva fatto pressioni su Parera perché facesse firmare qualcosa al piccolo Messi e non rischiasse di perderlo. «Dissi a Parera che bisognava farlo firmare a ogni costo. Paco Closa [segretario del presidente Gaspart e membro del comitato esecutivo] firmò, ma Brugueras non lo volle mai fare. Quindi, a livello legale, il contratto non fu mai valido.»

Gaggioli ricorda bene quel contratto con data 1° marzo 2001: «Brugueras non l'aveva firmato» afferma. Ricorda anche di quando Laporta ottenne il comando del club al posto di Gaspart: «Si dovette iniziare da zero. E il tempo non giocava a nostro favore, in realtà lottavamo proprio contro il tempo, perché Leo aveva tredici anni e a quell'età il club aveva ancora il diritto di prenderlo come "giocatore in formazione". Ma a quattordici anni la legge spagnola è categorica e Messi non avrebbe potuto essere acquistato dal Barça arrivando dall'Argentina. Per questo il Newell's non ratificò mai la sua cessione. Leo aveva già firmato con il Barcellona, ma fu necessario aspettare sei mesi prima che potesse avere il diritto di giocare.» Il tempo che ci impiegò la FIFA a dargli ragione. Il 17 febbraio 2002, una commissione amministrativa della Federazione internazionale del calcio autorizzò il passaggio di Messi.

Sebbene quel contratto firmato a inizio marzo non avesse alcun valore legale, Messi poteva iniziare a giocare con i suoi nuovi colori nella squadra B della sua categoria. Non impiegò molto a far parlare di sé, sia dentro sia fuori del campo. Ebbe appena il tempo di ambientarsi in quel nuovo calcio, che sorse un altro problema amministrativo: «Javier Tebas, all'epoca presidente della Federazione spagnola calcio, gli impedì di giocare due o tre partite. Diceva che era straniero e che non aveva l'autorizzazione a scendere in campo». Anni dopo, Tebas diventerà il presidente della Liga de Fútbol Profesional spagnola.

Il Barça si preparò a combattere per ciò che gli spettava e superò quel cavillo amministrativo grazie a una piccola trappola, ammise Parera con un sorriso: «Óscar Santos, delegato della formazione dei giovani, fece ciò che doveva fare e fui io a permetterglielo. Altrimenti, Messi non avrebbe potuto giocare in Spagna».

Cosa fece? Qualcosa di molto semplice: iscrivere Messi sul referto di una partita in cui non aveva giocato. Una pratica abituale che gli permise di sbloccare la situazione.

«Mettemmo in atto quel sotterfugio perché dovevamo dimostrare che era un giocatore del Barça. Scrivemmo il suo nome nel referto di una partita che non aveva giocato. Quello ci permise di fargli una licenza e di integrarlo nelle nostre file» conferma Lacueva, soddisfatto della sua arguzia. «Qualche mese dopo, tutti iniziarono a farsi delle domande sul fenomeno Leo Messi. Mi limitai a rispondere: "Non vi ricordate? È il ragazzo a causa del quale mi avete fatto patire tanti mal di testa per dei mesi".»

Un adolescente in cui Juan Lacueva aveva sempre creduto e che aveva sempre appoggiato. Quando il suo futuro era ancora incerto, Lacueva, protettivo, non ebbe alcun dubbio a tirare fuori dei soldi di tasca propria. «Messi seguiva una terapia a base di ormoni della crescita, ma nel club non avevamo i mezzi per finanziare quella spesa. Andai dal dottor Josep Borrell, a capo del servizio medico del Barcellona. Gli chiesi di farmi una ricetta e andai in farmacia a comprargliene alcune dosi. Se ricordo bene, le diedi dopo qualche giorno al delegato della squadra, Carlos Naval. Borrell mi fece notare che la terapia poteva essere migliorata. Quindi la cambiammo e divennero due iniezioni al giorno.»

Parera ricorda perfettamente l'andirivieni di Lacueva dalle farmacie nei dintorni del Camp Nou. «Insistette su Messi per più di quattro mesi e in quel periodo pagò di tasca propria gli ormoni della crescita per il ragazzo.» Nemmeno Gaggioli l'ha dimenticato: «Juan [Lacueva] è la persona che ci ha più aiutati. È un vero e proprio signore a cui Leo deve molto». Il suo gesto non venne mai riconosciuto dalla famiglia Messi. E mentre Lacueva pagava il trattamento di Leo, Jorge continuava a fare pressioni sul club.

Un giorno arrivò a dire al Barça che l'Espanyol aveva messo gli occhi su suo figlio. «Qualcuno aveva detto al presidente dell'Espanyol, Daniel Sánchez Llibre, che il contratto di Messi era precario. Ma il presidente fece subito marcia indietro, perché gli sembrava che l'operazione sarebbe stata troppo complicata» riconobbe Parera. «Prima del Trofeo Gamper del 2005, il Barça aveva raggiunto un accordo con l'Espanyol per cederglielo per un anno» assicura dal canto suo Gaggioli. Il giornalista Paco Aguilar, celebre editorialista di «Mundo Deportivo», conferma le parole di Gaggioli: «Nell'estate del 2005 Leo aveva già un piede all'Espanyol». Secondo Aguilar, l'intermediario di quel passaggio altri non era che Alejandro Echevarría, il cognato dell'allora presidente Laporta.

Ma l'Espanyol non era l'unico club in agguato. Anche due squadre italiane, Milan e Inter, ronzarono intorno a

Leo. Attento alla faccenda, Laporta incontrò Jorge e Leo Messi. «Qui Leo raggiungerà la fama» disse a padre e figlio con il carisma e la capacità di persuasione che lo contraddistinguono. «Andare in Italia? Credo che lì Leo soffrirebbe, mentre qui si divertirà. Lo pagheranno molto, ma qui avrà un grande contratto.» Anni dopo, Laporta elogiò l'atteggiamento di Jorge Messi: «Ha sofferto molto per far arrivare Leo dov'è arrivato, non è facile essere padre di una stella. Leo e Jorge decisero di restare al Barcellona perché scelsero di divertirsi giocando e perché erano anche convinti si trattasse di una squadra vincente».

Gli inglesi dell'Arsenal, specialisti nel trattare giovani prodigi, andarono un po' più in là degli italiani e concretizzarono il loro interesse. Messi aveva subito sedotto Arsène Wenger: «Mangiammo insieme agli uomini dell'Arsenal» conferma Gaggioli. «Il club inglese s'interessò a Leo prima che a Cesc Fàbregas [che firmò con l'Arsenal a diciassette anni].» Ma Horacio, Jorge e Leo non vollero mai andarsene sulle rive del Tamigi: «T'immagini Leo in Inghilterra?» ride Gaggioli. «Comunque sia non ha mai mostrato il desiderio di abbandonare il Barça, nonostante abbia ricevuto proposte allettanti.» Soldini concretizza le cifre esatte di quelle proposte: «L'Arsenal gli offriva subito un milione di dollari per la firma e poi un contratto molto vantaggioso. Ma Leo l'ha rifiutato, perché non riusciva a immaginarsi in un altro posto che non fosse Barcellona. E il tempo gli ha dato ragione».

XI
La felicità

«Pensavo di offrire Leo al Real Madrid.» Horacio Gaggioli non batte ciglio, sebbene sia consapevole del peso delle parole che sta pronunciando. Perché lui non è uno qualsiasi e non parla a vanvera. C'è stato un tempo, sostiene, in cui aveva molto potere, era decisivo nella vita di Messi: se avesse voluto portare l'adolescente di tredici anni a giocare per il nemico storico del Barcellona, l'avrebbe fatto senza problemi e la storia del calcio sarebbe stata diversa. O no? Forse Gaggioli sta esagerando? È vero che fu fondamentale nei primi tempi dell'avventura dei Messi a Barcellona, ma Juan José Mateo, amico e socio in quell'avventura, lascia intendere che Gaggioli sovrastima un po' il suo potere. E lo fa abbozzando un sorriso ironico prima di rispondere: «Ah, ah, ah... cosa direbbe Fabián in merito? No, no, no... non poteva proprio portarsi via nessuno. Non capisco come la memoria possa fare di questi scherzi, sebbene non sia possibile ricordare esattamente le cose. Ma insisto a ribadire che Horacio non era l'agente di Messi, non lo fu mai. È la prima volta che sento dire che sarebbe potuto andare a Madrid. La prima. Nessuno ha mai menzionato questa eventualità». Qual era dunque il ruolo di Gaggioli? «Quello di una persona che aveva rapporti con la famiglia, come gli avevamo chiesto di fare, per risolvere qualsiasi eventuale problema, sempre in contatto con José María, che era colui che gestiva tutto l'aspetto economico.»

Ciò che è certo è che Gaggioli è di Rosario, come i Messi. Nei suoi uffici, nel quartiere barcellonese Sarriá, Messi è una presenza palpabile, sebbene si tratti del Messi bambino, del Messi indifeso e pelle e ossa arrivato dall'Argentina. Del Messi di successo, potente e famoso a livello mondiale, a Gaggioli non rimase nulla. Sono anni che non si vedono, che hanno perso i contatti. Forse è per questo che quell'ufficio sembra sommerso dalla penombra, e il suo aspetto diventa ancor più antiquato quando si parla di Messi lì dentro: è come se il tempo si fermasse. «Io ero il tipico numero 5 argentino» ricorda non senza nostalgia quell'uomo magro, nervoso e con la barba bianca. «A febbraio del 1974 venni a giocare per l'Espanyol di Barcellona, ma a giugno ebbi un brutto incidente in Galizia e lì il calcio giocato per me finì.» Così, da un giorno all'altro, Gaggioli accantonò i suoi sogni come calciatore e si dedicò all'avventura di agente. E, all'inizio del 2000 – «febbraio o marzo» dice – ricevette una telefonata dall'Argentina, la telefonata che avrebbe cambiato ogni cosa.

«Erano Fabián Soldini e Martín Montero, della società Marka. Mi dissero che avevano un ragazzino davvero speciale.»

All'epoca Gaggioli stava seriamente pensando di lasciare Barcellona e iniziare una nuova vita, e Mateo afferma che era molto lontano dal mondo del calcio e che furono loro a farlo riavvicinare. «Stavo per andarmene a lavorare a Madrid. L'idea della famiglia Messi era di portare il ragazzino in una grande squadra europea, ma in un posto in cui ci fossi io perché così avrebbero avuto un sostegno. A Madrid, Barcellona o Milano, non importava» continua a dire Gaggioli con voce tranquilla, ma senza dubitare un solo istante al momento di ricordare. «Se me ne fossi andato a Madrid, l'avrei offerto al Real. Succede come in tanti altri casi della vita: Leo sarebbe potuto diventare del Real Madrid.» Le cose non andarono così e, a meno di cambiamenti straordinari, non andranno così nemmeno in futuro, ma in quei primi passi di Messi in Europa in alcuni momenti si aprirono diversi scenari possibili: che giocasse nel Real Madrid, ma anche nella Juventus, nell'Arsenal o nell'Espanyol; o che provasse nel Barcellona e che alla fine se ne dovesse andare per questioni regolamentari. Sarebbero potute succedere molte cose, salvo una, impossibile: che Messi indossasse la maglia della Nazionale spagnola, sebbene non mancarono tentativi in questo senso. E arrivarono dal cuore stesso della famiglia di Gerard Piqué, con cui anni dopo sarebbe stato compagno di squadra in un Barcellona che segnò la storia.

«Frank Rijkaard non voleva Messi, lo voleva cedere» ricorda Parera. Tra il 1978 e il 2006, Parera ha vissuto molte situazioni importanti nel club, del quale fu direttore generale, ma pochi momenti furono così decisivi a livello calcistico – una materia che ammette di non conoscere – come quello della notte del 25 agosto 2005 al Camp Nou. Il Barcellona giocava contro la Juventus di Fabio Capello nella quarantesima edizione del Trofeo Gamper, un torneo in omaggio del fondatore del club, lo svizzero Hans Gamper, e che segna il ritorno alla fatica, trattandosi dell'ultimo piacere estivo prima dell'inizio della Liga. Che per la prima volta dopo dieci anni il trofeo abbia viaggiato verso l'Italia dopo una finale persa ai rigori fu un dettaglio. «Quel giorno in cui giocammo il Gamper contro la Juve, il club stava cercando una squadra a Messi perché Rijkaard sosteneva che non si poteva giocare con tre "piccoletti"» ricorda Parera. La combinazione di Xavi, Iniesta e Messi, che tanto avrebbe poi reso al Barça, apparentemente non convinceva il tecnico olandese. E non lo convinceva a tal punto che l'uomo che entrò in campo al posto dell'argentino, nella finale di quella partita contro la Juve, fu il francese Ludovic Giuly, un veloce esterno destro proveniente dal Monaco, ancora più basso di Messi e palesemente preferito da Rijkaard per quel ruolo. All'epoca a Barcellona l'olandese era molto criticato.

Sì, avrebbe dato alla squadra due campionati, due Supercoppe di Spagna e una Champions, ma i guardiani del DNA calcistico del Barça non riuscivano a capire perché avesse trasformato il mitico blaugrana numero 4 in un tappabuchi più che in colui che dà inizio alla fase offensiva. Di Rijkaard si diceva anche che non capiva Messi. Vero o meno, alla fine non ebbe grande importanza, perché l'argentino, come tante altre volte in momenti chiave della sua carriera, parlò chiaramente sul campo per sventare qualsiasi piano di disfarsi di lui. «Se non lo volete, lo prendo io» disse Capello ai dirigenti di un Barcellona immerso in una lotta politica che gli impediva di valutare le dimensioni di ciò che aveva tra le mani.

Il tecnico italiano tornò nel suo paese, pur continuando a essere ossessionato da Messi: «Questo ragazzo è un fenomeno, in vita mia non ho mai visto un giocatore così giovane fare quello che ha fatto contro di noi». E insieme a Luciano Moggi, direttore del club, sospeso poi anni dopo per lo scandalo sulla manipolazione delle partite, cosa che avrebbe causato la retrocessione della Juve in serie B, si mise all'opera per realizzare il proprio desiderio, condiviso dal presidente dell'Inter, Massimo Moratti. Capello stava esagerando? Assolutamente no. Messi fece davvero tanto quella sera contro la Juve, il suo gioco fu un autentico schiaffo di calcio fantasia che lasciò mezzo mondo a bocca aperta. «La palla è mia» sembrò dire l'argentino, all'epoca diciottenne, alla sua squadra, agli avversari, ai 92.000 spettatori del Camp Nou e a chiunque lo stesse osservando. Messi, che iniziò la partita con un doppio tunnel a Fabio Cannavaro, si appropriò del pallone in quella sera d'estate e non lo mollò più. «Fece impazzire Zambrotta. Capello disse a Gaspart, dopo la partita, che quel ragazzo sarebbe diventato il miglior giocatore del mondo.» Il ricordo è di Lacueva, all'epoca direttore esecutivo del settore giovanile del Barcellona. «Capello non si spiegava come mai alcuni dirigenti del Barça non sapessero chi fosse Messi, quel gioiello che avevano in casa.» Quasi sette anni dopo quella partita, Capello parlò con Filippo Ricci, il corrispondente della «Gazzetta dello Sport» in Spagna. L'allenatore ricominciò a sognare ricordando il Messi diciottenne. «Quella notte d'estate, quel piccolo ragazzino che definii un diavoletto, mi sconvolse. Il pubblico lo conosceva a malapena, era una riserva promettente del Barcellona, nient'altro. Davanti a lui c'erano giocatori finiti, campioni come Cannavaro, Thuram o Vieira. A fine partita mi avvicinai a Rijkaard, che era stato un mio giocatore e con il quale avevo un buon rapporto, e gli dissi: "So che per motivi regolamentari non puoi far giocare Messi. Perché non me lo presti? Io lo faccio giocare..." ma mi rispose che stavano per trovare una soluzione.» All'epoca l'argentino era solo quello, un argentino, e di conseguenza possessore di un passaporto extracomunitario.

Il brasiliano Ronaldinho, il camerunese Samuel Eto'o e il messicano Rafa Márquez andavano già a completare il limite massimo di tre giocatori extracomunitari, e la posizione di Messi, dopo aver debuttato nella Nazionale maggiore argentina, era ambigua: la sua situazione di «assimilato» lo collocava in un vuoto legale. Per sicurezza, il Barcellona decise di non farlo giocare nelle prime partite di quella Liga 2005-2006 e lo fece entrare in campo durante un incontro delle coppe europee. Ma Rijkaard non stava mentendo, il Barça aveva già una soluzione in mente.

Quel 26 settembre 2005 in cui giurò fedeltà al re, i problemi erano finiti e la famiglia Messi fermò le pratiche per far ottenere la nazionalità italiana al più famoso dei propri figli. Otto anni dopo, quella nazionalità spagnola avrebbe complicato un po' le cose a Messi in un presunto caso di evasione fiscale. A Capello, che sognò soltanto per un paio di giorni di avere Messi nelle file della Juventus, resterà sempre il ricordo del momento in cui vide «nascere» Messi, ma anche del giorno in cui il giocatore, ormai affermato, lo fece nuovamente sognare: «Vedo quel Gamper con la Juve come il preambolo del perfetto *clásico* dei tre gol di Messi». Capello si riferisce al 3-3 del 2007 al Camp Nou, quando l'argentino diede inizio ad anni di tormento per il Real Madrid e per Iker Casillas. In quel periodo l'italiano era l'allenatore delle merengues e la sua considerazione è tanto precisa quanto la palla che Messi aveva legata al piede sinistro: «Due anni dopo, il piccolo diavoletto si era trasformato in Satana».

Da pochi luoghi si riesce a percepire così chiaramente la devastazione portata dal «Satana-Messi» all'autostima del Real Madrid come dalla fila 6, posto 25, non lontano dagli Ultras Sur, la frangia più calda del tifo, con tendenze di ultradestra e neonaziste. Sono anni che Juan Antonio Guerrero si siede proprio lì, ed era lì anche il 16 aprile 2011, il giorno in cui sull'argentino si abbatté una cascata d'insulti.

Si stava giocando il primo dei quattro minuti di recupero di una partita che sarebbe finita 1-1. Era il primo dei quattro incontri che tra aprile e maggio di quell'anno avrebbero visto affrontarsi le merengues e i blaugrana per la Liga, le semifinali di Champions League e la finale di Coppa del Re. Poi seguirono altre partite, fino a raggiungere il numero di sette in un solo anno, cosa che portò a parlare di un'«overdose di *clásicos*». Messi rincorse una palla verso la linea laterale, non riuscì a controllarla e, furioso, calciò in tribuna. Chi lo difende dice che Messi puntò i cartelloni pubblicitari che circondano il campo, ma sbagliò mira. I suoi detrattori, invece, videro la cosa in modo molto diverso: «Leo Messi, il giocatore che si è sottoposto a una cura con ormoni della crescita, ha un momento di follia e aggredisce e manca di rispetto al pubblico del Santiago Bernabéu. Ci pare che l'azione sia estremamente grave e che andrebbe sanzionata. Il nostro centrale difensivo, Pepe, l'ha ripreso per quella pessima azione» scrisse ore dopo l'incidente il sito non ufficiale www.realmadridweb.com. Quella sera di un sabato primaverile nello stadio di Madrid in cui Messi calciò verso la tribuna, Guerrero era proprio sulla linea di tiro. «Esattamente dietro l'uomo che venne colpito dalla palla. Sono quello che si vede nella foto pubblicata da "Marca", quello coperto! È stato lui a salvarmi dalla pallonata...» ricorda.

Dalla posizione di Guerrero, abbonato da anni, il panorama è impressionante. Il Bernabéu è un colosso che s'innalza interminabile, il prato non solo si vede, ma si riesce a sentirne l'odore, e i movimenti, i gesti dei calciatori. Si riescono addirittura a sentire le urla, come in pochi altri punti dello stadio. Guerrero è dell'idea che quella sera Messi volesse colpire con la palla gli spettatori. «Il pallone era ormai fuori del campo di un metro e mezzo, ma lui ha mirato verso la tribuna. Quando lo vidi urlai: "Nano decerebrato! Imbecille! Ma sei pazzo?". La gente gli lanciava le aste delle bandiere che ci avevano dato e anche qualche bandiera, ma non riuscivano a colpirlo» aggiunge Guerrero su quella strana sera in cui il primo a prendersela con Messi per quell'azione fu il portoghese Pepe, noto per i suoi incontrollati scatti d'ira durante il gioco. A parte la curiosa argomentazione di Guerrero – «quel signore mangia perché noi lo paghiamo» – l'azione di Messi fece scattare una comprensibile ira tra gli spettatori.

Sebbene una cosa sia certa: la rabbia, in realtà, è dovuta a qualcosa che va ben oltre la «pallonata»: l'argentino è la sintesi di tutte le frustrazioni dei tifosi del Real Madrid, l'uomo che, con Guardiola, incarna e incarnerà sempre gli anni in cui il Barcellona schiacciò le merengues. Per questo, ben prima della «pallonata» quella sera si sentì un urlo che rimbombava e continua a rimbombare con forza tra le file più alte del Bernabéu. Diretto al miglior giocatore del mondo: «Nano di merda ormonato!».

Quello rivolto a Guardiola, l'altro bersaglio dell'ira, è più breve: «Drogato!». E vociferano anche «Yonki!», ovvero "tossico", riferendosi alla versione spagnola di "junkie" che in inglese non significa altro che dipendente dalle droghe. Un marchio che l'ex giocatore si porta dietro da quel test con esito positivo al nandrolone del 2001, quando giocava nel Brescia. Sarà assolto sette anni dopo. Uno dei modi per arrivare a quell'assoluzione fu di dimostrare che le analisi effettuate dal laboratorio antidoping del CONI «non erano credibili», rivelò Tommaso Marchese, uno degli avvocati che difesero Guardiola in quel processo. Ma l'ex giocatore non si sarebbe mai liberato del tutto da quella macchia. In una trasmissione, una delle tante che a partire da mezzanotte accendono le passioni dei tifosi di calcio, si pretese che il Real Madrid presentasse una «rimostranza formale» davanti alla Federación Española de Fútbol per gli «inaffidabili controlli» antidoping e gli arbitraggi. Ci si riferiva al Barcellona e al Valencia e si parlava anche del misterioso medico, Eufemiano Fuentes, fulcro dell'«Operación Puerto», un'indagine sul doping che iniziò bene, ma che avrebbe danneggiato a lungo l'immagine della Spagna. All'epoca Guardiola preferì non entrare nel merito della questione, sebbene lo fece accusando indirettamente Florentino Pérez, presidente del Real Madrid, di essere dietro alla faccenda: «Questa è una domanda per l'emittente radiofonica Cadena Cope e per il signor Florentino Pérez. La Cope sostiene che la fonte è il Real Madrid e il Real Madrid lo nega. Quindi, quando si metteranno d'accordo, ci faranno entrambi sapere». In quei giorni il Real Madrid era a cinque punti di distanza dal Barcellona e la sconvolgente notizia filtrata alla Cope non ebbe seguito, perché non ci fu nessuna conferenza stampa in cui Pérez rendesse ufficiale una tale accusa. A marzo 2012, esattamente un anno dopo, la Cope pagò volontariamente 200.000 euro al Barcellona e si scusò dell'accaduto. Una cifra decisamente maggiore di quella che la giustizia obbligò a pagare il giornale francese «Le Monde»: 15.000 euro per aver coinvolto apertamente la squadra con Fuentes e l'«Operación Puerto».

XII
Il corpo

«Eccola: la famosa Mila-Messi. È quello che mangia Leo, sempre. E per dessert, un gelatino fragola e cioccolato, accompagnato da una Coca-Cola. Sempre.»

Non c'era una briciola di falsità nell'affermazione di Jorge, uno dei proprietari del ristorante Las Cuartetas. Il «menu Messi» fu lo stesso per parecchio tempo, fino al 2009, anno in cui smise di frequentare forse il miglior ristorante argentino di Barcellona, un'esplosione di sapori e piatti ricchi tra cui la milanese alla napoletana la fa da regina. Molte, forse troppe calorie sotto forma di carne impanata – fritta o al forno – ricoperta di salsa di pomodoro, mozzarella e prosciutto, anche se le combinazioni possibili sono le più varie. Il piatto è tanto irresistibile quanto poco adatto a uno sportivo, specie se diventa un'ossessione, non parliamone poi se lo si accompagna con Coca-Cola e gelato.

Messi smise di frequentare il ristorante Las Cuartetas, a pochi passi dalla caratteristica avinguda Diagonal e scenario di alcuni incontri con Maradona, rifugio in cui i suoi genitori confidavano ai camerieri le sofferenze del giocatore per ogni critica rivoltagli dagli argentini.

Smise di andarci non perché non gli piacesse, ma perché doveva.

«Ormai non si può più sedere a cenare con calma» si lamentavano i gestori nel 2010 dinanzi all'esponenziale aumento della popolarità del giocatore. «Quando non gioca, ha impegni pubblicitari. E se gli resta del tempo libero, preferisce starsene a casa e staccare la spina.» Una mezza verità. In realtà, Las Cuartetas fu vittima del «nuovo Messi», che aveva smesso di mangiare come un argentino. «La sola vista dell'insalata lo faceva scappare. Gli piaceva mangiare gnocchi e carne» assicurano dall'interno del club madrileno. L'argentino non aveva mai provato il pesce, piatto tipico nel suo paese. Poco a poco iniziò a cambiare, e non solo nell'alimentazione: rimanere sveglio fino al mattino per seguire le partite del campionato argentino smise di essere un'abitudine. Conseguenze dell'arrivo di Guardiola come allenatore nel 2008. Il nuovo staff tecnico decise che i giocatori dovevano mangiare all'interno del club, un modo per controllare la loro dieta e le loro abitudini. Non solo, nel libro *Fórmula Barça*, del giornalista spagnolo Ricard Torquemada, si racconta che Guardiola fece togliere dalla zona degli spogliatoi i distributori automatici di Coca-Cola e di Conguitos, dolcetti ipercalorici. Messi ne era un assiduo frequentatore. Anche in questo mantiene tratti infantili: adora i dolci.

«Se fa attenzione ai dettagli, Messi è in grado di arrivare molto lontano e "durare" a lungo» ritiene Fernando Signorini, ex preparatore atletico della Nazionale argentina: «Se svolge una vita normale, senza eccessi, se mangia bene e dorme bene, sarà a lungo in forma».

Guardiola era d'accordo. Per questo, nell'ampia sala da pranzo del Sant Joan Despí ogni giocatore aveva, durante i quattro anni in cui fu a capo della squadra, un posto fisso e alcuni bicchieri di plastica sul tavolo: in ognuno c'era un insieme di vitamine e di specifici integratori. Messi non prende gli stessi di Puyol, il bicchiere di Iniesta non è uguale a quello di Piqué. Ma assumono tutti quello che lo staff medico del Barcellona prescrive loro e ciò che il cuoco offre quel giorno. La milanese non è mai presente nel menu, anche se continua ad aspettare Messi a Las Cuartetas.

Un modo per conoscere i grandi personaggi è frequentare chi sta loro vicino. E, a giudicare dalla quantità di ore che trascorrono insieme, non c'è nessuno che sia più vicino a Messi di Juanjo Brau. Sta con Messi al Barcellona, ma viaggia con lui anche quando gioca con la Nazionale argentina, nelle partite amichevoli o in qualsiasi altro spostamento, vacanze incluse.

Antonella Roccuzzo avrebbe tutti i diritti di essere gelosa di Brau, l'inseparabile ombra del suo fidanzato, il suo confidente, l'uomo che sa tutto di Lionel Andrés Messi: fisioterapista, preparatore atletico, allenatore personale... Brau, minuto, calvo e robusto, quarant'anni suonati, è questo e molto altro.

«Di Messi» dice Brau «bisogna occuparsi più che degli altri giocatori, perché i problemi nascono dal suo modo di fare calcio, dalla sua eccezionalità. Possiede un gioco molto esplosivo e i muscoli ischiotibiali soffrono a causa di questa sua esplosività. E poi riceve una terribile quantità di colpi durante una partita. Se non gli causano altri danni è solo perché è forte e robusto. Le sue azioni sono sempre al limite, è per questo che la sua massima virtù a volte gli si ritorce contro.»

Questa frase di Brau risale all'inizio del 2009, agli albori dei migliori anni di Messi nell'orchestra sinfonica di Guardiola, prima delle sconfitte con la Nazionale durante i Mondiali e nella Coppa America e, anche, della «rinascita» con Sabella.

Qualche mese prima di questa conversazione nella Ciudad Esportiva del Barcellona, Messi usava il sinistro come arma esclusiva per il gol. Ma nello stesso 2009, già risolveva alcune partite con il destro. E poi sarebbero arrivati i gol di testa, tra i quali quello fondamentale segnato a Edwin van der Sar nel maggio dello stesso anno durante la finale di Champions League. «È forte di testa, è molto, molto forte» spiegava il fisioterapista prima che Messi inserisse altre varianti nel proprio repertorio di goleador: il calcio di punizione d'astuzia, come nel febbraio del 2012 contro l'Atlético Madrid o il gol di petto, come nel dicembre del 2009 nella finale del Mondiale per Club contro l'Estudiantes de La Plata.

Brau conosce ogni singola cellula di Messi. È talmente indivisibile dall'argentino che la sua analisi arriva fino al midollo. «Sai qual è il grande handicap di Leo? Non avere mai giocato in Argentina. Gli ultras di Messi sono quelli del Barça, non ne ha del River o del Boca.» Il calcio di Messi – nonostante il River abbia avuto la sua occasione e l'abbia sprecata – non è mai transitato per la capitale argentina, come invece era successo a Maradona. «Che cosa accadrebbe se quello che fa qui lo facesse nel Boca o nel River?» si chiede Brau prima di darsi da solo la risposta. «Molto semplice: sarebbe il calciatore più grande di tutti i tempi.»

Messi, assicura Brau, soffriva in ogni viaggio con la Nazionale argentina. Ma le cose possono sempre peggiorare, e questo fu ciò che percepirono dirigenti e tecnici del Barcellona quando Maradona fu annunciato ufficialmente commissario tecnico della Selección.

Mesi dopo, nel turbolento 2009 di Messi, l'uomo che ha a che fare quotidianamente con il numero 10 del Barça affermò: «Dopo ogni viaggio in Argentina, ce lo restituiscono distrutto. Non potete parlare con il vostro selezionatore e farglielo capire? Per favore! Non c'è nessuno lì che lo possa consigliare, che gli faccia da guida, da tutore calcistico? Gli sarebbe utile».

Utopia: il tempo e il Mondiale di Sudafrica 2010 dimostreranno che Maradona, quel geniale giocatore, per molti il migliore di tutti i tempi, semplicemente non sapeva cosa farsene di Messi.

A metà del 2011, il Barcellona non era più preoccupato per Lionel e per il suo rapporto con l'Argentina. Da un lato, perché Maradona aveva abbandonato la Nazionale. In questo modo si riducevano notevolmente gli imprevisti, gli sbalzi di umore e le stravaganze. Ma c'era anche un'altra ragione. Messi era cresciuto molto come giocatore e anche come persona. Lo dimostrerà con un inizio di stagione strepitoso nel 2011-2012.

Brau rimase con lui nelle settimane precedenti la Coppa America, per tutto il torneo e anche in seguito. Ciò che il rigido inverno argentino impedì di mostrare, si sarebbe rivelato in seguito durante una vacanza a Ibiza e nel corso dei primi allenamenti e delle prime partite: il fisico di Messi era cambiato. Dove prima c'era un braccio non ben definito e senza forza apparente, ora si erano fatti strada un bicipite imponente e una muscolatura ben delineata dalla spalla all'avambraccio. Dove prima c'erano pettorali che non attiravano l'attenzione, ora c'era un fisico da supereroe.

Messi era già da tempo forte e duro per i suoi rivali, ma ora accorciava le distanze visivamente ed esteticamente con Cristiano Ronaldo, l'uomo ossessionato dall'argentino.

Brau, che lavora fino all'ultima fibra del corpo di Messi, è sempre con lui, anche quando l'attaccante si allena con la Nazionale. Nessuno può toccare Messi, nessuno può dargli istruzioni su preparazione fisica, alimentazione e ore di sonno. Il capo è Brau, e tutto fa pensare che sia un buon capo, perché del Messi che fino al 2008 si infortunava con una certa frequenza ormai resta poco o niente, anche se il suo infortunio della primavera 2013, e varie successive ricadute, avrebbero riproposto certi interrogativi.

In quell'estate europea del 2011, Messi superò se stesso. Ricominciò ad allenarsi poco dopo i suoi compagni, perché aveva avuto qualche giorno in più di ferie. Ferie che attirarono l'attenzione in quanto non proprio «alla Messi»: le trascorse su una barca a Ibiza insieme alla sua fidanzata Antonella e al suo grande amico Dani Alves. Nelle foto appare molto affettuoso con la sua compagna, alla guida di un jet ski insieme ad Alves e anche, sempre che gli scatti non ingannino, mentre fuma qualche sigaretta. Sei giorni dopo, realizzava un assist per Andrés Iniesta e segnava lui stesso nel 2-2 contro il Real Madrid al Santiago Bernabéu nell'andata della Supercoppa di Spagna. Tre giorni dopo realizzava un altro assist e due gol utili per vincere 3-2 al Camp Nou e assicurarsi il trofeo. La settimana successiva, un assist e un gol gli regalavano la Supercoppa europea a Montecarlo contro il Porto.

Riassumendo: sei giorni di allenamento, tre assist, quattro gol, due titoli. E altri due trionfi: la UEFA lo aveva eletto, all'unanimità, miglior giocatore del calcio europeo – con un

Cristiano Ronaldo che, terzo dopo Xavi, si mostrava apertamente contrariato – e Sabella, il nuovo allenatore della Nazionale argentina, gli consegnava la fascia di capitano.

Un agosto incredibile, seguito a un luglio da dimenticare. Che gli avvenimenti di agosto lo vedessero con la maglia del Barcellona e quelli di luglio con quella dell'Argentina non fu casuale. Perché in quell'agosto, oltre a realizzare tutto ciò che è possibile in un campo da calcio, Messi ebbe anche la serenità e il coraggio di affrontare Mourinho, l'allenatore del Real Madrid.

Provocatore, pungente, narcisista e incontrollabile, secondo il suo stesso club, anni prima, quando allenava il Chelsea, Mourinho aveva accusato il Barcellona e Messi di «fare scena». Quel 17 agosto 2011, durante il vulcanico incontro Barça - Real Madrid, che si chiuse con Mourinho che mise un dito in un occhio a Tito Vilanova, all'epoca «numero due» di Guardiola, Messi fu più argentino che mai: dopo aver segnato uno dei suoi gol, passò di corsa accanto alla panchina della squadra avversaria e fece con la mano il gesto di «continuate pure a parlare». I destinatari erano Mourinho e il suo assistente, Rui Faría. Un Messi irriconoscibile. Certo non era più quel giocatore che per molto tempo, in Pro Evolution Soccer, valeva più punti con la maglia del Barça che con quella argentina.

Marzo 2010, panchina delle riserve di uno dei campi di allenamento della Ciudad Esportiva de Sant Joan Despí. L'impeccabile prato brilla di un verde intenso, e viene voglia di mettersi a correre dietro un pallone. Tuttavia, vale la pena rimanere in panchina, perché Brau, di norma riservato, parla per circa quaranta minuti, e parla di tutto. Lo fa senza porsi limiti e si preoccupa fin da subito di chiarire un punto: lui non è «il» segreto del grande Messi che il calcio mondiale si gode settimana dopo settimana.

«Io sono una delle persone, ma ce ne sono anche altre, come i preparatori atletici. Non è che adesso facciamo qualcosa di particolare per evitare che Leo s'infortuni, si tratta di un lavoro a lungo termine che ora sta dando i suoi frutti. Non voglio che si dica che con Juanjo Brau Lionel sta facendo un lavoro che gli permetterà di non infortunarsi più, perché è un giocatore di calcio e ha un fisico esplosivo.»

Come molti esperti in preparazione atletica, Brau sottolinea che anche l'alimentazione e il riposo fanno parte dell'allenamento. «Lo staff tecnico si è concentrato sui consigli alimentari ed è stata studiata, per ogni giocatore, una dieta su misura. Mangiamo spesso al club, e da quando è iniziata l'"era Guardiola", ognuno segue una dieta controllata. Uno sportivo deve mangiare di tutto e non eccedere in niente. Ma, da buon argentino, Leo è carnivoro. I risultati di oggi sono la somma di tutto il lavoro fatto e che ora sta dando i suoi frutti; si tratta di una maturazione calcistica, dell'atleta, del suo stile di vita.»

Cibo sano, un giusto riposo, una buona idratazione e molta prevenzione sono alcune delle chiavi per cui il corpo di Messi si è trasformato in una roccia. A dire quanto è solido al momento dello scontro, nonostante possa apparire fragile, sono i suoi stessi avversari, sbalorditi dalla forza del piccolo argentino e da quanto rapidamente si riprenda. Stupisce ripensare a ciò che accadde il 19 settembre 2010, quando il ceco Tomáš Ujfaluši colpì direttamente la caviglia destra di Messi nei minuti di recupero della partita che il Barcellona stava vincendo 2-1 contro l'Atlético Madrid.

Il colpo fu tremendo, ma otto giorni dopo, senza aver ricevuto il permesso medico, Messi fu convocato da Guardiola per andare in Russia e affrontare, il 29 settembre, il Rubin Kazan per la Champions League.

Al quindicesimo minuto del secondo tempo, Messi entrò al posto del suo compatriota Javier Mascherano. Erano passati solo dieci giorni dalla brutale entrata di Ujfaluši. Parte del segreto di Messi è racchiuso nel lavoro preventivo che il giocatore svolge da tempo. L'argentino inizia ad allenarsi prima dei suoi compagni e finisce dopo di loro. Messi si prepara nei quarantacinque minuti che precedono l'allenamento ufficiale, da solo con Brau, e rimane a lavorare mezz'ora in più dopo che Guardiola annuncia la fine della seduta. In questa specie di defatigante, Messi muove le articolazioni, rilassa la tensione muscolare e mette a punto alcuni dettagli per gli arti inferiori.

Ma c'è ancora un particolare: Messi ha imparato a giocare, ora in campo usa di più l'intelligenza. Spesso lo si vede camminare, apparentemente estraneo al gioco, prima di attivarsi in poche frazioni di secondo ed essere decisivo con un assist o un gol. Ecco, questo fa parte del suo calcio, di una sorta di trappola in cui i suoi avversari continuano a cadere, ma anche della decisione di cambiare le cose in quel giocatore esplosivo che dal 2005 al 2006 si voleva «mangiare» la partita correndo per tutti e novanta i minuti alla massima velocità, diretto verso la porta o intento a rincorrere gli avversari.

Guardiola riuscì a convincerlo che stare più avanti e fare piccole corse scambiando con Xavi, Iniesta o Cesc era più conveniente per il suo gioco. Messi adesso corre di meno, ma ottiene risultati migliori e praticamente non s'infortuna, cosa che gli permette di disputare più di sessanta incontri l'anno col massimo delle prestazioni e di fare ciò che più gli sta a cuore fin da bambino: giocare a calcio. Sempre.

Nonostante Guardiola e Brau abbiamo lasciato e lascino un'impronta nella carriera di Messi, c'è un osservatore importante che ha studiato attentamente il geniale mancino: Signorini. Nel suo periodo come preparatore atletico della Nazionale argentina, ebbe il privilegio di osservare Messi molto da vicino, e ciò che vide sembra tenerlo ancora sotto shock. «Leo ha un'elevatissima frequenza di passi, anche se non si tratta solo di correre alla massima velocità: ha una coordinazione neuromuscolare molto complessa e al tempo stesso impressionante. Quando il piede o le gambe vanno molto veloci lo si deve al cervello. Non si tratta solo della mano di Picasso, è la velocità mentale che invia le informazioni al corpo» esemplifica.

Signorini crede che Messi sia una sorta di fenomeno paranormale: è inspiegabile. «Non si può provare a spiegare l'inspiegabile, la natura è così, molto bizzarra. I genitori di Maradona e di Pelé non avevano precedenti sportivi, ma

Leo Messi è sempre stato eroe e simbolo della sua squadra, anche negli anni in cui, da bambino, vestiva la maglia del Newell's. (*Archivo Clarín*)

Ragazzi che giocano a calcio nel quartiere rosarino La Bajada, la culla di Messi: un'immagine che si ripete ogni giorno in centinaia di città argentine. (DPA/*Picture Alliance*)

Jorge e Celia Messi quando ancora non potevano immaginare quanto sarebbe andato lontano loro figlio Leo. (*Archivo Clarín*)

I fratelli Messi al completo. (*Archivo Clarín*)

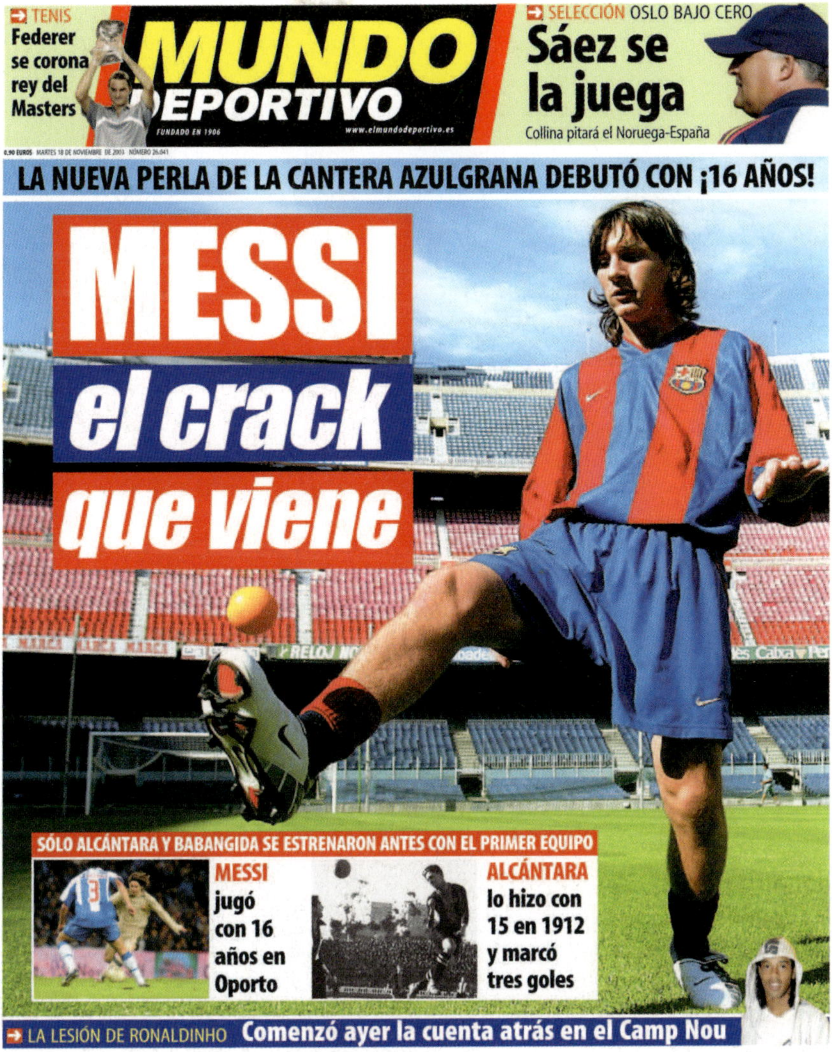

TENIS
Federer se corona rey del Masters

MUNDO DEPORTIVO
FUNDADO EN 1906
www.elmundodeportivo.es

SELECCIÓN OSLO BAJO CERO
Sáez se la juega
Collina pitará el Noruega-España

0,90 EUROS MARTES 18 DE NOVIEMBRE DE 2003 NÚMERO 26.041

LA NUEVA PERLA DE LA CANTERA AZULGRANA DEBUTÓ CON ¡16 AÑOS!

MESSI el crack que viene

SÓLO ALCÁNTARA Y BABANGIDA SE ESTRENARON ANTES CON EL PRIMER EQUIPO

MESSI jugó con 16 años en Oporto

ALCÁNTARA lo hizo con 15 en 1912 y marcó tres goles

LA LESIÓN DE RONALDINHO Comenzó ayer la cuenta atrás en el Camp Nou

«Mundo Deportivo», storico giornale spagnolo, dedicò la prima pagina a Messi nel 2003. I capelli lunghi e l'arancia per palleggiare sono in linea con l'adolescente sedicenne di allora. Messi condivide la prima pagina con Roger Federer che, anche lui con i capelli lunghi, conquistava quell'anno il suo primo Masters.

L'oro olimpico: una medaglia a Pechino, tanto per relativizzare il fatto che Messi non ha vinto nulla con la Nazionale argentina. (DPA/*Picture Alliance*)

Lionel Messi e Diego Armando Maradona, un'immagine piena di grande calcio. (*Archivo Clarín*)

Messi vuole chiudere la sua carriera al Newell's, lo stesso club in cui Maradona giocò poco ma lasciò un grande ricordo. (*DPA/Picture Alliance*)

Un Messi pensieroso dopo la sconfitta dell'Argentina ai rigori contro la Germania nel Mondiale 2006. (*Archivo Clarín*)

Sette uomini chiave di quel Barcellona che tanto successo ha avuto nella recente storia del calcio (da sinistra a destra): Xavi Hernández, Andrés Iniesta, Lionel Messi, Dani Alves, Gerard Piqué, Josep Guardiola e Sandro Rosell. (*Archivo Clarín*)

Il lato solidale di Messi: in visita ad Haiti dopo il devastante terremoto del gennaio 2010 che provocò 316.000 vittime, 350.000 feriti e più di un milione e mezzo di senzatetto. (*DPA/Picture Alliance*)

Madre e figlio nell'«ufficio» di papà Leo: il Camp Nou. (*Mundo Deportivo/ Pere Puntí*)

Non aveva ancora un anno, ma durante l'imbarco per un volo verso Milano, Thiago Messi rivelava un inaspettato profilo «heavy metal». (*Mundo Deportivo/ Pere Puntí*)

nel caso di Messi basta solo vedere i suoi fratelli per capire che la situazione è diversa.» Messi è, stando a Signorini, perfetto quanto una Ferrari. Se non di più. «Quando una Ferrari accelera, se non ha i freni a posto, esce fuori pista. Messi frena molto bene, ha un dono naturale come Paco de Lucía per la chitarra o Michael Jordan per la pallacanestro. Misteri della vita.»

Non è un mistero, invece, la grande evoluzione fisica di Messi. Signorini pensa che il rosarino sia stato fortunato a lasciare il suo paese. «In Europa i preparatori atletici dei club rispettano molto di più i singoli giocatori e si lavora maggiormente in funzione del pallone. In Argentina, invece, si applicano i principi dell'atletica al calcio. In Europa si è più attenti alla palla. Meno male che Messi se n'è andato in Spagna da bambino... Qui la gente è sempre arrabbiata, la pressione è bestiale. Retrocedere o non retrocedere, vincere la Libertadores, sconfiggere il nemico... A Barcellona ha trovato pace, protezione e sostegno mentale e fisico perché potesse uscire tutto il suo potenziale. In Argentina lo avrebbero fatto a pezzi.»

Messi, senza dirlo esplicitamente, condivide questo pensiero. «Ovviamente entrare da ragazzino nelle giovanili del Barcellona mi ha aiutato molto, grazie al loro modo di lavorare sempre con il pallone. Non funziona così in Argentina, e questo mi ha permesso di crescere bene» disse durante un'intervista rilasciata alla rete britannica Sky, nella quale citò anche un aneddoto che rivela come, pur parlando poco da bambino, non gli mancasse certo l'arguzia. Raccontò di una volta che si allenò di notte, da solo, con un'apparente abnegazione che in realtà serviva a nascondere il modo in cui si era infortunato.

«Era successo a scuola... con i ragazzini de La Masia. Durante la ricreazione giocavamo qualche partitella a calcio, o a pallacanestro, un po' di tutto insomma. In una di queste sfide subii un colpo e mi si gonfiò la caviglia. Non potevo dire al club che mi era successo a scuola. Allora mi allenai un po' e dissi loro che mi ero procurato una distorsione.»

Brau non sa quello che ha dichiarato Signorini, ma al di là del suo tentativo di ridursi i meriti, non può negare l'evidenza: è la persona che trascorre più tempo con Messi, quella con cui il giocatore condivide anche le vacanze.

«Sto con lui tutti i giorni, esclusi i festivi. Lo vedo sempre di persona o lo sento per telefono e quando c'è bisogno con dei messaggi o con qualsiasi altro mezzo, in modo da esserci per ogni esigenza che mi riguardi. Passo molte ore con lui, e a volte nei giorni di riposo ne approfittiamo per andare a mangiare insieme. Nonostante il tempo condiviso, concedo a Leo molto spazio, perché credo sia qualcosa di cui ha bisogno e che apprezza molto da me. Rispetto i suoi silenzi e i suoi tempi. Quando ha bisogno di me, sa dove trovarmi.»

A questo punto è necessario chiedersi come Brau vede Messi: come un fratello? Forse come un fratello minore?

«Per me è qualcuno di molto caro. Ho sofferto tanto con lui nei momenti difficili, proprio come quelli del suo entourage. Ha vissuto periodi brutti, parecchi. Sono stato male per lui.» Brau termina ammettendo di essere qualcosa di più dell'uomo che si prende cura del corpo di Messi: «A volte mi assumo più responsabilità del dovuto, ma sono fatto così».

E c'è dell'altro: per Messi non c'è miglior pubblicità delle parole di elogio di Brau. «Non c'è niente che possa suggerirgli, perché ha qualità innate. È una persona eccellente. È un genio umile. Così poco comune da essere il miglior giocatore del mondo, è unico. Le capacità che possiede alla sua età sono degne di elogio. Oltre a essere un'icona mondiale, è il calciatore del popolo perché, indipendentemente dai colori della sua maglia, tutti si identificano con lui. È umile dentro e fuori del campo. Riunisce in sé tutte le caratteristiche di un genio e di una persona umile. L'umiltà fa parte del suo carattere, di quell'aura fantastica che possiede. Quell'umiltà fa sì che i suoi compagni, il gruppo e i colleghi lo rispettino. È una spanna sopra gli altri, ma tutti lo adorano e lo stimano. Nonostante ciò che è in grado di fare non ridicolizzerebbe mai nessuno.»

Brau prosegue: «L'ho visto soffrire molto. Leo è una persona che ama il calcio, vive per il calcio. Il peggior momento per lui è quando non gioca, questa è la cosa peggiore che gli possa accadere: non giocare, qualsiasi sia il problema, un infortunio o una scelta tecnica. È una persona che esige molto da se stesso, non si rilassa mai. Negli oltre dieci anni che ho passato con lui, non l'ho mai visto rilassato nel gioco, non conosce proprio la parola relax».

Dato che Brau lavora con Messi da quando la Pulce era un preadolescente, ha avuto modo di vederlo nei suoi momenti di maggior gloria e in quelli di profonda tristezza. Due di questi ebbero luogo nel 2006. Messi era un ragazzo e non tollerava i contrattempi. In un caso fu il suo stesso corpo a tradirlo. Nell'altro, forse il suo allenatore. Messi non sopportò di rimanere fuori dalla finale di Champions League a Parigi. Era talmente seccato che non appare nemmeno nella foto della squadra vincente. Ciò che nel febbraio di quello stesso anno era iniziato come un problema relativamente semplice ai muscoli ischiotibiali, si aggravò a causa di una serie di ricadute e Messi rimase fuori combattimento fino alla stagione successiva. All'epoca, a diciotto anni, l'ansia lo tradiva: voleva giocare, sempre. In questo non è mai cambiato, ma l'argentino con il tempo ha imparato a capire – a forza di colpi, letteralmente – che forzare il recupero e il ritorno in campo dopo un infortunio può essere controproducente.

Messi stava pagando il passaggio a un calcio più esigente. Per tutta la vita era stato un giocatore di accelerazione, esplosivo, ma nelle categorie giovanili non aveva bisogno di spingere fino al limite per imporsi. Nella prima squadra del Barcellona, invece, sì.

«I dottori del Barça riscontrarono un eccesso di tensione muscolare nelle gambe che aumentava la fatica e lo limitava nella realizzazione di sforzi eccessivi e continuati» scrisse nel marzo del 2012 il quotidiano «Sport», ricordando gli anni del giovane Messi al Barcellona.

«Dopo ogni incontro, i suoi ischiotibiali erano vittime di un elevato affaticamento e di un particolare accorciamento dovuto alla tensione. Gli stessi dottori diagnosticarono che una gestione intelligente del giocatore avrebbe reso il problema irrilevante.»

Ma non fu facile raggiungere questo obiettivo. Uno dei medici confessò a «Sport» che in poco tempo Messi ebbe vari infortuni nella stessa zona, infortuni che attribuì alle estreme sollecitazioni richieste all'attaccante: «Messi possiede vari fattori di rischio: l'esplosività, la rapidità di movimento in campo, la velocità. Nelle categorie inferiori poteva realizzare le stesse giocate senza la necessità di spingersi al limite. Ma in prima squadra iniziò a farle esprimendo al massimo le sue doti fisiche, il cambio di ritmo, il suo dribbling, capacità innate, ma alla massima velocità. Dovette imparare, a livello muscolare, a realizzarle nel modo più rapido possibile e di fronte ad avversari più decisi. I suoi muscoli avevano bisogno di adattarsi a questo nuovo ritmo».

Quel periodo fu duro per Messi, anche se aveva i mezzi per cavarsela e superare se stesso. Quel pomeriggio estivo del 30 giugno 2006, nell'imponente e sventurato Olympiastadion di Berlino, Messi non dovette fare nulla.

La partita contro la squadra di casa per i quarti di finale del Mondiale di Germania era iniziata alle cinque del pomeriggio. Erano passate già le sei e Messi era ancora in panchina per decisione dell'allenatore José Pékerman. I ragazzi di Jürgen Klinsmann avrebbero vinto ai rigori dopo aver pareggiato una partita in cui gli argentini li avevano «presi a pallonate» per tutto il primo tempo. Fu talmente chiaro quel dominio che, per un po', dalle tribune dello stadio tedesco scese un rumore sordo, un miscuglio di fischi e grida rivolti agli argentini, che stavano neutralizzando la Nazionale di casa.

Brau ricorda molto bene cosa significò per Messi.

«Durante quella partita di Germania 2006 uno dei cambi previsti era che entrasse Leo, ma l'infortunio del portiere bloccò la sostituzione, dicono. Suppongo che ci rimase molto male. C'è un'immagine di lui, solo, in panchina, seduto con la testa abbassata. Era triste perché non poteva partecipare, non poteva essere d'aiuto. Ciò che desidera è non deludere, più che essere un genio in campo, non vuole deludere chi crede in lui, chi lo considera un fenomeno. Per questo non si rilassa, perché rilassarsi va contro la sua mentalità calcistica: tutte le sue azioni, tutte le sue giocate esprimono il cento per cento. Forse esagera, ma non si risparmia mai» assicura Brau, che non si spiega come per anni si sia negata l'«argentinità» di Messi, che non riesce a credere che qualcuno dubiti che il suo più grande sogno sia quello di vincere con indosso la maglia albiceleste.

«Leo è un vero argentino. Se ha l'accento più argentino ora di quando viveva a Rosario... La sua cultura è argentina, ama il suo paese. Fa parte del miglior club del mondo e gli è affezionato, riconoscente, ma ama la sua Nazionale. Leo darebbe qualsiasi cosa perché l'Argentina diventi campione del mondo.» Brau è attento nel parlare, poiché sa che tante delle sue parole possono essere interpretate come se a pronunciarle fosse lo stesso Messi, ma nonostante tutto lancia un messaggio molto chiaro: «È l'Argentina il paese che ha la fortuna di avere il giocatore più forte del mondo. Noi del Barcellona siamo orgogliosi di lui e anche gli argentini dovrebbero esserlo».

E, se dall'altra parte dell'Atlantico non l'avessero ancora capito bene, prosegue: «Leo ha avuto l'opportunità di indossare la maglia della Nazionale spagnola, e non ha mai voluto. Ricordo che stavamo lavorando insieme per farlo riprendere da una pubalgia quando giunse la prima convocazione per la Nazionale argentina: il suo sogno più grande era quello di essere pronto per quella partita. Quelli che pensano che Leo non senta i colori argentini... se lo tolgano pure dalla testa, lo conosco bene. La maglia la vuole e soffre per lei da buon argentino qual è. Le mie parole non hanno molta risonanza, ma se potessero servire a far cambiare idea a chi abbia ancora dei dubbi... Bisogna appoggiare Leo per il suo ruolo nel Barça e nella Nazionale. Non dobbiamo mai smettere di pensare a questo».

Stando a Brau, Messi sfiora la perfezione come calciatore e come persona, anche se l'argentino diventa problematico quando si arrabbia: bisogna conoscerlo bene per rendersi conto che è arrabbiato. «È il momento in cui si deve rispettare il silenzio. Quando Leo sta attraversando una qualche difficoltà, bisogna rispettare il suo silenzio e mantenerlo finché non torna alla normalità, ha bisogno di spazio. In quei momenti di silenzio gli si sta vicino, lo si sostiene. Voglio dire, posso stargli accanto e in silenzio per ore, ma gli sto comunque vicino perché sappia che quando vuole parlare con qualcuno troverà me, o un familiare o un amico.»E niente può far arrabbiare tanto Messi quanto sentire che il suo paese non lo vuole. «Le critiche feriscono, da qualsiasi parte arrivino, ma sono più dolorose se ingiuste, se infondate. Fanno male, fa male quando dicono che Leo non ama la maglia argentina. È ingiusto, offensivo. O che non la suda: anche questo è ingiusto.» «Gli argentini» commenta Brau «non riescono a comprendere quello che hanno in mano: quando Leo si ritirerà probabilmente parleremo del miglior giocatore nella storia del calcio.»

XIII
I milioni

«Vorrei ringraziare Dolce&Gabbana per aver reso possibile questa collaborazione. Ho sempre avuto un debole per il loro stile sartoriale e ho sempre apprezzato l'immagine sofisticata che sanno trasmettere.» Bisogna essersi bevuti qualche whisky per credere che Messi sia in grado di pronunciare simili parole, ma così recitava la frase virgolettata del comunicato stampa che la marca italiana diffuse a ottobre 2010. Del resto, quando si firma un contratto multimilionario, il gioco prevede che si appaia pronunciando frasi che non si pronuncerebbero mai e che nessuno si aspetta di sentir dire al personaggio in questione. Sembrerà ridicolo, ma è un pegno che si paga con piacere e a cui i protagonisti sicuramente non danno tanta importanza. I Messi stavano iniziando a capire e a sfruttare il potenziale commerciale del giocatore, stella in campo, ma fuori di lì con un'immagine incredibilmente poco delineata e di basso profilo.

È negli ultimi anni che tutto è cambiato velocemente. L'immagine pubblica di Messi è oggi abbastanza diversa da quella dei tempi della sua esplosione. Per esempio, da quella del 2 maggio 2009, dopo il 6-2 contro il Real Madrid al Santiago Bernabéu. Ottenuta quella storica vittoria, sarebbe stato il momento di ammirare Messi per studiare la stella nella disfatta del tempio delle merengues. Non c'erano dubbi: era l'anti-stella. I suoi vestiti, un paio di taglie più grandi, erano in contrasto con lo stile aderente che impera oggi tra gli sportivi. Si legava la giacca della tuta alla vita, si muoveva senza ostentazione. Dani Alves, a un paio di passi da lui, esibiva il suo gusto estetico e il fatto che il suo look da rapper-calciatore non fosse una scelta casuale. Lo stesso valeva per Samuel Eto'o, Thierry Henry o per il portiere Víctor Valdés: nessuno si legherebbe la giacca della tuta alla vita, nessuno nasconderebbe la propria muscolatura, ottenuta con tanto sudore, sotto goffe tute da ginnastica in stile anni Ottanta e Novanta. In quel periodo Messi promuoveva gli slip Lody, una marca la cui estetica farebbe rabbrividire la maggior parte dei calciatori di oggi, tanto legati a Dolce&Gabbana, Armani o Calvin Klein. Se ci si dovesse attenere ai canoni estetici del terzo millennio, Cristiano Ronaldo sarebbe di certo stato il vincitore di quel «duello intimo».

Che a Messi interessi solo giocare a calcio è ormai noto, e rende l'argentino forse uno tra i più puri degli sportivi. Ma mentre lui mangia, sogna e gioca calcio, è circondato da un bel numero di persone che possono occuparsi della sua immagine. Fino a settembre 2009, la questione era in mano a suo padre Jorge e a suo fratello Rodrigo. Tuttavia, le cose non giravano, o almeno non con la potenza, con i risultati e con la professionalità che ci si aspetta per il miglior calciatore del pianeta. Pigro al momento di registrare spot pubblicitari, Messi ebbe un atteggiamento incostante in più di un'occasione arrivando a piantare in asso un'intera équipe. Rodrigo lo marcava da vicino ed era il suo portavoce, ma più di uno sponsor si lamentò del modo in cui amministrava l'immagine di Lionel. A un certo punto fu lo stesso Barça a far giungere un messaggio alla famiglia Messi: per il bene dell'immagine del giocatore e del club – e anche per quello degli affari di entrambi – era necessario apportare dei cambiamenti. Ed ecco che fece la sua comparsa Pablo Negre, ex capo degli sponsor del Barcellona ed ex dirigente alla Nike che, servendosi di un nuovo strumento, la Fondazione Leo Messi, iniziò a sistemare un po' le cose. E certo aveva il suo bel daffare, perché non solo l'immagine commerciale di Messi era stata mal gestita: la famiglia non sapeva nemmeno come rispondere alle critiche che giungevano dall'Argentina riguardanti i fallimenti in Nazionale. «Siamo in una situazione molto delicata per come stanno trattando Messi nel suo paese» ammisero, in quel periodo, i nuovi responsabili d'immagine del giocatore, che avevano già una strategia ben definita: «Se Messi viene intervistato, dobbiamo lavorare a stretto contatto [con il giornalista], sottolineando a oltranza il patriottismo di Leo e il fatto che il suo sogno sia quello di diventare campione del mondo con l'Argentina». Messi potrà essere affabile e spontaneo, ma chi gli ruota intorno non lo è. «L'Argentina per noi non è un paese strategico a livello commerciale» aggiunsero. «Con l'Argentina non ci limiteremo a stringere accordi economici, ma faremo delle donazioni impegnandoci a livello sociale, con l'UNICEF e anche attraverso altri aiuti ai bambini.» Il tempo dimostrò che la Leo Messi Management avrebbe seguito il piano alla lettera. Nonostante nel periodo del Mondiale sudafricano le aziende argentine avessero preferito Juan Verón e Martín Palermo come testimonial per i loro prodotti, Messi iniziò a riunire sponsor di primo livello e a «correggere» la sua immagine. Tanto che il suo entourage giura che disse quanto segue nell'informare che l'azienda svizzera di orologi Audemars Piguet era diventata un suo sponsor: «È davvero una gioia e un grande onore per me entrare a far parte di una famiglia tanto prestigiosa quanto quella di Audemars Piguet, che ammiro da molto tempo. Questo non è che l'inizio di una bellissima avventura umana basata su forti valori e visioni condivise».

Rieccoci: sembrerebbe quasi più probabile vedere Messi con indosso la maglia del Brasile che non sentirlo pronunciare una frase del genere. Ma la macchina commerciale continuò ad avanzare e, poco prima del Mondiale, la Fondazione Leo Messi e l'Adidas – grande sponsor dell'argentino – presentarono un libro intitolato *Leo Messi, la gloria del fútbol*. Nel libro, secondo l'Adidas, sono impressi «gli irripetibili anni 2009 e 2010, pieni di successi tanto a livello individuale che collettivo, attraverso splendide immagini e testi che vogliono anche raccogliere i principali valori umani del giocatore». I 15 euro (circa 19 dollari) del costo del libro sarebbero stati destinati ad «aiutare, a livello educativo e sanitario, bambini e giovani socialmente meno fortunati, sia in Argentina sia in Spagna».

Il tutto era coerente con lo sviluppo che Negre voleva imporre all'immagine di Messi, ma anche con ciò che sente lo stesso giocatore il quale, colpito dopo aver incontrato dei bambini malati di cancro, finanziò in modo discreto un gruppo di medici argentini perché si potessero specializzare a Barcellona.

Fu anche discreto con Soufian Bouyinza, un bambino senza gambe che instaurò un rapporto speciale con l'argentino. «Ti ammiro molto, perché ogni giorno combatti per raggiungere i tuoi obiettivi» gli disse Messi in un documentario che l'emittente catalana TV3 trasmise all'inizio del 2012. «Ho un legame speciale con lui» afferma il calciatore quando gli chiedono di quel bambino spagnolo di origini marocchine.

Soufian, undici anni, è affetto dalla sindrome di Laurin-Sandrow fin dalla nascita. Dietro questo nome si cela un rarissimo disturbo genetico che può unire le dita della mano in una sola unghia, far sorgere malformazioni alle gambe e portare all'amputazione di entrambe, che è ciò che è accaduto a Soufian. «Fu lui stesso, all'età di otto anni, a chiedere alla madre di amputargli le gambe» spiega Xavi Torres, uno degli autori del documentario *Soufian, el niño que quería volar*, il bambino che voleva volare. Il primo incontro con il calciatore risale all'inizio del 2011, quando realizzarono l'impensabile: una serie di passaggi, con la palla che andava e tornava tra il miglior mancino del mondo e le protesi del suo giovane fan. Sono poi seguiti altri incontri, tra cui quello del 15 maggio dello stesso anno, quando il Barcellona ricevette il trofeo come campione della Liga dopo lo 0-0 con il Deportivo La Coruña. «Si sono incrociati nella zona degli spogliatoi e si sono scambiati un incredibile abbraccio, da far venire la pelle d'oca» ricorda Torres, che assicura che Messi è profondamente toccato dalla storia di Soufian. «Gli bastò guardare uno spezzone del documentario perché gli luccicassero gli occhi, tratteneva a fatica le lacrime» aggiunse il giornalista della rete TV3, che offrì all'argentino e alla sua famiglia una visione privata prima dell'uscita nelle sale. Durante quegli incontri, Messi fece una promessa a Soufian, quella di dedicargli un gol. Al bambino l'idea piacque, ma non riuscivano a stabilire quale gesto avrebbe significato la dedica. Alzare le braccia al cielo, come l'argentino fa quasi sempre, non valeva. Finché Soufian gli propose: «Quando fai gol, toccati le gambe». Detto fatto, il gesto arrivò il 17 settembre, dopo il primo gol di Messi nell'8-0 contro l'Osasuna.

Quasi sempre silenzioso e oltremodo monocorde quando è costretto a parlare, la paura gli corse lungo la spina dorsale quando, durante il Mondiale in Sudafrica del 2010, Maradona lo scelse come capitano nella partita contro la Grecia. Al solo pensiero di dover fare un discorso ai suoi compagni negli spogliatoi, prima di uscire in campo, gli tremavano le gambe. Forse per questo si sente più a suo agio tra i bambini, con cui a volte non servono nemmeno le parole. E se proprio non si ha alternativa, almeno con loro non sono richiesti sofismi. Tra Messi e i bambini tutto è semplice e complicato allo stesso tempo, come la domanda che Soufian fa a sua madre, Ouafae: «Messi dice di ammirarmi, ma com'è possibile se quello che lo ammira sono io?».

Questa adorazione ha riflessi decisamente tangibili. Il 20 marzo 2012, il mondo scoprì che la Leo Messi Management era riuscita a raggiungere l'obiettivo di cambiare l'immagine dell'argentino. Qualche ora prima che Lionel diventasse il più grande goleador della storia del Barcellona, la rivista «France Football» assicurò che era anche il calciatore con i più alti guadagni annuali: 33 milioni di euro, che si dividevano in 10,5 milioni di stipendio, 1,5 milioni in premi e 21 milioni tra pubblicità e altri introiti. Non solo superava i 29,2 milioni di Cristiano, ma primeggiava anche sui 31,5 dell'inglese David Beckham, probabilmente il giocatore che, nella storia del calcio, vendette con maggior decisione, sagacia e disinvoltura la propria immagine. Le cifre e le posizioni negli anni successivi varieranno, ma mai nessuno scalzerà Messi dal podio.

XIV

La fama

Ciudad Esportiva del Barcellona a Sant Joan Despí.

La Maserati nera brilla sotto il sole di mezzogiorno della primavera catalana.

All'improvviso inizia a rombare, gli pneumatici «fumano» e si dirige rumorosa e veloce derapando verso l'uscita. Al volante c'è Leo Messi, il «nuovo» Messi che ha iniziato a emergere nel 2010, un Messi molto più seducente per gli sponsor assetati di figure d'impatto.

E forse fu nel settembre 2011 che Messi confermò definitivamente l'effetto che provoca e quanto tutto sia possibile quando entra in scena. Come spiegare, altrimenti, che un assistente dell'arbitro, poco prima dell'inizio di un'amichevole tra Argentina e Venezuela a Calcutta, gli abbia mostrato la propria macchina fotografica? Voleva scattarsi una foto con il suo idolo. Messi non se ne rese conto, ma partiva sicuramente avvantaggiato in caso di un fuorigioco dubbio. O, forse, è stato nel marzo 2012, quando Michal Kadlec e Manuel Friedrich, giocatori del Bayer Leverkusen, litigarono per avere la sua maglia. «Più fan che avversari» sentenziò il giornale tedesco «Süddeutsche Zeitung». E questo avvenne prima della partita di ritorno di quegli ottavi di finale della Champions League, in cui il Barcellona vinse 7-1 con cinque gol di Messi.

Moltissimi sono quindi gli elementi perché Messi si trasformi in una storia attraente, in un libro, in un film come quello annunciato a Hollywood, e che la sua famiglia non approva. Il problema consiste in cosa raccontare, perché qualsiasi dettaglio si scosti dalla sceneggiatura prestabilita sulla vita e sull'immagine di Lionel implica una perdita di denaro per la Leo Messi Management. Forse è per questo che, nel gennaio 2012 a Zurigo, Jorge Messi non accolse con grande piacere la notizia di un nuovo libro su suo figlio. Sottolineò due cose: che tutti i libri scritti fino a quel momento presentavano «errori» e che non erano «autorizzati» (come se fosse necessario) e aggiunse: «Presto uscirà la biografia ufficiale».

Tutti quelli che ebbero a che fare con lui nei primi anni a Barcellona concordano nel sostenere che Jorge Messi non è un tipo facile. Lo dice Lacueva, per esempio, che capisce l'arrabbiatura di Messi padre nel periodo in cui il Barcellona tardò tanto a ingaggiare il piccolo fenomeno, pur non capacitandosi però dell'allontanamento da Soldini e Montero, i giovani agenti della società Marka, e quello da Gaggioli, fondamentale agli albori della carriera di Messi.

«Non ho mai capito perché la realtà sia stata travisata, perché Jorge non abbia mai ammesso l'intervento della Marka» dice Lacueva dal suo letto nella clinica Quirón. Conferma, questo sì, che il padre di Messi fu molto abile a valutare chi doveva tutelarlo. «Jorge fu bravo a scegliere di chi circondarsi. Diego Maradona cercò il peggio di Barcellona e Jorge il meglio. Una differenza pazzesca.»

Lo fece, per esempio, quando rescisse il contratto con la Nike. Messi padre aveva ricevuto un'offerta allettante dall'Adidas, e il fatto che la Nike vestisse il Barcellona non gli interessò. Come non gli interessò che, in quell'azienda, a rivestire un ruolo fondamentale ci fosse Rosell, braccio destro di Laporta prima di litigare con l'allora presidente e poi capo massimo del club. Jorge Messi si rivolse al prestigioso studio di avvocati Pinto e iniziò a battagliare nei mesi che precedevano il Mondiale di Germania 2006, cosa che gli dava un certo vantaggio nei confronti degli statunitensi, dato che quel torneo era un vero e proprio «territorio Adidas».

Nella sua ascesa verso la gloria, Messi aveva giocato con scarpe Nike, che già nel 2005 gli aveva proposto un contratto per assicurarselo come testimonial. Jorge Messi non abboccò e respinse, una dopo l'altra, tutte le offerte della Nike. Nel frattempo, il cachet di suo figlio continuava a crescere. A quel punto arrivò l'Adidas che gli offrì un milione di euro all'anno soltanto per indossare le sue scarpe e Messi non esitò: a fine gennaio 2006 firmò e il 1° febbraio presentò il modello Predator, in occasione della Coppa del Re contro il Saragozza.

E, ovviamente, segnò un gol, anche se il Barça venne eliminato.

I dirigenti della Nike non credevano ai loro occhi e il giorno seguente resero pubblica la propria indignazione ritenendo che il giocatore avesse un «vincolo» con loro: il contratto con l'Adidas, affermavano, era illegale.

«Messi ha un legame con noi e faremo il possibile perché lo rispetti» disse Teresa Rioné, direttrice dell'Ufficio Stampa di Nike Spagna.

Un giudice decise che l'argentino dovesse temporaneamente indossare i prodotti Nike, almeno finché non si fosse risolta la causa in corso. Ora quelli arrabbiati erano i tedeschi: «Adidas compirà tutte le azioni legali necessarie per proteggere i propri interessi. Tanto Adidas quanto Messi condividono l'opinione che il calciatore è ed era libero di negoziare e di firmare un contratto di sponsorizzazione con Adidas».

Vinse l'Adidas, per questo Messi non appare mai da solo nelle immagini presenti nei negozi Nike. Può farlo solo con Adidas. Se si tratta di promuovere la Nike, dovrà sempre comparire insieme ad almeno un compagno, cosa che non impedisce che la sua maglia sia la più venduta tra quelle dei giocatori del club. Tanto che, nel 2010, l'attore ispano-tedesco Daniel Brühl constatò un piccolo fenomeno nella capitale catalana: erano terminate le «S» a causa dei tanti «Messi» stampati sul retro delle magliette.

Curioso: il Real Madrid è la nave ammiraglia dell'Adidas, ma lì ci gioca Cristiano Ronaldo, la grande immagine della

Nike. La situazione è esattamente opposta a quella del Barcellona, con un Messi che, allo stesso modo del rivale portoghese, indossa nel club una scarpa della stessa marca che sponsorizza la propria Nazionale. Una cosa è certa: per un lungo periodo Cristiano guadagnò più di Messi per indossare quelle scarpe. Dalla stagione 2013-2014 la situazione è ancora più singolare, perché il brasiliano Neymar, nuovo arrivato al Barcellona, è un uomo Nike. È talmente importante la questione degli affari e degli sponsor che Johan Cruijff parlò della possibilità di vendere Messi prima di correre il pericolo di avere «due galli nello stesso pollaio», idea che ha stupito più di una persona. Tuttavia, il padre di Messi lo sa: tutto è negoziabile quando si rappresenta il miglior giocatore del mondo.

Lacueva continua a non capire come sia potuta finire così male tra Gaggioli e Jorge Messi, due persone che condivisero molte cose: «Credo che se c'è stata qualche vittima in questa operazione, quella è Horacio. Non seppi mai cosa avvenne tra di loro. Jorge è complicato». Lacueva ha un buon ricordo di Lionel Messi. «Leo non è attaccato al denaro. Ma suo padre è diverso, è doppiamente avido...» E ritorna al tema che lo ossessiona: «Horacio fu assolutamente ingenuo. Stiamo parlando di moltissimi soldi. E ne sborsò tanti di tasca sua».

Il tono di voce di Gaggioli si fa afflitto quando ascolta le parole di Lacueva. Parla al telefono, si trova in Belgio insieme al calciatore Víctor Vázquez, durante un freddo pomeriggio della primavera del 2012. Lì, in Belgio, trascorreva il tempo insieme a Vázquez a parlare della più grande storia che avevano condiviso: l'ineguagliabile Leo Messi.

«Stavo giusto dicendo a Víctor che lui e Leo erano i giocatori che facevano la differenza in quella squadra giovanile.» E il denaro? Gaggioli ammette che le cose sarebbero potute andare meglio, ma assicura che non porterà mai la famiglia di Messi davanti a un giudice. «È vero che ci ho rimesso molti soldi e che probabilmente sono stato un ingenuo. Ma non ho mai querelato nessuno, non è nel mio stile. Sento, in ogni caso, l'enorme soddisfazione di aver partecipato direttamente a questa storia e di essere il custode del documento più importante della storia del calcio contemporaneo: il tovagliolino sul quale si firmò il contratto. È autenticato dal notaio, protocollato e certificato da Carles Rexach. Quelli che dicono di averlo, che lo mostrino.» E Messi? Una sorta di tristezza s'impadronisce della sua voce: «Leo per me era come un figlio, gli volevo molto bene».

Com'è riuscito ad arrivare così in alto? Con il supporto di molti, ovvio, ma alcune persone rimasero escluse durante il percorso verso la gloria. Dimenticate. I nomi di Soldini e Montero non fanno parte della storia ufficiale di Messi. E, senza dubbio, è innegabile che la società Marka Group firmò un contratto di rappresentanza con «il giocatore Lionel Andrés Messi». La sua tenera firma di tredicenne appare nelle cinque pagine del documento. Anche quella di suo padre, Jorge Messi, e quella di sua madre, Celia María Cuccittini. «E fu Juan Mateo, un agente riconosciuto dalla FIFA, a firmare a nome della nostra società» chiarisce Martín Montero. Il contratto è ufficiale e, come afferma Juan Ubieta, avvocato di Marka Group: «Nessuno obbligò la famiglia Messi a impegnarsi. Quando si firma un contratto bisogna rispettarlo». Marka Group si impegnò a trovare un club «europeo» per il piccolo prodigio. E fu grazie a Juan Mateo, un collaboratore privilegiato di José María Minguella, che Leo riuscì a fare una prova nel Barcellona. Il seguito della storia sui campi da gioco e la sua folgorante ascesa sono ben noti, ma non vuol dire che sia stato un percorso semplice e piacevole.

Il 3 novembre 2000, Messi era già riuscito a sedurre gli allenatori delle giovanili del Barcellona e aspettava ansiosamente, a Rosario, che il Barça gli facesse firmare il suo primo contratto. «Dato che non si muoveva nulla, Martín Montero si recò in Spagna» sostiene Soldini «per fare pressione al club e a Minguella.» Protagonista dell'arrivo di Maradona al Barcellona vent'anni prima, Minguella capì subito che gli si stava ripresentando un'occasione d'oro e, attraverso la sua società, Intersport, fece firmare alla famiglia Messi un contratto di rappresentanza quello stesso 3 novembre.

«Serviva a placare il padre» spiega Juan Mateo «perché Jorge non ce la faceva più ad aspettare. Questa volta fu Martín Montero a firmare i documenti. Il suo nome, l'indirizzo e il numero del documento d'identità appaiono chiaramente. Con quel contratto, Intersport Management si impegnava a corrispondere ogni mese una certa somma alla famiglia e ad affittare per loro un appartamento a Barcellona in attesa che il club formalizzasse il proprio interesse.»

Alcuni mesi più tardi, dopo lunghi negoziati, Messi diventerà ufficialmente un giocatore del Barcellona. «Tuttavia, questo contratto, con data 1° marzo 2001, non entrò mai in vigore,» prosegue Mateo «perché in seguito alla polemica suscitata dall'acquisto di Geovanni (un giocatore brasiliano del Cruzeiro comprato per 14 milioni di dollari) arrivò un nuovo dirigente: Javier Pérez Farguell. Egli decise di rivedere il contratto e migliorare le sue condizioni per evitare che un altro club scippasse Leo al Barça.» Messi passò da soffrire perché non aveva un contratto a firmarne due nel giro di pochi mesi. Soldini, Montero, Mateo e anche Gaggioli si trovavano a Barcellona per consigliare la famiglia e difendere i suoi interessi. «Arrivato il momento di pagare, Jorge Messi smise di rispondere al telefono» assicura Mateo, che dice che né lui, «né Soldini, né Montero» videro «un centesimo» di guadagno senza tener conto degli accordi presi con Jorge Messi. «E, ciononostante, legalmente continuo a essere l'agente di Leo, dato che Jorge non ha mai annullato il nostro contratto.»

Per capire la complicata situazione bisogna tornare al contratto del 9 luglio 2000 tra Marka Group e Lionel Andrés Messi. Nella seconda pagina, la clausola numero due sarebbe stata la chiave della guerra che Jorge Messi avrebbe dichiarato alla società. Si ratifica, infatti, che «la durata minima del contratto è di 5 (cinque) anni a partire dalla data della firma. Le parti accettano il rinnovo automatico se nessuna delle due si oppone almeno trenta giorni prima della data di estinzione». Juan Ubieta, l'avvocato di Marka, è categorico: «I Messi non hanno mai annullato il contratto. C'è una causa in corso contro di loro. Non riconoscono il lavoro svolto da Marka. Non possono negare l'esistenza del contratto, visto che l'hanno firmato. In questo momento ne negano la validità, affermando che la FIFA proibisce i contratti con durata superiore ai due anni. Ma c'è una certa confusione a livello giuridico: il contratto non è solo un contratto per il giocatore, ma anche di supporto economico. Se Jorge reagisce oggi con tanta veemenza è perché non intende pagare».

Chi dovrebbe pagare? Nel documento del 9 luglio 2000 si afferma chiaramente che la società non avrebbe toccato un centesimo dei compensi del giocatore. Il 10 per cento delle commissioni si riferisce in particolare ai premi, ai rinnovi di contratto e agli accordi commerciali. Ma è prima necessario che ce ne siano. «Siamo stati noi ad avviare le trattative con l'Adidas» assicura Soldini e mostra una prova: una mail datata 24 maggio 2004 e inviata da Fernando Solanas, «responsabile dei contratti Adidas alle promesse spagnole» come lui stesso si presenta. «Vi scrivo perché mi farebbe piacere incontrarvi nei prossimi giorni per parlare di Leo Messi.» All'epoca Messi continuava a essere un giocatore della Nike, ma un anno e mezzo più tardi avrebbe firmato un contratto molto più importante con i tedeschi.

Soldini, Montero e Mateo sono convinti di avere il diritto legittimo di guadagnarci qualcosa. «Quello che vogliamo è mettere fine a questa faccenda una volta per tutte» spiega Juan Mateo. «Siamo gente ragionevole. Vogliamo sederci a un tavolo, parlare e trattare con Jorge; ma, per il momento, lui non vuole.»

«Ora stiamo cercando di determinare le entrate di Messi dal 2000 al 2005,» spiega Juan Ubieta «per calcolare quanto deve pagare alla società Marka secondo ciò che è stabilito dal contratto firmato. Esigiamo anche una somma per i danni causati, visto che perdere Messi è stato un duro colpo per Soldini, Montero e Mateo. Avere un giocatore come lui avrebbe potuto portare altri clienti.» Nel marzo 2013, Ubieta, ex avvocato del Rosario Central, venne processato per «truffa e gestione fraudolenta».

Jorge Messi non vuole sentir parlare di Soldini, Montero, Mateo o Minguella, ma invita a fare delle ricerche sui primi due, i nomi che più lo irritano. Assicura che non sono così innocenti come sembra e che avevano già abbandonato malamente altri giocatori come, per esempio, Paulo Rosales. Quando parliamo con lui, il talentuoso centrocampista ha ventotto anni e sta disputando una buona stagione in un modesto club della prima divisione argentina, l'Unión de Santa Fe. Per telefono, Rosales ha la voce di una persona felice di essere riuscito a vivere della sua passione. Non ha nulla da nascondere e accetta di raccontare la propria storia. «Sì, conosco Leo. A Rosario avevamo gli stessi agenti: Fabián Soldini e Martín Montero. L'ultima volta che l'ho visto è stato allo stadio del Newell's Old Boys, poco dopo aver debuttato con il Barça.» Paulo Rosales è nato a Cosquín, una città che ogni anno è sede del maggior festival di musica folkloristica argentina. A tredici anni lasciò Córdoba per andare a vivere a Rosario, nel collegio del Newell's Old Boys. Tre anni più tardi, ormai sedicenne, Montero e Soldini gli affittarono un appartamento che divideva con altri tre giocatori. Lungo la sua carriera ha giocato nel Newell's e nell'Unión y Talleres di Córdoba. Nel 2009 attraversò l'Atlantico per provare con il calcio europeo, nel modesto Olympiakos Volou, e dopo essere andato all'Independiente nel 2012, passò al Bahía in Brasile nel 2013. La storia di Rosales è quella di centinaia di giocatori professionisti, che vivono una realtà diversa da quella di Messi. «Soldini e Montero furono i miei agenti per quattro o cinque anni. Non ho avuto alcun problema con loro.» Paulo Rosales non parla male dei due soci. In realtà, preferisce parlare di calcio e di Messi: «Leo? Viene da un altro pianeta. Con lui è tutto possibile su un campo da gioco. È l'unico al mondo che fa tutto quello che vuole con il pallone. L'unico».

XV
La rivalità

Woody Allen fece di tutto per farlo apparire pulito e rilucente in *Vicky Cristina Barcelona,* impresa interessante, unicamente attribuibile alla magia del cinema. Perché il bar Marsella potrà essere attraente, seducente, vibrante, addirittura sensuale, ma mai pulito. Non per questo perde d'interesse, dato che è teatro di molti fatti. È possibile, per esempio, che un giovedì notte, due giovani di circa vent'anni entrino e chiedano con totale disinvoltura, al barista che sta dietro al bancone: «Facci due assenzi». Dopo aver attraversato le sue porte di legno e vetro, con i lampadari a goccia che cadono languidi dai soffitti alti per illuminare i tavoli di marmo e gli specchi ricoperti da un generoso strato di polvere, molti dei suoi clienti si godono la bevanda «proibita». Assorti nel delicato spettacolo del cucchiaio e della zolletta di zucchero sul bicchiere, i sorsi d'acqua minerale li aiutano a mandar giù, pian piano, il mitico assenzio. Il Marsella è il bar più antico di Barcellona, aperto nel 1820, un esempio del fatto che non tutta la città è vittima della «dittatura» del design e della modernità. Non è, a dire il vero, un bar frequentato dai giocatori del Barcellona, e men che meno da Messi.

I cliché a volte sono troppo forti. A Barcellona domina il design, la gente moderna e la sofisticatezza europea. I catalani sono «diversi», molto differenti e distanti da quell'antico spirito franchista che persiste in una Madrid legata alle tradizioni antiquate e che sopravvive economicamente grazie al fatto che il governo centrale ha lì i suoi uffici. Stereotipi tanto radicati in molti e al tempo stesso tanto grossolani nella loro dualistica semplicità. Ciononostante, ormai nel XXI secolo, sono stereotipi che fungono da attraente combustibile per alimentare l'eterna discussione su una Spagna sempre affascinata dal negarsi a se stessa. Ciò che è certo, è che Barcellona colpisce con il suo impianto urbano e i viali ampi, il modernismo da pelle d'oca nel passeig de Gràcia, la Sagrada Família ancora in costruzione, la Rambla che sfocia nel mare, i bui e intricati vicoli del Raval e del Born, l'altezza di Montjuïc che domina la città felicemente intrappolata tra la collina e il mare. Barcellona incanta con qualcosa di così apparentemente banale come il *pa amb tomàquet*, quel pane speciale sul quale si gratta un altrettanto speciale pomodoro per creare un piatto tanto semplice quanto unico. La capitale catalana è una delizia per i sensi da un punto di vista gastronomico, culturale e sociale, una metropoli nella quale si vuole sempre tornare. Lo è anche Madrid, una grande città che ormai da tempo si è liberata dal complesso di sentirsi un «paesone della Mancia» e che è cresciuta in vitalità, multiculturalità e attrattive nelle sue eterogenee e sinuose vie, senza perdere uno dei suoi tratti caratteristici: lì è difficile sentirsi stranieri. I problemi sono tanti, ma la capitale spagnola, quella in cui età, classi sociali e «tribù» si mescolano con più armonia che caos, è una città che integra come poche chi giunge da altri angoli di Spagna o da paesi lontani. Per molti catalani è difficile ammetterlo, ma a loro piace Madrid. E lo stesso succede a molti madrileni, nonostante la Barcellona degli ultimi anni sia inciampata in un paradosso vistoso: elogiata da sempre per il suo carattere universale ed europeo, la sua classe politica ha raddoppiato l'entusiasmo enfatizzando quanto «diversi» siano i catalani rispetto al resto della Spagna, cosa che ha, per la prima volta, portato ad attribuire loro una certa immagine di provincialismo, esattamente quella che volevano incollare addosso a Madrid, quella città così lontana e diversa. E a Madrid – poiché gli estremi di norma si toccano, dato che ponendo l'accento sulle differenze alcuni vincono anche se a perdere sono i più – vedere tutti i catalani come «antispagnoli» («polacchi», così erano soprannominati dalle vecchie generazioni) fu un affare politico e sportivo. Esistono spiegazioni storiche del fenomeno; c'è una Guerra Civile che dopo oltre sette decenni dalla fine permette di capire molti comportamenti in Spagna; ci sono strappi, dolori e offese ancora vive, tra cui una lingua all'epoca perseguitata e repressa, il catalano, e innumerevoli morti che non potranno mai essere sepolti.

Ma c'è anche qualcosa che gli stranieri osservano con maggior facilità degli spagnoli: catalani e madrileni non sono tanto diversi. Anzi, si assomigliano più di quanto vogliano ammettere. Visti da fuori sono tutti spagnoli, come i galiziani, gli andalusi o i baschi. Che cosa resta, dunque, agli appassionati del campanilismo? Diverse cose, ma indubbiamente è più facile canalizzare tutte le differenze (reali, apparenti e immaginarie) nello sport, attraverso il Real Madrid Club de Fútbol e il Futbol Club Barcelona. In parte è per questo motivo che il Barcellona è *Més que un club*, «più che un club»; in parte è da qui che sorge l'idea di quella Spagna che ha conquistato gli Europei 2008 e 2012 e i Mondiali 2010 giocando con le stelle del Barcellona come colonna vertebrale, successo che non pochi madridisti faticarono a festeggiare: alla fine, Piqué è un irridente catalano antispagnolo, e lo stesso Iniesta è un traditore della Mancia che ora parla catalano. Molti percepiscono il trionfo del Barcellona sul Real Madrid come un colpo alla Spagna, anche se il Barcellona ha tifosi in tutto il paese, anche se il Real Madrid ha tifosi in Catalogna, anche se questi giocatori del Barcellona che sconfiggono il Real Madrid, visto come l'incarnazione della Spagna, sono responsabili del fatto che tutto il mondo ammiri la Nazionale di calcio… spagnola, la stessa con cui Guardiola nel 1992, che parla di «piccolo paese» riferendosi alla Catalogna, vinse l'oro olimpico. Al di là dei diverbi interni, c'è qualcosa d'indiscutibile: il brillante Barcellona degli anni di Guardiola è riuscito a togliere al Real Madrid il titolo di «squadra planetaria».

Lo riassume molto bene Ramon Besa, giornalista del «País» e una delle penne più precise e brillanti nel rappresentare lo sport in Spagna. «Il Barça ha tre icone: una è Xavi, icona locale; l'altra è Iniesta, icona spagnola, e la terza è Messi, icona globale. Non c'è miglior cartolina di questa. È così che il Barça ha vinto tutto contro il Real Madrid.»

Molti anni prima, durante la dittatura del generale Francisco Franco, le cose non stavano così. Il Real Madrid dell'argentino Alfredo Di Stéfano non solo vinse cinque Coppe dei Campioni, ma creò una superiorità psicologica su un Barcellona autodistruttivo e vittimista, una squadra che allora valeva ancora meno dell'Atlético Madrid o dell'Athletic Bilbao. Il Camp Nou era un rifugio antifranchista, uno scenario in cui potersi esprimere correndo meno pericoli che altrove. Ma negli anni Sessanta a vincere era il Real Madrid, tanto che tra il 1960 e il 1969 conquistò otto campionati su nove. Due decenni più tardi, il *dream team* blaugrana con al comando il tecnico Johan Cruijff avrebbe vinto quattro campionati consecutivi e la sua prima Coppa dei Campioni. Quella squadra, che segnò un'epoca, affonda le sue radici in un cast brillante nel quale, tra gli altri, recitavano Rexach e Cruijff, e che vinse il campionato spagnolo nel 1973-1974.

Besa cita una partita di quel campionato, che ritiene abbia segnato un prima e un dopo: «Il Barça vinse 5-0 al Bernabéu. Fu come se fosse finito il franchismo».

L'esaltazione della differenza, uno degli sport prediletti dagli spagnoli, è una questione che lascia Messi assolutamente indifferente. Anche lui ha vissuto molti anni tra la montagna e il mare, a Gavá, una località sulla costa e a mezz'ora dalla città. Poi si è trasferito a Barcellona con Antonella. Chiuso nella «bolla» della «Little Rosario», acuta definizione di Minguella, Messi sembra essere di amianto: niente lo tocca, non ha alcun accento catalano quando parla, anzi, il suo accento sembra farsi sempre più argentino con il passare del tempo. Ed è un problema, perché la lingua è una questione molto delicata in Catalogna.

Il catalano convive quotidianamente con lo spagnolo, o per meglio dire il castigliano, che gli indipendentisti locali, comunque in minoranza nonostante si facciano notare, vedono come straniero, come una lingua imposta. Qualsiasi indipendentista catalano è tifoso del Barcellona, molto difficilmente lo è dell'Espanyol, chiamato «Español» fino a qualche anno fa e catalanizzato ultimamente. Ma dinanzi a Messi devono scordarsi la rivendicazione della lingua, perché è una battaglia persa.

Fino al 16 maggio 2010 Messi non aveva mai pronunciato in pubblico una sola parola in catalano, e tutto lasciava intendere che il Barcellona non si azzardasse a chiederglielo, nemmeno l'allora presidente del club, Laporta, che non esita un istante a definire la Catalogna come una «nazione» con lingua propria. Deputato del Parlamento catalano e successivamente assessore al Comune di Barcellona, Laporta ha tra le sue proposte migliori un referendum per l'indipendenza.

Questa «lingua propria» cerca di sopravvivere di fronte a uno spagnolo che si considera storicamente più forte. Per questo il sistema educativo catalano prevede solo due ore di spagnolo la settimana. Marisol, la sorella minore di Messi, non lo sopportava, confessò Leo nel maggio 2008 al giornale rosarino «La Capital». «Quando la mia sorellina María Sol andava a scuola le parlavano in catalano, e lei piangeva, non le piaceva. Allora mia madre decise di tornare a Rosario con gli altri miei fratelli, Matías e Rodrigo, perché continuasse la scuola là.»

Curioso: Messi non è il primo argentino cosmopolita con cui il Barça ha a che fare, e nemmeno lo era stato Maradona. Il primo fu Carlos Gardel, cantante di tango, che negli anni Venti e Trenta instaurò una profonda amicizia con due stelle blaugrana come Josep Samitier e il portiere Ricardo Zamora. Un amico intimo di Gardel, Edmundo Guibourg, parlò di quell'idillio: «Gli spagnoli lo amavano davvero. E quando, nel 1931, si recarono a Londra per uno storico match contro gli inglesi, Carlos, che si trovava a Parigi, decise di andarli a vedere. E io andai con lui. Con noi vennero Pierotti e Duggan, un proprietario di cavalli da corsa. Stavamo per partire in aereo ma Carlos si oppose. Non voleva. A volte penso fosse una premonizione e allora mi pento di essere stato io a presentarlo ad Alfredo Le Pera, perché fu proprio lui a convincerlo a volare. Quando la squadra del Barcellona raggiunse Parigi, in cammino verso quella partita decisiva contro gli inglesi, Carlitos andò a vederli. Non poteva deludere Samitier e Zamora, con cui aveva condiviso una quasi insanguinata finale con il Real Madrid, cantando per loro mentre si riprendevano dai colpi e dalle ammaccature». C'è una vecchia foto in bianco e nero che riflette questo momento: Gardel seduto su una sedia, Samitier con la testa e il collo bendati in un letto di ospedale e un altro giocatore in un angolo con una benda sulla testa. A quei tempi Gardel dedicò un tango a Samitier e le prime strofe non lasciavano dubbi sulla sua stima: «*De las playas argentinas, donde el tango es la ilusión, tu mereces, bravo Sami, que te brinde esta canción*».*

Gardel morirà in un incidente aereo a Medellín, una storia che dice poco al Messi amante della cumbia. Tuttavia, sempre in sordina, soprattutto dal momento che continua a far trionfare il Barça, molti nel club e nell'ambiente che lo circonda si stupiscono che Messi non pronunci una sola parola in catalano e mantenga, senza cedimenti, il suo accento argentino quando parla spagnolo. «Leo capisce perfettamente il catalano, questo è certo. Ma non lo parla. Mai» ammette José Miguel Terés, l'iperattivo ed efficiente responsabile delle relazioni internazionali del Barcellona. «Il club offre lezioni gratuite di catalano ai giocatori che vengono da fuori» aggiunge Terés, forse senza accorgersi che stava toccando una questione spinosa. Perché la vera domanda è: di dov'è Messi? Di qui o di là? Messi, che ha vissuto metà della sua vita a Rosario e l'altra metà a Barcellona, gioca a calcio da quando aveva tredici anni con compagni che tra di loro spesso parlano in catalano, ha passato migliaia di ore con loro nella scuola di La Masia, il centro calcistico di formazione del Barcellona, e vive in una città in cui questa

* Dalle spiagge argentine, dove il tango è l'illusione, tu ti meriti, caro Sami, che ti dedichi questa canzone.

lingua si sente sempre di più. «Lo capisce, ma si vergogna a parlarlo» concordano quelli che gli stanno intorno. Messi non è come Thierry Henry, il francese che dopo solo due anni al Barcellona saltò fuori con una frase polemica: «La Catalogna non è Spagna», o come Éric Abidal che nel 2013 raggiunse la cima di una montagna sventolando una bandiera indipendentista catalana.

No, Messi, che ammette senza problemi di aver letto solo un libro, *Io sono El Diego*, e nemmeno fino alla fine, non entrerebbe mai in questi dibattiti bizantini che tanto esaltano gli spagnoli. Nessuno a Barcellona gli ha mai proposto seriamente di fare un gesto di simpatia nei confronti del catalanismo, e tantomeno di strizzare l'occhio all'indipendentismo. Martino, che durante le sue prime settimane al Barcellona prese parte a un tributo durante la celebrazione della giornata «nazionale» della Catalogna, imparò subito a sbarazzarsi dello spinoso dibattito politico: «Se non parlo in Argentina, non lo farò nemmeno qui». Lo stesso potrebbe dire Messi, che schivò in modo identico qualsiasi gesto politico nel suo contrastato paese, l'Argentina. In fondo, a Barcellona aspirano a molto meno. «Sarebbe fenomenale per i catalani che dicesse qualcosa in catalano, come fecero in altri momenti altri giocatori» affermò Minguella nell'edizione argentina della rivista «Rolling Stone».

Sembrava che quel momento non dovesse mai arrivare, ma un giorno Messi parlò in catalano, urlò alla sua squadra e alla sua città, e lo fece quando mezzo mondo aveva gli occhi puntati su di lui: «*¡Visca el Barça, visca Catalunya y aguante Argentina, la concha de su madre!* Viva il Barça, viva la Catalogna e forza l'Argentina, la vulva di sua madre» «Visca» è il termine catalano per «viva», e alcuni diranno che Messi non fu molto elegante quella notte in cui si festeggiava la vittoria del campionato spagnolo. Il fatto che l'argentino fosse ubriaco perso nel momento in cui lanciò la sua perorazione permette di capire molte cose: la principale, che Messi effettivamente si vergogna a mostrare qualcosa di così scontato come il parlare e il capire – quando vuole – il catalano. Sfumare, anche se lievemente, il suo profilo di abitante di Little Rosario, forse viene vissuto dal giocatore come un tradimento a quell'Argentina che tante volte gli ha voltato le spalle e lo ha criticato. Basta qualche bicchiere di troppo perché il mancino, destinato a segnare un'epoca, si lasci andare e racconti alla sua gente e agli argentini che ha anche qualcosa di catalano, qualcosa di spagnolo. Qualcosa, appena un po', dopo aver trascorso metà della sua vita a Barcellona, una città in cui, se potesse, farebbe trasferire tutta Rosario: il Paraná nel Mediterraneo. «Probabilmente lo farei, perché è la mia città» ammise Messi a «Rolling Stone» in un'intervista pubblicata nel 2009. E se si trattasse soltanto di portare a Barcellona qualcosa di Rosario? A Messi non sembra fattibile. «Non so cosa potrei portare, perché è tutto così diverso.» I suoi «migliori ricordi», continuò, sono «a Rosario», anche se non dimenticherà mai Barcellona, la città che lo ha visto «crescere». Lì si trova tutta la sua famiglia, cosa che gli permette di pensare che Little Rosario non morirà. Basta sentirlo parlare, approfondire i suoi gusti musicali – la cumbia, una musica che «voi non capite», disse una volta agli spagnoli –, i suoi ritmi giornalieri, per rendersi conto del fatto che più il tempo passa da quando ha lasciato l'Argentina, più si sente argentino.

In questo contesto, il fatto che Messi sia diventato l'incubo di un Mourinho detestato dal Barcellona è un notevole paradosso, perché il portoghese è stato sul punto di essere, nel 2008, il successore di Rijkaard. Un'ulteriore prova che le distanze tra Barcellona e Real, catalani e madrileni, non sono necessariamente così grandi o insanabili, del fatto che l'essenzialità è più utile agli affari, alla politica e alla passione piuttosto che alla realtà.

«Credo che Mourinho senta che Guardiola gli rubò il posto che gli spettava. Presentò un piano e un CD al consiglio direttivo di Laporta» ricorda Besa. «E si sentì nuovamente rifiutato come ai tempi in cui lo si vedeva soltanto come l'interprete di Bobby Robson, allora allenatore del Barcellona» azzarda il giornalista. Qualcosa di vero deve esserci perché, in quell'aprile 2010 in cui l'Inter di Mourinho eliminò il Barça di Guardiola, il portoghese saltò trionfante in campo con un dito al cielo. Qualcuno, all'interno del Camp Nou, azionò gli irrigatori, facendo finire anzitempo i festeggiamenti degli italiani. Fu effettivamente Guardiola a essere scelto per allenare il Barcellona e, dopo due anni di insuccessi, il Real Madrid decise di ingaggiare Mourinho, visto come un «antidoto» contro i blaugrana. C'erano le ragioni per farlo: diretta da Mourinho, l'Inter aveva eliminato la squadra di Messi e Guardiola nelle semifinali della Champions League. Stufo di non vincere, il Real di Florentino Pérez si mise nelle mani, e non è un'esagerazione, del portoghese che, detto per inciso, aveva salvato le merengues da una pesante umiliazione: avesse vinto la semifinale con l'Inter, il Barça avrebbe giocato la finale della Champions contro il Bayern Monaco al Santiago Bernabéu. Il solo pensiero che il Barcellona fosse il favorito di questo potenziale scontro, fece venire l'orticaria a tutti i madridisti.

Perciò, già prima di essere ingaggiato, Mourinho aveva fatto molto per il club. Allenatore solido e astuto, il portoghese vive per la sua professione, nella quale è anche un maestro della messinscena. Il 27 aprile 2010, il giorno prima di quell'1-0 che poco servì al Barcellona dopo la sconfitta per 3-1 nella gara di andata a Milano, Mourinho puntò dritto alla giugulare degli avversari e iniziò a srotolare il tappeto rosso che lo avrebbe portato al Bernabéu. In un'apparizione calcolatissima nella sala stampa gremita del Camp Nou, il portoghese ne approfittò per attaccare il Barcellona nel suo punto debole e per cominciare a giocare con ventiquattr'ore d'anticipo quel ritorno decisivo della semifinale. «Hanno realizzato il sogno di vincere la finale a Roma, a Parigi» disse l'allenatore dell'Inter a proposito del Barcellona. «Ma adesso non hanno un sogno, solo un'ossessione, che si chiama Madrid e Santiago Bernabéu.» Il volpone Mourinho, allora quarantasettenne, che per quattro stagioni era stato il numero due della squadra catalana, lanciò quella volta diverse bombe di profondità. Lo fece con grande stile: diretto, ma con humour; duro, ma elegante; serio, ma ironico. Niente restava dell'interprete di Robson, perché quel giorno il Barcellona assistette attonito all'esibizione di un killer davanti a un microfono. Un killer che attaccò, paradossalmente, usando termini come «sogni» e «purezza». «Abbiamo giocatori di più di trent'anni con grande esperienza e che possono gestire la situazione. Bisogna inseguire il sogno, ma non deve diventare un'ossessione. Deve essere solo un sogno» disse riferendosi alla sua squadra. «Per il Barcellona non è un sogno, è un'ossessione, e c'è una differenza tra sogno e ossessione. Un sogno è più puro di un'ossessione, un sogno ha a che fare con l'orgoglio. I miei giocatori saranno molto orgogliosi di giocare la finale, non importa dove.»

Mourinho fece il finto tonto quando gli indicarono la presenza di una guardia del corpo durante la conferenza stampa, e deviò l'attenzione sull'atmosfera di attesa che si respirava in città. «Ehi, ti può picchiare!» disse a un giornalista. «La guardia del corpo è una brava persona. Non ne ho bisogno. Sto in panchina, non penso che qualcuno possa invadere il campo. Quest'atmosfera può essere un problema per i tifosi dell'Inter, non per me che vado dall'hotel all'autobus e al campo da gioco.»

Con sottigliezze provocanti, Mourinho aveva vinto la battaglia verbale che precedeva la partita, sconfitta che Guardiola ribalterà un anno dopo con la sua frase a effetto sul portoghese, «il fottuto padrone» delle sale stampa, prologo per il successo del Barcellona contro il Real Madrid nelle semifinali di Champions. Mourinho fu effettivamente «il padrone» in quella primavera del 2010 davanti agli attoniti catalani. Sottolineò anche che il suo conterraneo Luís Figo sarebbe stato accanto a lui in panchina. Un tempo grande idolo del Barcellona, Figo era poi diventato sinonimo del massimo tradimento possibile per i blaugrana: lasciare il Camp Nou per andarsene sul prato del Santiago Bernabéu. Ritiratosi dal calcio giocato, nel 2010 era rappresentante dell'Inter a livello internazionale.

Felice di notare l'effetto che provocava nei giornalisti locali, Mourinho approfondì la sua teoria dell'ossessione. «L'ossessione si vede e si sente. Ero al Barcellona nel '97 come interprete [sottile ironia del portoghese], in occasione della finale di Coppa del Re che si giocò al Bernabéu tra noi e il Betis. Notai l'ossessione. La notai da interprete, ma la notai. Andare con la bandiera catalana al Bernabéu fu davvero un grande piacere. Si cantava *Vamos a Madrid, todos a Madrid*! È un'ossessione, l'antimadridismo non è un sogno, è un'ossessione. Immagino una finale di Champions a Torino: sarebbe un'ossessione per l'Inter! E non sto criticando. L'ho visto in una finale di Coppa del Re, immaginatevi ora.»

A quel tempo Messi, che aveva debuttato nel calcio professionistico di fronte al Porto di Mourinho nel 2003 e fatto impazzire il Chelsea del portoghese e il suo marcatore Asier del Horno nel 2006, aveva un problema con il lusitano, perché in sei partite contro le squadre allenate da lui non era stato capace di realizzare nemmeno un gol. Il giorno seguente sarebbe stato il settimo incontro della serie, ma la situazione cambiò radicalmente una volta che Mourinho passò ad allenare il Real Madrid. All'inizio, nella primavera barcellonese del 2010, Mourinho mostrò uno sprazzo di umiltà e di simpatia riferendosi a Messi, al quale assicurò che non l'avrebbe marcato personalmente: «Io contro Messi perdo 50-0 e non tocco la palla».

Venti mesi dopo, il panorama era assai diverso. Era da un anno e mezzo che Mourinho guidava il Real e le cose non stavano andando esattamente come i tifosi avevano sperato. Forse il caldo, l'aria viziata in una sala troppo affollata, forse la stanchezza di fine anno, ciò che è certo è che in quel pranzo del dicembre 2011 Florentino Pérez rifletté perfettamente la confusione del Real Madrid negli anni d'oro del Barcellona. Il presidente del «miglior club del XX secolo», secondo la FIFA, aveva invitato a un pranzo natalizio i giornalisti spagnoli e stranieri che abitualmente seguono le merengues. Mentre al resto dei commensali veniva servita l'entrecôte, Pérez ordinò un riso in brodo. Alla sua destra, il nuovo direttore del giornale sportivo «Marca» ascoltava attentamente. Durante quel discorso, Florentino – così lo conosce tutta la Spagna, con il nome di battesimo – iniziò sottolineando il «salto qualitativo importante» che, a suo parere, aveva fatto il club durante l'anno che stava per terminare. Ma subito ebbe un lapsus dalle tinte freudiane: «Siamo arrivati secondi nella Champions dopo molti anni». In qualche angolo del cervello di Florentino, avere perso la semifinale della Champions League contro il Barcellona voleva dire arrivare secondi. Con l'inconscio che affiorava dalle labbra, Pérez riconosceva, senza volere, l'enorme superiorità degli avversari. Era logico: quel pranzo avvenne di martedì e il sabato precedente, il Barcellona di Guardiola aveva nuovamente umiliato il Real Madrid di Mourinho con un netto 3-1 al Santiago Bernabéu. Al di là del lapsus, in fondo umano, ciò che attirò l'attenzione fu il bilancio definito trionfale dal presidente madridista e il suo appoggio enfatico all'allenatore che aveva ottenuto i peggiori risultati negli ultimi sessant'anni negli scontri diretti con il Barcellona. «Le sconfitte ci renderanno più forti» disse Pérez riferendosi alla disfatta del sabato precedente. «Siamo giunti alle semifinali di Champions dopo otto anni, Cristiano Ronaldo è stato Scarpa d'Oro e il capocannoniere della Liga, Casillas è stato Guanto d'Oro, José Mourinho è stato Pallone d'Oro come allenatore e, più importante di tutto, abbiamo vinto la Coppa del Re in una finale storica con un magnifico gol di Cristiano. Per molti è stata la finale più importante della storia della Coppa.» Ma mancava l'aspetto più insolito del bilancio: «Abbiamo già conquistato qualche record in questi mesi, con le quindici partite vinte di seguito [nella Liga] e la miglior fase a gironi della storia della Champions con solo vittorie e una differenza reti di più diciassette gol che credo sia un record molto importante. Tutti sanno che è un risultato che nessuno è riuscito mai a raggiungere».

A Barcellona dovettero sentirsi tutti stupiti di fronte a tanti record e conquiste da parte degli avversari; alla fine, quanto era stato vinto dagli uomini di Guardiola e Messi nel 2011 era una cosa da poco: la terza Liga consecutiva, la Champions League e, pochi giorni dopo il discorso al Bernabéu, il Mondiale per Club. Florentino si attaccava all'1-0 sul Barça nella finale di Coppa del Re, l'unico trionfo contro i blaugrana nell'«era Mourinho». Non aveva importanza il fatto che, all'andata delle semifinali di Champions, il Real Madrid avesse giocato nel proprio stadio come una squadra complessata di fronte al rivale. E nemmeno contava il fatto che Mourinho, ingaggiato per sconfiggere il Barcellona come aveva fatto quando dirigeva l'Inter, fallì totalmente.

XVI

Il duello

Passo da automa, sguardo perso, occhi arrossati: perdere è dura, e se non si è abituati, probabilmente è una sensazione infernale. Nelle prime ore di quel 21 aprile 2011, a Valencia, Leo Messi guardava senza vedere e camminava perché non aveva altre alternative. Se fosse stato possibile, avrebbe preferito teletrasportarsi a Little Rosario. Avrebbe voluto che tutto passasse il più in fretta possibile. Salire sull'autobus del Barcellona e fuggire, smettere di sentire nelle ossa e nell'anima quell'umidità e quel freddo rilasciati dal cemento delle pareti nude dei sotterranei dello stadio Mestalla. Togliersi una tristezza che quella notte per il Barcellona era stata quasi fisica, e più potente ancora nel caso di Messi, perché in quella finale di Coppa del Re, l'autore del gol della vittoria, l'unico della partita, era stato Cristiano Ronaldo. L'argentino continuava ad avere lo sguardo perso. Un passo, due, tre... E numerosi tifosi del Real Madrid dall'altra parte della strada, a soli dieci metri, festeggiavano con grida e risate l'1-0 che riconsegnava loro quel titolo dopo diciotto anni e finalmente un successo dopo sei frustrazioni nei precedenti *clásicos* contro il Barcellona di Guardiola. Le vittorie, che in televisione di norma sono dipinte con toni spettacolari, epici e grandiosi, sono solitamente un tema molto più banale negli spogliatoi, nelle viscere degli stadi. Ancora più semplici e banali sono i minuti successivi alla sconfitta, che rimane sempre una possibilità incombente nello sport. Lo sa Dani Alves, amico intimo di Messi e uno degli unici giocatori del Barça a parlare quella notte. Il brasiliano si ferma davanti ai giornalisti, affronta lo sciame di microfoni con decisione e definisce il momento con la stessa maestria dei suoi scatti in fascia: «Nel calcio, quando vinci va tutto bene, quando perdi diventi una merda».

Cristiano Ronaldo non poteva credere alle sue orecchie. I tifosi del Real Madrid lo stavano fischiando al Santiago Bernabéu. Non era un rumore frastornante, poco ci mancava, ma quel 10 dicembre 2011, quella folla che doveva idolatrarlo stava facendo esattamente il contrario. I fischi giunsero durante la sconfitta per 3-1 contro il Barcellona in una partita di Liga. Stavano dicendo al portoghese che si aspettavano di più da lui, che andava benissimo essere il miglior goleador del calcio europeo, ma che era ora che si facesse vedere negli scontri decisivi contro il Barcellona, cosa che, a eccezione di quella finale di Valencia, non era mai capitata. Cinque settimane dopo, i fischi al Bernabéu avrebbero avuto come destinatario un altro portoghese: José Mourinho. Fu negli ultimi minuti di una goleada per 4-1 sull'Athletic Bilbao di Marcelo Bielsa. Mourinho rimase fedele a se stesso quando gli domandarono a proposito dei fischi: «Zidane è stato fischiato qui. Ronaldo e Cristiano Ronaldo, Scarpe d'Oro, sono stati fischiati qui. Perché io non posso essere fischiato? Non è un problema per me. Zidane rispose con il suo calcio, Ronaldo e Cristiano, anche». Fedele a se stesso, certo, perché il portoghese aveva già espresso un concetto simile tempo prima, anche se la frase era stata molto più d'impatto: «Nemmeno Gesù Cristo era simpatico a tutti, quindi figuriamoci io».

Giocare al Bernabéu e guidare il Real Madrid non è mai stato semplice, ma in quegli anni era ancora peggio. Sapere che a seicento chilometri a nord-est esisteva una squadra chiamata Barcellona e un giocatore che rispondeva al nome di Leo Messi complicava tremendamente le cose, raddoppiava lo stress, rendeva il pubblico più impaziente del solito. Per questa ragione non sorprendeva che Cristiano non giocasse al suo livello quando arrivava il grande momento, forse perché affrontare il Barcellona gli richiedeva ciò che per lui non è naturale: fare gioco di squadra, moderare l'individualismo, soffrire e difendere, se necessario.

Durante quei quattordici mesi che passarono tra il 5-0 per il Barcellona del 29 novembre 2010 al Camp Nou e il 2-2 del 25 gennaio 2012 nello stesso scenario, i due giganti si misurarono dieci volte e il bilancio per la squadra di Mourinho fu desolante: cinque sconfitte, quattro pareggi e una sola vittoria. Fu incapace di vincere in casa, dove arrivò a adottare le precauzioni e i timori di una piccola squadra senza ambizioni, una squadra sconfitta in partenza. Ciò generò tensioni evidenti nello spogliatoio, specialmente tra quelli che la stampa definisce «gli spagnoli»: Iker Casillas, Sergio Ramos e Xabi Alonso, tre senatori che più di una volta misero in discussione la prudenza di Mourinho. In fondo era comprensibile: Florentino Pérez l'aveva portato a Madrid dall'Inter con la grande e quasi esclusiva missione di infrangere l'egemonia del Barcellona. In che modo farlo e che tipo di calcio utilizzare era secondario, talmente tanto che quando Mourinho rise pubblicamente della «nobiltà» del Real Madrid, elemento intangibile che i dirigenti delle merengues assicurano abbia distinto il club dagli altri per decenni, né Pérez né nessun altro contraddisse l'allenatore. Si trattava di vincere, non di piacere.

I tre imperativi del calcio – vincere, segnare tanti gol e giocare bene – da tempo ormai erano prerogativa del Barcellona, o almeno questo fu ciò che percepì Mourinho a partire dalla storica sconfitta 5-0 nel novembre 2010. Quella partita segnò i suoi anni al Real Madrid: da allora il portoghese incrementò il suo carattere ossessivo, diffidente e autoritario, almeno verso l'esterno, perché invece sono molti i giocatori che sottolineano, nelle differenti squadre da lui allenate, che Mourinho è come un amico, che capisce il giocatore. Ma il portoghese non voleva saperne di ripetere un risultato simile a quel 5-0, la più grande umiliazione della sua carriera. Così, con svolte tattiche, contraddizioni evidenti e più rumore che calcio, Mourinho riuscì a ottenere che si susseguissero sì sconfitte e pareggi, ma mai disfatte di quelle proporzioni. Alcuni giocatori sentivano, secondo «El País», che nella lunga serie di scontri non attaccarono mai il Barcellona «con tutti i mezzi a disposizione». A Mourinho non importava: perlomeno controllava parte di ciò che avveniva in campo, perché fuori aveva già perso e perderà, più di una volta, il controllo.

Madrid era una landa desolata il 14 agosto 2011, la città era vuota quella domenica ardente.

Riparati nelle loro case, nei bar o nei parchi, quelli che evitavano il sole a picco sull'asfalto e che si intrattennero con le pagine sportive del «País» vi lessero una storia inusuale, una storia che in un paio d'ore generò due temi di tendenza su Twitter: #DiegoTorres e #diegotorresfacts. Non si trattava del cantante argentino, ma di un compatriota omonimo che da anni scrive per il giornale tutto ciò che ruota intorno alla squadra madrilena e può contare su una serie di fonti di prima mano, molte volte non identificate, ma che offrono rivelazioni e notizie succulente. Con un titolo suggestivo che quasi obbligava alla lettura – *Il bagno di Red Bull* – l'articolo cominciava così: «Le serate del 17 e del 27 aprile [2011], date del clásico della Liga e dell'andata delle semifinali della Champions, gli spogliatoi del Bernabéu, i suoi corridoi e le aree di passaggio sono stati scenario di alcuni dei momenti più tesi della storia recente del calcio spagnolo».

Nell'articolo, Torres garantiva che Mourinho si infuriò nel sentire come, alcune ore prima della partita, un canale televisivo anticipava ciò che aveva chiesto ai giocatori di mantenere segreto: lo schieramento di Pepe come mediano centrale, insieme a Xabi Alonso e Khedira. Come se si fosse trovato in quello spogliatoio, Torres spremette le sue fonti e raccontò ciò che si vide lì dentro, l'esplosione d'ira di Mourinho: «Siete dei traditori!» gridava. «Vi ho chiesto di non parlare dello schieramento e mi avete tradito! È chiaro che non siete dalla mia parte!» I giocatori non lo avevano mai visto in quello stato. Secondo i testimoni, non smetteva di insultarli. Insultò uno per uno tutti quelli che aveva intorno. Quando si trovò davanti la faccia di Granero, che non fa altro che elogiarlo, lo indicò. Stando a un impiegato del club, pare che disse più o meno così: «L'unico amico che ho nello spogliatoio è Granero. Ma non mi posso più fidare nemmeno di lui! Mi avete lasciato solo! Siete la squadra che più mi ha tradito nella mia vita!». Si potrebbe pensare che nel racconto di Torres fosse stato detto tutto, che non potevano esserci ulteriori tensioni da raccontare. Al contrario, il meglio stava per arrivare: «Fortemente scosso, Mourinho afferrò una lattina di Red Bull e la scaraventò contro la parete. Nell'urto, il recipiente si ruppe e liberò il liquido gassoso con un effetto a pioggia. Bagnati dalla bevanda energetica con sapore ai frutti di bosco, zucchero e caffeina, alcuni giocatori rimasero perplessi. Altri lo osservarono con indifferenza. Casillas si andò a fare una doccia insieme agli altri giocatori spagnoli. Abbattuto, l'allenatore s'inginocchiò e iniziò a piangere in modo sconsolato. Poi si alzò, si asciugò le lacrime e giurò a tutti, singhiozzando, che avrebbe parlato con il presidente, Florentino Pérez, e con il direttore generale, José Ángel Sánchez, che era in possesso dei mezzi per scoprire il colpevole e che, una volta lo avesse trovato, avrebbe preso dei provvedimenti. Stando alle parole di uno dei presenti, Mourinho fece un'analogia tra la guerra e il calcio: "Se sono in Vietnam e vedo che ridono di un mio compagno, prendo la pistola e ammazzo il colpevole con le mie mani. Ora tocca a voi scoprire il colpevole"».

Che i frutti di bosco non fossero allora tra gli ingredienti della Red Bull o che la lattina sicuramente si sia aperta ma difficilmente si sia rotta, furono alcuni dei commenti burloni che Twitter accumulò durante quelle ore febbrili che precedettero la partita di andata della Supercoppa di Spagna. Banalità, in fondo, perché l'elemento chiave fu che nessuno, mai, smentì fermamente quanto raccontato. Nemmeno Florentino Pérez, che ventun mesi più tardi, nella conferenza stampa durante la quale si separò da Mourinho, diede del «romanziere» a Torres. Un piccolo grande paradosso, dato che il presidente del Real Madrid aveva appena confermato che Torres non andava fuori strada nei suoi racconti. O, forse, stava negando che lo spogliatoio del Real Madrid e la sua stessa dimensione avevano finito per divorare Mourinho? Torres raccontò un aneddoto un giorno d'ottobre del 2013, durante la presentazione del suo libro su Mourinho, *Prepárense para perder*. «Giorni dopo quella conferenza stampa durante la quale mi definì un "romanziere", incontrai Florentino. Mi disse che Vargas Llosa aveva iniziato così e che poi aveva finito per scrivere *La festa del caprone*.» Elogio o ironia corrosiva da parte del presidente del Real Madrid? Solo lui lo sa.

Quel che è certo è che non venne mai smentito nemmeno un altro degli articoli più forti di Torres, quello dell'aprile 2011 nel quale abbondano dettagli su ciò che Cristiano Ronaldo e il suo gruppo sentono e dicono ogni volta che guardano Messi in televisione. Non vedono il miglior giocatore del pianeta. No. Secondo Torres, vedono un «nano».

«I suoi compagni sanno che Cristiano si dedica ossessivamente a una lunga serie di cose. I suoi addominali, le sue sopracciglia, l'acconciatura, la lotta contro il fumo, i suoi titoli, i suoi gol e, soprattutto, la riconquista del Pallone d'Oro gli causano una specie d'inquietudine spirituale. E il Pallone d'Oro, dal 2009, se lo aggiudica Messi» scrisse Torres, che afferma nell'articolo che il portoghese ha fatto di Messi un'ossessione. «L'esasperazione di Cristiano dinanzi all'apparizione di Messi, che lo privò del Pallone d'Oro ottenuto nel 2008, è una cosa risaputa da tutto l'ambiente del Madrid. Gli impiegati del club dicono che osservare Cristiano mentre guarda in televisione una partita in cui gioca Messi è uno spettacolo spaventoso. Soprattutto se è presente il suo agente Jorge Mendes, che è anche l'agente di Mourinho. Alcuni privilegiati li hanno visti tutti e tre di fronte allo schermo a guardare la stella del Barcellona. Dicono che, in queste situazioni, Mendes e Mourinho si mostrino paternalisti con Cristiano. Che, dinanzi alle prodezze del suo avversario, Mendes lo incoraggi con frasi come: "La gente non ne capisce niente di calcio! Come hanno potuto dare il Pallone d'Oro a questo qui?". E che Cristiano, sdegnato, non pronunci mai il suo nome. Quando parla del Nano, tutti sanno a chi allude.»

Mesi dopo quell'articolo, Torres approfondisce il tema seduto davanti a un caffè e a una fetta di pane e pomodoro: «Mendes dice che non capisce come Messi possa essere Pallone d'Oro con quel fisico, che la FIFA e la gente si sbagliano. Cristiano ripete che è un nano. Un giocatore che fu presente in queste occasioni mi disse che si vergognava per loro sentendoli parlare». Secondo il giornalista, non solo c'è in gioco l'orgoglio, ma anche il denaro: «Chi vince il Pallone d'Oro ha sempre i migliori contratti di sponsorizzazione». Ma Cristiano di soldi ne ha molti ed è, innanzitutto, un calciatore che ha lavorato sodo per arrivare dov'è arrivato. «Messi è un'ossessione per il "clan portoghese" del Madrid. Nell'intervallo delle partite Cristiano chiede alla panchina "chi ha segnato?". Dal *clásico* di Spagna del dicembre 2011, che il Barcellona vinse 3-1 al Bernabéu, le chiacchiere tattiche – e Mourinho ne faceva molte prima di ogni partita – erano monotematiche: come fermare Messi. Tuttavia c'è una curiosità: se guardi i gol che Messi ha segnato al Real di Mou, ce ne sono vari che si ripetono: Leo entra in possesso palla a metà campo e arriva in porta dopo essere penetrato dal centro, dove si suppone che la squadra sia più protetta.»

Messi è stato, secondo Torres, molto più che una spina nel fianco nella carriera di Mourinho: «Messi veniva insultato dalla panchina del Real e Rui Faría, assistente di Mourinho, era l'insultatore ufficiale. Mourinho ha odiato Messi con tutte le sue forze, sentiva che gli stava togliendo qualcosa e che gli arbitri lo proteggevano».

Deciso a controllare qualsiasi cosa potesse avere a che fare anche lontanamente con la squadra, Mourinho impose il terrore come metodo negli spogliatoi, aggiunge il giornalista: «Era come la Gestapo. Se eri nello spogliatoio c'era da aver paura. In quel periodo c'era un dipendente del club che aveva una cartellina con un riassunto delle chiamate e degli SMS dei cellulari di ogni giocatore. Mourinho fece cacciare varie persone del club lasciando intendere a tutti gli impiegati che lo faceva per punire le fughe di notizie alla stampa. Iniziò con Jorge Valdano, direttore generale, e continuò con giocatori come Fernando Gago, Pedro León e Sergio Canales. Fece addirittura licenziare il cuoco e il capo dei servizi medici».

Durante il periodo finale al Real, Mourinho raddoppiò la posta in gioco: approfittò del fatto che durante un allenamento Álvaro Arbeloa gli procurò un infortunio alla mano, per lasciare Iker Casillas in panchina e scommettere tutto su Diego López. Non contento della sua decisione – in fondo prerogativa di qualsiasi allenatore –, Mourinho si riferì pubblicamente al capitano della sua squadra ancora una volta con toni tra l'ironico e il dispregiativo. Forse Casillas la stava pagando perché sospettato di essere una delle principali fonti di Torres. «Ho pianto, ho sofferto, sono stato male, non ho dormito, o almeno non bene, per diverse notti...» ammetterà successivamente il portiere durante la Confederations Cup in Brasile. Qualche settimana dopo, il nuovo allenatore del Real Madrid, Carlo Ancelotti, lo relegherà anche lui al ruolo di riserva nella Liga.

Mourinho riuscì a irritare anche l'imperturbabile Vicente del Bosque. Perché? Durante quegli ultimi mesi, degni di un discepolo di Nerone, il portoghese aveva accusato la FIFA di manipolare la scelta del miglior allenatore dell'anno, titolo attribuito al commissario tecnico della Nazionale spagnola. «Il tempo ha dimostrato che non ha fatta molta strada...» si limitò a rispondere Del Bosque, il cui volto solitamente rilassato si trasforma quando sente i cognomi Pérez e Mourinho, due uomini che gli crearono problemi nella vita e con la Nazionale.

Al di là delle obiezioni che molti pongono per la mancanza di fonti verificabili e per una certa ossessione anti-Mourinho, il coraggio e il tocco «differente» degli articoli di Torres si fanno notare nel panorama del giornalismo spagnolo. Con un'altra forma e un altro stile, David Gistau, editorialista del «Mundo» prima e di «ABC» poi, scrive anche lui liberamente. Lo fece, per esempio, riferendosi all'invidia che pensa Cristiano provi nei confronti di Messi: «Se solo con Dio pareggia senza arrabbiarsi, come non poteva vivere in maniera così dolorosa la concorrenza personale con uno "hobbit"?». Ma Torres e Gistau sono solo alcune delle eccezioni in un panorama fortemente condizionato da giornali e radio sportive che troppo spesso replicano la logica dualistica che tanto impregna la Spagna e gli spagnoli.

Così, un editorialista di Madrid può scrivere che Messi è «limitato» in quanto a intelligenza. Un altro di Barcellona può accanirsi sulla sciocchezza più assurda riferita a Cristiano, trascurando che il Barcellona fu, a suo tempo, sul punto di ingaggiarlo. «In fondo siamo molto di parte e molto hooligan» dice Besa. «Credo che non ci sia più una stampa sportiva propriamente detta, c'è la stampa dei club. E succede lo stesso con le emittenti radio» aggiunge. Fine analista dell'ambiente in cui si muove, Besa trasmette un certo sconforto per quello che sta vivendo: «Il giornalismo sportivo è diventato una questione di affari».

D'accordo con lui è un'altra delle firme più influenti dei mass media barcellonesi, che ci segnala un dettaglio: la promozione dei giornali, attraverso la quale i lettori possono ottenere «il pigiama del Barça», il «costume da bagno del Barça», o qualsiasi cosa con lo stemma della squadra, fa male al giornalismo. «Serve per controllare i giornali, perché solo il club può autorizzare l'uso di prodotti con il suo marchio. A volte lo si concede a uno, a volte ad altri. E queste promozioni aumentano la tiratura, garantiscono pubblicità, posti di lavoro… Sono un vincolo sottile, ma importante.»

Besa concorda: «La stampa sportiva vive delle copertine, delle vendite e delle promozioni. Se sei contro un club non le puoi avere». E quando si parla di stampa sportiva, la Spagna è un paese unico: ha quattro grandi giornali dedicati totalmente allo sport e vari programmi di attualità sportiva che iniziano a mezzanotte; cosa possibile solo in un calcio in cui le partite iniziano alle undici di sera e addirittura cinque minuti dopo la mezzanotte, e che, in inverno, ha come orario frequente le dieci di sera. Se il Real vince, «Marca» e «As» vendono di più. Se, invece, è il Barcellona ad avere successo, i beneficiati saranno «Mundo Deportivo» e «Sport».

Nello sforzo di portare acqua al proprio mulino e di fidelizzare la massa di supporter, rubandone qualcuno alla concorrenza, si verificano situazioni assurde. «Marca» si ostinò a contare per tutta la stagione 2010-2011 un «gol fantasma» di Ronaldo. Data l'influenza del principale giornale sportivo spagnolo, la confusione si estese a molti altri mezzi di comunicazione di tutto il pianeta. Il 18 settembre 2010, nel 2-1 del Real Madrid contro la Real Sociedad allo stadio Anoeta, un tiro di Cristiano Ronaldo colpì il suo compagno Pepe ed entrò in porta. L'arbitro lo assegnò al difensore e non all'attaccante, ma «Marca» lo diede a Ronaldo. Il cronista di quell'incontro era Santiago Segurola, forse la firma del giornalismo sportivo più autorevole di Spagna. «Non riuscii a rivedere l'azione fino a fine partita. E prima di vederla inviai la cronaca» spiegò Segurola all'agenzia «DPA». «È un gol che merita una discussione prima di essere assegnato a Ronaldo. L'intervento di Pepe fu accidentale, anche se decisivo. E nemmeno si può dire se l'intenzione di Ronaldo poteva essere decisiva per l'assegnazione del gol» aggiunse, segnalando la mancanza di un criterio uniforme. «Di solito, se il pallone tocca un difensore, il gol si attribuisce all'attaccante. Ma se tocca un compagno di squadra, il gol è del compagno. È l'ultimo giocatore a toccare la palla che segna il gol? Facciamo così? Se bisogna mettere in discussione un criterio, lo si può correggere. Io sono semplicemente il cronista. Se nel giornale si apre un dibattito sulla questione, sono disposto a partecipare» concluse Segurola. Tuttavia in quei mesi «Marca» stava vivendo momenti di chiaro madridismo, e il dibattito non venne aperto. Cristiano Ronaldo si sarebbe fatto carico, nella parte finale del campionato, di segnare una buona quantità di gol tale che la sfida con Messi non fosse decisa da una rete e il *Pichichi*, il premio per il miglior marcatore dell'anno, andasse a finire nelle mani giuste.

Battezzato così in onore del soprannome di Rafael Moreno Aranzadi, un giocatore dell'Athletic Bilbao che segnò molti gol tra il 1910 e il 1920, il *Pichichi* è un premio che «Marca» assegna dalla stagione 1952-1953 al capocannoniere della Liga. Nella stagione 2009-2010 lo vinse Messi, autore di 34 gol. Il problema era che per contabilizzare i gol, il giornale sportivo più letto di Spagna si basava su quanto scritto dai suoi cronisti, e non sui referti arbitrali. E siccome al di fuori della Spagna molti credono che il suddetto premio sia un trofeo ufficiale della Liga, la confusione è assicurata.

Nella stagione 2004-2005 il camerunese Samuel Eto'o vide il premio andare nelle mani dell'uruguaiano Diego Forlán poiché «Marca» gli tolse un gol contro il Maiorca che la Reale federazione spagnola di calcio (RFEF) gli aveva assegnato ufficialmente. Così, mentre a Forlán erano attribuiti 25 gol, Eto'o restava a 24. L'attaccante uruguaiano, inoltre, si aggiudicò la Scarpa d'Oro del calcio europeo perché «Don Balón», la rivista che in Spagna maneggiava le statistiche per il premio europeo, riesaminò il video della partita incriminata e considerò che il gol era del portoghese Deco.

Nonostante i sospetti che potevano generare gli interessi di «Marca» – con Óscar Campillo, il nuovo direttore che avrebbe assunto l'incarico a metà 2011, molte cose cambiarono –, assai più grave fu quello che fece «As» nel febbraio 2011. Il giornale cancellò da una foto un giocatore dell'Athletic Bilbao, Koikili, che teneva in gioco Dani Alves in un'azione in cui il brasiliano fece poi gol. Guardando la foto di «As», il fuorigioco di Alves era uno scandalo, un grossolano errore arbitrale.

L'errore grossolano, senza dubbio, fu del giornalista. Se fosse esistita una linea che segnava l'antigiornalismo, «As» avrebbe dovuto alzare la bandiera e metterlo in fuorigioco. Alfredo Relaño, direttore del quotidiano e una delle firme più lucide del giornalismo sportivo spagnolo, lo ammise il giorno successivo: «Me ne sono accorto questa mattina, quando ho visto che i forum si stavano incendiando. Mi vergogno e chiedo perdono per questo errore a tutti i lettori e anche a tutti i barcellonisti in generale. Sono già intervenuto in due radio di Barcellona per parlare della questione. Sto aspettando gli addetti alla grafica perché mi diano delle spiegazioni. Per principio considero buona la prima versione che mi hanno fornito, secondo cui si tratterebbe di qualcosa d'involontario, frutto dell'effetto di sovrapposizione delle immagini. Spero che me lo dimostrino. A nostra discolpa posso dire che, nell'edizione online del giornale, la giocata si vede bene dall'inizio, e che questa mattina, quando è stato riscontrato l'errore sulla carta, abbiamo fatto immediatamente una rettifica. E anche domani, nell'edizione cartacea, faremo la rettifica con le nostre scuse, dato che non tutti i compratori-lettori del giornale cartaceo ci leggono online. Sono a disposizione di qualsiasi radio o altro mezzo di comunicazione che voglia interpellarmi sulla questione».

Manipolare la realtà per renderla più attraente non è solo un attentato all'etica giornalistica. È anche inutile, perché il duello tra Barcellona e Real Madrid, o tra Messi e Cristiano, è già carico di elementi. Ogni volta che si misurano, Messi e Cristiano sono tra gli ultimi a stringersi la mano prima della partita. Accennano un sorriso, più teso quello del portoghese, vistosamente rilassato quello dell'argentino, e praticamente non si guardano. Cristiano non vede Messi? Se ci si attiene al voto per il Pallone d'Oro 2010, si potrebbe pensare di no. Come capitano del Portogallo, Cristiano doveva scegliere, in ordine, i tre migliori calciatori del 2010. L'attaccante votò Xavi del Barcellona, Casillas del Real Madrid e Wesley Sneijder dell'Inter. Di Messi sembrò non ricordarsene.

L'argentino, che nel 2010, al momento delle votazioni, non era ancora capitano della sua Nazionale – né il commissario tecnico né il capitano argentino risposero alla FIFA –, un anno dopo restituirà il «favore» al suo rivale scegliendo Xavi, Andrés Iniesta e Sergio Agüero. Il portoghese sente che Messi ha dalla sua parte il favore della critica; per questo, nel novembre 2011 a Madrid, durante la consegna della Scarpa d'Oro come capocannoniere dei vari campionati europei con 40 gol, analizzò attentamente la sua situazione: «È quando si compete con i migliori che si capisce chi è il più forte. Non solo mi piace competere con Leo, ma anche con tutti i grandi giocatori che militano in Europa». E aggiunse: «Voglio stare nella pagina dei migliori giocatori di tutti i tempi». Nel 2013 avrebbe vinto per la seconda volta il Pallone d'Oro che sollevò nel 2008, ma durante quella fredda sera madrilena Cristiano scatenò gli applausi e qualche risata quando gli venne chiesto di scegliere tra uno e l'altro: non è forse il Pallone d'Oro un premio più importante della Scarpa d'Oro? Il portoghese, affiancato da due grandi come Alfredo Di Stéfano ed Eusebio, fu veloce quasi come in area: «Questo non dipende dai voti di nessuno».

XVII
Il clan

Due uomini di una certa età se ne stanno seduti a torso nudo su sedie di plastica mentre bevono tranquillamente un mate. Quando qualche curioso passa davanti a loro, gli si rivolgono con gentilezza. Un «buongiorno» e una breve conversazione che non va mai oltre qualche secondo. Se dura di più, parlano del tempo, di donne, della famiglia, di attualità e di calcio. I loro sguardi sono attenti, non vogliono perdersi nemmeno un istante dello spettacolo offertogli da alcuni bambini che, un po' più in là, colpiscono instancabilmente un pallone. Solo le macchine che decidono di passare di lì sono capaci di interrompere quella partitella tra amici.

Gli scarsi spettatori di quell'improvvisata sfida sono alcuni cani randagi affamati. Come calle Estado de Israel ce ne sono a migliaia in Argentina. È una linea retta costeggiata da casette modeste della stessa altezza. Tutti si conoscono. Tutti parlano con tutti. La maggior parte dei suoi abitanti vive lì da decenni e, spesso, le generazioni si succedono. Fu proprio in quella strada del quartiere Las Heras di Rosario dove tutto ebbe inizio per la famiglia Messi. Per quanto si sia comprato una casa a trenta chilometri da qui, Leo continua a passare per queste strade; non sempre si ferma a respirare quell'aria particolare e a guardare dov'è cresciuto, al numero 525. I suoi nonni paterni continuano a vivere in quella via, e anche quelli materni.

Eusebio Messi e Rosa Pérez Mateu, i nonni paterni, arrivarono in quel quartiere molto tempo fa. Erano ancora una coppia giovane. Quando i loro scarsi mezzi gli permisero di comprare un terreno in quella zona non esitarono un solo istante. Eusebio e Rosa non si sono mai trasferiti. È lì che hanno avuto Jorge, il padre di Leo, e Gladis, una zia che la stella argentina non vede quasi mai. Quando si osserva la loro modesta casa, è molto difficile immaginare che abbiano un nipote che ha fatto fortuna. La finestra è sempre aperta, perché la loro abitazione funziona come un magazzino di quartiere. L'idea è quella di arrotondare le entrate per arrivare a fine mese. Vendono zucchero, mate, caffè, marmellata, pasta e riso... alimenti di prima necessità; ma sia la loro porta sia le loro labbra rimangono serrate quando si tratta di parlare con i giornalisti. Sono stanchi della stampa. Stanchi di rispondere a domande su quel nipote prodigio. In una delle rare interviste concesse al settimanale argentino «Perfil», Eusebio disse: «Jorge ci aiuta poco, ma noi non ci lamentiamo». Tuttavia, nel quartiere, qualche vicino assicura che i due ottantenni siano abbandonati a se stessi, anche se non vogliono aggiungere altro. Hanno paura di rappresaglie da una famiglia che, secondo alcuni, «controlla tutto quello che viene detto e non accetta la minima critica».

Nessuno, eccetto gli stessi interessati, conosce i dettagli della complessa relazione che Jorge ha con i suoi genitori. Il mistero è ancora fitto. Ciononostante, i nonni sono orgogliosi delle prodezze e della carriera del loro nipote. Infatti, hanno un suo poster appeso in sala. Si sentono anche orgogliosi che Lionel si sia trasformato nel principe di Barcellona. È un ritorno a dove tutto è iniziato, perché Rosa Pérez Mateu ha lontane origini catalane. La sua storia somiglia a quella di milioni di altri argentini che emigrarono a inizio secolo dal Vecchio Continente. Secondo «Mundo Deportivo», i bisnonni di Leo si conobbero negli anni Venti sulla nave che li condusse verso il paese che a livello mondiale dava più garanzie di successo. A Rosa sarebbe piaciuto visitare un giorno la Catalogna, la terra della sua famiglia che tratta così bene suo nipote, ma non è accaduto. Eusebio e Rosa non hanno mai navigato nell'abbondanza; ciononostante, quando i rimborsi per i trattamenti ormonali tardavano un po' e il denaro scarseggiava, contribuirono come poterono alle spese. Non c'è prova che il nipote più famoso li abbia ringraziati pubblicamente. Di fatto, non parla mai di loro. Quando si riferisce al suo affetto per uno dei nonni, i suoi pensieri e le sue parole sono rivolte a Celia Oliveira Cuccittini, l'adorata nonna materna, morta nel 1998. Le deve molto, dato che fu lei a incoraggiarlo sempre a diventare un calciatore ed era anche colei che gli preparava i suoi piatti preferiti. A lei dedica ogni gol quando indica il cielo con le dita. «Mi manca tantissimo» assicura Messi. «Mi sarebbe veramente piaciuto che avesse potuto vedere cosa sono diventato. Per questo le dedico i miei gol, perché mi piace pensare che mi stia guardando da dove si trova ora.»

Celia ha sempre creduto in lui e sapeva che la Pulce aveva qualcosa di speciale. In effetti, la leggenda dice che quando doveva accompagnarlo a scuola, spesso finiva per portarlo a giocare a calcio con gli altri bambini. Ma se ne andò troppo presto e questo episodio segnò la vita di Messi. Suo nonno, Antonio Cuccittini, continua a vivere in calle Estado de Israel. Come Eusebio Messi e Rosa Pérez Mateu non sopporta più i giornalisti. Anche lui è un ottantenne ed è orgoglioso del nipote calciatore. L'ultima volta che accettò di parlare con un giornalista fu per una radio locale, subito dopo che Leo vinse il secondo Pallone d'Oro, nel 2010: «Piansi molto quando vidi le immagini di mio nipote con quel trofeo in mano. Pensai a mia moglie, che tanto si era occupata di lui quando era piccolo. In quei momenti mi rendo conto di tutto il percorso che ha fatto. Da bambino era un nanetto e oggi, non che sia un gigante, ma ha un'altezza normale. Quando lo vedo, mi è difficile crederci. Ha braccia e gambe normali e quando corre è come un aereo a reazione. Ma ciò che mi rende più felice è che tutti gli vogliano bene». Durante quest'intervista telefonica Antonio si fece scappare, involontariamente, una confidenza: «Dico sempre a Leo che deve divertirsi, che deve uscire con i suoi amici e che se ne deve approfittare prima di mettere la testa a posto. Infatti, non ha più la fidanzata, credo che abbiano litigato. Meglio così». La cronaca rosa argentina fece subito eco a queste parole. Dinanzi alle numerose reazioni che sollevarono, Leo smentì immediatamente l'informazione: era innamorato e continuava a stare con Antonella Roccuzzo.

Non fu semplice per la bella moretta ritagliarsi uno spazio nella famiglia Messi. A lungo si limitarono a tollerarla, perché non avevano alternative. E, senza dubbio, non sembra che sia caduta tra le braccia del calciatore per caso. «Conosco Antonella da quando avevo cinque anni» dichiarò Messi al giornale «Clarín». «È la cugina del mio migliore amico, Lucas Scaglia. Le nostre famiglie si conoscono bene. È di Rosario, come me. L'ho vista crescere come lei ha visto crescere me.» Messi-Scaglia-Roccuzzo: tre cognomi italiani che riflettono la colonna vertebrale dell'Argentina. Antonella è lontana dai cliché delle mogli dei calciatori, le famose Wags (*Wives and Girlfriends*, mogli e fidanzate), come le definiscono gli inglesi. La prima apparizione in pubblico risale al 2009, quando i due furono fotografati a braccetto durante il carnevale di Sitges. Qualche giorno dopo, in un'altra foto, Antonella passeggia con il suo fidanzato e con tutta la sua famiglia per le strade di Buenos Aires. In primo piano la si vedeva parlare con Celia, la futura suocera, che non sempre si è mostrata carina con lei, come di fatto con nessuna delle donne che si sono avvicinate a suo figlio. Si dice addirittura che una volta arrivò a minacciare con una padella una delle cosiddette «conquiste» di Leo. È quanto ha affermato Macarena Lemos, una sorta di modella siliconata, durante un programma scandalistico della televisione argentina: «Incontrai Celia in un supermercato. Era furiosa. Si avvicinò per dirmi: "Cara, sei andata con le tue amiche da mio figlio e lui ti ha cacciata via. Ti sei inventata tutto solo per diventare famosa", poi prese una padella dallo scaffale e minacciò di tirarmela addosso».

Sono effettivamente molte le starlet che sognano di far decollare la propria carriera di modella/cantante/presentatrice/attrice grazie a un'avventura con una stella del calcio. Celia è allergica a queste donne, battezzate *botineras* (veline) dagli argentini. «Quando Leo troverà una donna che lo ami per quello che è e non per quello che ha, andrà tutto bene» disse. Ma anche in quel caso, com'è successo con Antonella, che alla fine le ha dato un nipotino, la madre ha avuto problemi a mollare la presa. Per lei suo figlio è ancora giovane e, forse, un po' ingenuo.

Niente di tutto ciò. Il Mondiale di Sudafrica 2010 fu significativo per Messi non solo perché lo chiuse senza segnare un gol e piangendo sconsolato nello spogliatoio dopo la sconfitta contro la Germania per 4-0. No, quel soggiorno a Pretoria fu anche complicato per la tesa e a volte claustrofobica relazione tra Antonella e la famiglia Messi. Talmente tesa che, quando terminò il Mondiale, Leo fece un gesto di indipendenza: si portò la fidanzata in vacanza, nientemeno che in Brasile. Stava iniziando a scrivere la sua storia anche a livello personale, una storia che proprio due anni dopo, il 2 novembre 2012, avrebbe visto nascere Thiago, il suo primo figlio.

Antonella sembra essere un vero pilastro per un Messi che ha dedicato tutta la vita al calcio. A lei, ammette il fenomeno, quello che faccio non interessa molto. «Magari torno a casa e le dico: ho realizzato una tripletta... Ma lei non mi presta attenzione. Non parliamo mai di calcio» ha confermato in un'intervista al «Corriere dello Sport».

Messi non è solo abile con il pallone. Di fronte alle obiezioni di Celia, che durante il fidanzamento arrivò a pronunciare un «la stiamo ancora studiando» quando le chiesero della sua futura nuora, il numero 10 se n'è uscito con una giocata maestra: si fece tatuare il ritratto di Celia sulla scapola sinistra. Un tatuaggio molto edipico che esibì per la prima volta durante una vacanza a Ibiza in compagnia di... Antonella.

Tutti quelli cha hanno avuto a che fare con lei in qualche occasione sono d'accordo sul fatto che Celia sia «una donna di carattere».

Non molto gentile, non è sempre facile avere a che fare con lei. Il fatto che suo figlio sia diventato una stella l'avrebbe resa ancor più sospettosa. Diffida di tutti quelli che si avvicinano a Leo, che non sono tanti, perché il clan Messi è una bolla ermetica che solo in rare occasioni si apre verso l'esterno. Celia smise di lavorare presto per occuparsi dei suoi quattro figli. Secondo Leo, è una grande cuoca che fa una delle migliori «milanesi alla napoletana» del mondo. È molto unita alla sua famiglia e a sua sorella, la moglie di Claudio Biancucchi, il padrino di Leo. Regina del focolare e dai gusti semplici, non è una di quelle donne che escono di casa vestite di tutto punto. Ama Rosario, ma la sua vita è stata segnata dalla cura del figlio, che l'ha portata a prendere decisioni drastiche. La prima fu quella di trasferirsi in Europa nel 2001, ma trascorsi alcuni mesi ritornò, con Rodrigo, Matías e Marisol, in Argentina nella loro casa in calle Estado de Israel. Non si adattarono alla nuova vita. La decisione di lasciare il piccolo Leo, che all'epoca aveva tredici anni, da solo con suo padre dall'altra parte del mondo è stata molto sofferta. Ma non per questo è meno strana, secondo Gaggioli. «Non capisco come una madre possa separarsi da suo figlio in questo modo; Leo ne soffrì tremendamente.» Quante volte si chiuse nella sua stanza, lontano dallo sguardo del padre, per piangere? Perché nemmeno per lui fu facile stare a Barcellona. «Bisogna ammirare Jorge» afferma Soldini. «Ha fatto da padre e da madre. Si è sempre preso cura di suo figlio.» In effetti, lasciò che fosse Leo a decidere se rimanere a Barcellona o ritornare a Rosario. E fu Leo che decise di restare per giocare «in prima divisione con il Barça».

Jorge Messi fece tutto il possibile, e forse qualcosa di più, affinché suo figlio diventasse un calciatore professionista. Lo ha sempre appoggiato, sia nel bene sia nel male. Discreto e di poche parole, difficilmente parla se non ha niente da dire. La somiglianza tra padre e figlio è incredibile. Lo stesso viso, gli stessi lineamenti, gli stessi capelli e anche il carattere è molto simile. Quando la famiglia viveva ancora a Rosario, Jorge lavorava dalle quattro di mattina fino alle quattro del pomeriggio. Quando capì che suo figlio possedeva un talento speciale si dedicò a lui anima e corpo, come se sapesse che il piccolo poteva portare avanti tutta la famiglia. Imparò, lungo la strada, le regole dell'implacabile mondo del calcio. Rimase sempre in silenzio sul campo da gioco. Jorge non era uno di quei padri che gridano agli arbitri o ai difensori particolarmente interessati alle caviglie di suo figlio. Il suo motto è molto semplice: primo, la famiglia. Così si spiegano i tumultuosi rapporti con gli agenti di Leo e con tutti quelli che hanno tentato di interporsi sulla sua strada. Jorge è uno dei rappresentanti di Leo e il presidente della Leo Messi Management, l'azienda che si occupa delle attività commerciali del numero 10 del Barcellona. Controlla tutto.

Il figlio maggiore, Rodrigo, lavora al suo fianco come direttore delle comunicazioni nell'impresa familiare. Anche lui è il suo vivo ritratto, con qualche chilo in più.

Rodrigo è nato sette anni prima di Leo. È più affabile, più estroverso. Appena ne ha avuto l'opportunità è tornato a Barcellona per vivere insieme al suo adorato fratello. Prima di dedicare tutto il suo tempo a Lionel, ha studiato come cuoco. Lui stesso minimizza quel passato da chef del quale si trovano tracce in Internet. «Cuoco, non chef» chiarisce, togliendo glamour alla questione. Fece di tutto per suo fratello. Fu il suo capo della sicurezza, il suo autista, il suo factotum. Uno dei suoi figli divenne figlioccio di Leo. Un padrino felice che volle portarsi tutta la famiglia a Disneyland Paris per divertirsi con Topolino e company. Rodrigo è il più mediatico tra i fratelli Messi.

Senza dubbio, il più «ribelle» della famiglia è Matías, che ha cinque anni più di Lionel e che è arrivato a tatuarsi sul braccio sinistro il volto e il busto di suo fratello minore con indosso la maglia della Nazionale argentina. Matías continua a vivere a Rosario e in un determinato periodo fece parlare di sé sulle pagine di cronaca del giornale «La Capital», che nel 2008 pubblicò la notizia che era stato arrestato per possesso di armi. La storia ebbe inizio una sera in cui i vicini chiamarono la polizia per avvisare che c'era un uomo che passeggiava in strada con una pistola nella cintura dei pantaloni, come fosse un cowboy sperduto in un paese del Far West. Quando le forze dell'ordine giunsero, la pistola in questione, una calibro 32 carica con cinque proiettili, stava sul marciapiede e Matías era fuggito.

Non tardarono molto a catturarlo e, dopo nove ore di commissariato, venne rilasciato. Qualche settimana dopo dichiarò di fronte al giudice Osvaldo Barbero che la pistola non era sua e che se si mise a correre fu per scappare da due uomini che volevano rapirlo. La storia non ebbe seguito. Di più, secondo l'avvocato di famiglia fu tutto orchestrato dai mass media perché il nome Messi faceva vendere. Tre anni dopo, Matías apparve di nuovo sui giornali. Questa volta la questione era più inquietante. Una sera dell'aprile 2011, due uomini in moto si fermarono davanti a casa sua e uno di loro sparò numerosi proiettili 9mm contro l'abitazione. In questa occasione, l'avvocato di famiglia addossò la responsabilità dell'accaduto «all'insicurezza che si è impossessata della città» anche se, prudente, non scartò nessuna pista. Fernando Carrafielo, un giornalista rosarino, non condivide la sua opinione: «Matías non fa una vita tanto tranquilla. Diciamo che non rende onore al cognome Messi. Non passa di norma le notti a casa ed è significativo il fatto che i due sconosciuti abbiano sparato mentre lui era dentro».

La famiglia Messi non sa come comportarsi con Matías, e questo è un problema dato che Leo è profondamente legato a suo fratello. I giornalisti che parlarono con lui durante quei giorni a Barcellona ricordano che lo videro «preoccupato», molto preoccupato per Matías.

María Sol, la sua riservata sorella minore, è l'altro pensiero di Leo. Quando la famiglia viveva ancora in calle Estado de Israel, dividevano la stanza; anche lei è molto unita a suo fratello e conosce tutti i suoi segreti. Vive a Rosario, studia e sogna di diventare attrice. Marisol è più discreta dei suoi fratelli. È l'unica a non essere coinvolta direttamente negli affari familiari.

«È possibile che di tanto in tanto Leo si senta un po' soffocare» riconobbe Rodrigo al settimanale argentino «Perfil» «ma non lo facciamo apposta. Forse si sentirà iperprotetto, ma siamo così perché lo amiamo e vogliamo che tutto vada bene. A Leo l'unica cosa che interessa è giocare a calcio. Noi ci occupiamo del resto e c'è molto da fare.» La Pulce non sempre ha voce in capitolo, ma la sua opinione ha un peso crescente in questa famiglia, in questo clan chiuso che gira intorno a lui.

XVIII
Il brasiliano

«Ronaldinho balla, balla e balla. Sono le 5.15 del mattino a Castelldefels e il calciatore è ancora lontano dal mettere fine alla festa. A circa 1400 chilometri i suoi compagni dormono: il giorno dopo devono affrontare il Manchester United, nella partita che terminò con una sconfitta e mise fine al progetto di cui il brasiliano era visto come il leader.»

È il testo di un giornalista, Daniel García Marco, che in un primo capoverso di sessanta parole sintetizzò ciò che buona parte dei suoi colleghi di Barcellona sapevano, ma non osavano raccontare. García Marco è spagnolo e in quel momento lavorava a Madrid come redattore alla DPA, agenzia per la quale oggi è corrispondente dagli Stati Uniti. Non fu semplice, ma seppe risolvere con eleganza un dilemma che si presenta frequentemente ai giornalisti che parlano di sport: è sensazionalismo? È scorretto raccontare quello che fanno le stelle nel loro tempo libero? Dipende da cosa si racconta, da come lo si racconta e perché lo si racconta. García Marco non fu inviato a Castelldefels a frugare nella vita privata di Ronaldinho, ma a verificare se era vero quello che mezza Barcellona vociferava: che la stella che aveva guidato una squadra stratosferica, che quello che fu il miglior giocatore del mondo, non metteva più con il Barcellona l'impegno che ci si aspettava da lui. Era l'aprile 2008, il Barcellona di Rijkaard non attraversava un gran momento e García Marco si trovò nella località marittima al sud della capitale catalana faccia a faccia con l'uomo di cui molti parlavano, ma sul quale nessuno scriveva.

«Verso le dieci e mezzo Ronaldinho cena con sei amici al Casanova Beach Club, un ristorante e pub recentemente inaugurato sulla passeggiata di Castelldefels. L'elegante terrazza con vista mare è chiusa nella fresca serata di lunedì 28 aprile. Al suo interno c'è solo un altro tavolo occupato, oltre a quello del calciatore, che si stava gustando un *rodizio* brasiliano, una sorta di grigliata, con costolette di maiale, *vacío e picanha** [*picanya*, come catalanizza il ristorante]. Per dolce, un succulento buffet di torte. Il *rodizio* sostituì questa volta l'abituale pasta e pizza del vicino Casanova, ristorante dell'italiano Mimo, proprietario del Casanova Beach Club, oltre a essere amico e patrono del brasiliano. Il nuovo locale non aveva ancora lo "stile Ronaldinho" del Casanova. Mimo aveva riservato nell'accogliente pizzeria un posto d'onore al brasiliano, che di solito frequenta il locale la sera, in compagnia di amiche, della famiglia o del suo gruppo abituale. La parte più notevole del Casanova è "l'angolo del fenomeno", una zona in cui si siedono sempre Ronaldinho e compagnia per gustare spaghetti alla carbonara e entrecôte. Da bere, una "clara" [birra e limone.] A volte, del vino. Spesso offre la casa, cioè Mimo. La mancia? Qualche volta 12 euro. Altre, niente. L'angolo si fa notare per il suo murales. Riproduce l'immagine dell'attaccante con indosso i colori blaugrana, con le braccia stese a croce sulla città di Barcellona, come il Cristo del Corcovado a Rio de Janeiro. Un Cristo redentore che sembra aver perso la sua aura …

«L'attaccante e la sua corte lasciano il Casanova Beach Club e arrivano al Sandunguita all'1.15. Oggi hanno lasciato l'Hammer a casa e si spostano con due Range Rover. Li stanno aspettando. È lunedì e c'è una festa brasiliana nel locale, un rifugio caraibico di Port Ginesta, vicino a Castelldefels, un posto senza il glamour nel quale vive il

* Si tratta del sottopancia e del codone di manzo.

giocatore. Distribuisce baci e abbracci. Soprattutto baci. Lo conoscono tutti, e quelli che non lo conoscono ancora, cercano di farlo. Ordina della birra, e tutti i presenti, molti brasiliani, posano lo sguardo sulla sua figura alta, muscolosa, con una fascia scura tra i capelli, camicia e canottiera bianca, jeans e scarpe da ginnastica bianche. Alle due del mattino i suoi amici accordano voce e strumenti. Il reggaeton e *Umbrella* lasciano il posto alla samba e al funk dal vivo. Ronaldinho canta, suona i timpani e il tamburello con i sonagli. E balla, balla senza sosta. Offre della birra. E balla. Fa perfino da paciere durante un litigio. Non vuole che nessuno gli rovini la *noite mais linda*. Balla senza traccia dell'infortunio all'adduttore che gli impedisce di essere a dormire insieme ai suoi compagni a Manchester. Calcisticamente fu un buon giorno per Ronaldinho, che la mattina tornò a correre sul prato dopo settimane in cui non poteva farlo. Sulla pista da ballo ha un buon movimento di fianchi e di vita, cosa che ricordano bene molti difensori. Alle quattro di mattina suona il celebre *Mas que nada*, termina la musica brasiliana e inizia un'altra volta il reggaeton "per colpa" del DJ. E la serata continua. È ora di togliersi la camicia. Con la sua canottiera bianca, il brasiliano, circondato da belle donne, mostra tutte le sue doti di ballerino. "Si chiude alle cinque" dicono. Ma passata quell'ora il Sandunguita è ancora aperto e Ronaldinho, in buona compagnia, sfoggia un sorriso che da tempo non mostrava in campo.»

Anni dopo, ricordando questo momento critico per il club, a Barcellona il commento è unanime: Rijkaard aveva perso il controllo della squadra. Erano responsabili tanto l'allenatore – più di tutti – quanto il giocatore. Un giocatore che nessuno dimentica perché ha dato gloria a un Barcellona schiaffeggiato dai successi del Real Madrid, e non solo, nella Liga. Ma Ronaldinho fu molto più che vittorie. Così come negli anni Ottanta gli spettatori andavano allo stadio quarantacinque minuti prima del fischio d'inizio per poter vedere Maradona riscaldarsi – la tradizione al Camp Nou e al Bernabéu vuole che si arrivi all'ultimo momento e si vada via prima che termini la partita –, per il brasiliano ci fu un simile atteggiamento di ammirazione, devozione, quasi di ringraziamento per lo spettacolo che offriva.

Eletto dalla rivista «World Soccer» miglior giocatore del decennio 2000-2009, Ronaldinho giunse al Barcellona nel 2003 dal Paris Saint-Germain. La sua abilità con la palla è difficilmente paragonabile a quella di altri, e forse per questo non fu un caso che Messi diventasse presto un figlioccio, una specie di fratello minore per lui. Cosa ha lasciato Ronaldinho al Barça? Moltissimo. Sono innumerevoli i video dedicati al brasiliano su YouTube nei quali si mostrano le sue giocate migliori, e quasi emoziona una delle partite contro l'Athletic Bilbao durante la quale la bellezza risiede in ciò che Ronaldinho fa con il pallone, ma anche nello stupore e nell'emozione piena di gratitudine del pubblico delle prime file, estasiato di fronte a quello che quasi nessuno è capace di fare e che lui stava offrendo con generosità. Ma molti tifosi ricordano specialmente una partita, il 3-0 contro il Real Madrid del 19 novembre 2005 al Bernabéu. Iniziò il match ridendo insieme al suo connazionale Ronaldo – allora nel Real Madrid – e lo terminò uscendo tra gli applausi dopo aver segnato due gol. Fu memorabile, perché sono scarsissime le volte in cui le merengues hanno applaudito un blaugrana nel loro tempio. Un altro punto di contatto con Messi: anche a lui è capitato di uscire tra gli applausi, prima che il suo gioco e lo spiacevole episodio della pallonata fossero troppo per i madridisti e lui diventasse il nemico numero uno.

Anche il calcio-arte può essere misurato da un sismografo. È ciò che è accaduto la notte del 3 settembre 2003, quando l'Osservatorio Fabra, a quattro chilometri e mezzo dal Camp Nou, registrò «un movimento sismico simile all'effetto di un tuono» secondo quanto scrisse «El País». Erano gli 80.237 spettatori che festeggiavano il primo gol del brasiliano al Camp Nou, in una partita contro il Siviglia, valevole per la seconda giornata della Liga 2003-2004. I 27 milioni di euro pagati per il suo ingaggio erano, come si sarebbe presto dimostrato, un affare. Quel gol, al termine di un'azione nella quale eluse quattro avversari prima di scagliare una botta potente che colpì la traversa ed entrò in porta, fu il primo di 93, molti dei quali straordinari, come straordinario fu quello contro con il Siviglia, partita giocata cinque minuti dopo la mezzanotte per eludere alcune imposizioni della UEFA sull'orario. Rimarrà nel ricordo come la «partita del gazpacho», per via della zuppa fredda offerta agli oltre 80.000 spettatori, oltre a cioccolato e lecca-lecca.

Ronaldinho provò subito una spontanea simpatia per Messi, ma lo adottò completamente e cominciò a portargli un rispetto reverenziale solo quando l'argentino riuscì dove tutti avevano fallito: batterlo a calcio-tennis, una dimostrazione di estrema abilità.

Due scrittori spagnoli, Enrique Vila-Matas e Javier Marías, definiscono Ronaldinho come un «giocatore da spiaggia», che è ciò di cui il Barcellona, triste, aveva bisogno in quel momento. «Ronaldinho restituì allegria al club» afferma Ramón Besa. Ancora più categorico è Xavi: «Ci chiese la palla e dietro di lui siamo usciti dal deserto. Ci ha tirato fuori dal pozzo».

Se Ronaldinho era un giocatore da spiaggia, Messi lo era da città. I due, insieme a Deco, un talentuoso centrocampista brasiliano naturalizzato portoghese, formarono un trio inseparabile, a tal punto che il «30», il numero della prima maglia che Messi indossò al Barça, risultava dalla fusione dei suoi due amici: il «10» di Ronnie più il «20» di Deco. Durante quei primi anni in cui Messi era ancora un ragazzino e Ronaldinho e Deco delle stelle, l'argentino imparò molto da loro. E non solo di calcio, ma anche di vita, di quello che qualsiasi giovane stella dello sport ha a portata di mano: macchine, feste, donne, e non necessariamente in quest'ordine. Un altro elemento del gruppo, all'inizio, era il brasiliano Thiago Motta. «In quel momento Messi ebbe un piccolo sbandamento» afferma uno dei giornalisti che segue più da vicino Leo. Il club tirò un sospiro di sollievo quando Motta se ne andò e, presumibilmente, Guardiola chiese il trasferimento di

Ronaldinho. Il suo piano era dare potere ai giovani di spicco della cantera del Barça. Tuttavia, in quegli anni di scoperte, a Messi non interessava molto cosa pensassero di lui. Era felice con il clan brasiliano; di fatto, era il più brasiliano dei calciatori argentini che giocavano in Europa. E questa devozione era corrisposta: nel Barça, solo Leo poteva sedersi al tavolo con i brasiliani. Messi brasiliano? Su questo scherzavano Ronaldinho e Deco quando lo passavano a prendere a casa perché non aveva ancora la patente. E Ronaldinho continuò, per un periodo, a passare ogni tanto da casa Messi. In fin dei conti, Milano non era così lontana. Qualcosa di simile successe a Motta, che alla fine del 2011, giocando nell'Inter, esternò quanto gli mancasse l'argentino. «Messi e io siamo molto amici, è un ragazzo semplice e mi sono trovato bene con lui. Ci sentiamo spesso e ci scambiamo messaggi» disse alla stampa italiana prima di fare una previsione che non passò inosservata: «Se Messi se ne andasse dal Barcellona, la prima squadra alla quale andrebbe sarebbe l'Inter. È ancora molto giovane e prima o poi arriverà il momento di cambiare».

Gli anni di gloria di Ronaldinho furono, si passi la ridondanza, gloriosi. Mancavano poche settimane ai Mondiali di Germania 2006 e il mondo aveva gli occhi puntati su di lui. Seduto sul prato del Camp Nou, nella zona centrale, la conversazione girò intorno al calcio, alla vita e, certamente, a Messi. Ronaldinho rispose a tutte le domande, senza mai smettere di sorridere.

Ricordò i tredici gol segnati in una partita ai tempi della scuola: «A quell'età tutto era fantastico. Fu perfetto, perché da lì in poi iniziai a essere conosciuto a scuola». E ammise di sognare in grande: «Il mio sogno è quello di seguire le orme dei grandi giocatori come Pelé, Maradona o Beckenbauer. Voglio conquistare il massimo numero di titoli perché un giorno si ricordino di me come di un giocatore che ha fatto qualcosa d'importante per il calcio». In quel 2006 Messi era, per Ronaldinho, proprio una «brava persona» che sarebbe andata molto lontano come giocatore.

Rileggere quell'intervista aiuta a capire quanto brevi possano essere i momenti di gloria nel calcio. E anche a vedere le differenze tra i migliori di tutti i tempi e un fenomeno che brillò solo per qualche anno.

Non tutti i brasiliani sono uguali. Se Maradona era un grande amico di Careca nel Napoli, Messi ebbe, nel Barça, per un periodo abbastanza lungo, un brasiliano «fratello maggiore» dal profilo molto diverso da quello di Ronaldinho, Deco o Motta: Sylvinho, un terzino sinistro, molto religioso – «atleta di Cristo» – che «adottò» Messi quando il giovane, ancora disorientato a soli diciassette anni, si ritrovò quasi senza amici in un tour in Giappone.

«Leo era un ragazzo, un *pibe*... non conosceva molta gente, se ne stava da solo» racconta Sylvinho, ricordato ancora oggi al Barcellona come una macchinetta quando parlava. «Leo mi faceva domande. Un giorno voleva cambiare degli euro in yen ma non sapeva come farlo. Scesi in reception per aiutarlo.»

L'accento argentino del brasiliano si deve a Nelson Vivas, compagno e amico ai tempi dell'Arsenal. Un accento che mantenne grazie alle sue chiacchierate con Messi.

Chiacchierate con Messi? Davvero? Sylvinho sorride e asserisce. «Leo è molto timido, certo, ma è un grande osservatore. In generale le persone che osservano tanto sono anche le più intelligenti, perché si guardano intorno di più, sanno di più. Misura le parole, è sempre lo stesso Leo di quando aveva diciassette anni, ma a volte negli spogliatoi si lascia andare maggiormente, scherza anche un po'.»

Durante quelle innumerevoli notti passate in hotel, Messi e Sylvinho di norma si riunivano in una stanza.

«Si parla di tutto, a volte ci troviamo per vedere un film, una partita. Cerco di raccontargli cose che magari gli saranno utili tra un paio d'anni. Parliamo di calcio, gioca alla PlayStation, a volte l'argomento sono le ragazze. Persino di politica. Ma la maggior parte del tempo parliamo della famiglia, di come sarà il futuro, delle nostre vite.»

Sylvinho inarca le sopracciglia e sospira leggermente quando gli si chiede se si sente un fratello maggiore: «Sì, diciamo di sì».

Ma essere il «fratello maggiore» non vuol dire che non ci siano limiti. Al contrario di ciò che si potrebbe pensare, Sylvinho non vuole convertire Messi in un «atleta di Cristo.» «Sono cristiano, credo in Cristo come signore e salvatore della mia vita. Con Messi parliamo di tutto, anche di religione. Ma non ne parlo sempre, non tiro fuori io il discorso, parlo se gli altri me lo chiedono. Non voglio risultare pesante.»

Cosa vede Sylvinho da dietro durante quelle partite in cui Messi si proietta in un'altra dimensione calcistica? «Leo non è un giocatore normale. È molto verticale, non fa colpi di tacco, non fa inutili giravolte ... Guarda tutto il tempo la porta.»

Non è esattamente Juan Román Riquelme, il numero 10 del Boca che per molti anni alcuni argentini hanno considerato migliore di lui. Che Messi in Nazionale abbia ricevuto la fascia di capitano indossata da Riquelme – colui che se la tolse durante lo scontro chiave con la Germania nei quarti di finale dei Mondiali 2006 – continua a essere un paradosso.

Alla fine, la prima volta che Messi vide Riquelme da vicino, rimase in silenzio.

«Leo aveva circa quattordici anni e lo invitammo con suo padre a una grigliata nel giardino di casa mia» ricorda Minguella. C'erano anche il brasiliano Thiago Motta e Fábio Rochemback, secondo quanto aggiunge Gaggioli. «Riquelme giocava nel Barça e venne. C'era anche Marcos Franchi. E Messi con suo padre. A me e a mia moglie stupì la faccia che fece Messi quando vide Riquelme. Quanto era impressionato... Non parlava, muoveva solo gli occhi. Nemmeno il padre era un gran chiacchierone. E Riquelme... Be', nemmeno lui.»

L'allora presidente Joan Laporta ascoltò Guardiola e vendette Ronaldinho al Milan. Ma, cosciente di quello che stava facendo, parlò con Messi per metterlo al corrente della decisione. «Se Ronnie se ne andava, su Leo sarebbe ricaduta una responsabilità enorme» ricordò Laporta anni dopo, durante un'intervista nel suo studio d'avvocato in avinguda Diagonal. «Andai a casa di Ronnie a dirgli che era finita. Mi avevano fatto pressioni e chiesto che rinunciassi a Ronaldinho, ma pensai di dargli ancora un'opportunità. Se la meritava, è stato l'uomo che ha riportato l'allegria al Barcellona. L'incontro con Ronnie è stato molto emozionante, perché era una persona che sapeva farsi benvolere. Dopo andai da Leo, che vive molto vicino, e parlai con lui e con suo padre. Se Leo parlava? Questo fatto che Leo parla poco... Leo guarda tanto, parla con lo sguardo. Ed è sempre al corrente di tutto, è un uomo dalla grande personalità. Gli comunicai che Ronaldinho lasciava il Barça e che volevamo che lui ne prendesse le redini. Leo adorava Ronaldinho ed era triste perché se ne andava un amico e un punto di riferimento. Gli parlai dell'arrivo di Alves, Piqué e Keita, e gli dissi che sarebbe stato il leader in campo, che avremmo reso protagonisti gli uomini di casa, perché erano già preparati grazie al fatto di aver avuto grandi maestri come Ronaldinho e Deco, un uomo molto utile per la maturazione di Xavi e Iniesta. Mi ricordo di quando gli dissi che avrei portato Gerard Piqué dal Manchester e mi disse "prendilo, prendilo che mi difendeva quando ero piccolo"! Mi rimase impresso nella mente perché immaginavo Piqué grande e Leo piccolo, abbastanza tipico nel calcio dove un difensore ben piazzato difende un piccolo portento. Lo trovai buffo.»

Si chiudeva così il periodo decadente dell'«era Rijkaard», con un finale in cui non fu possibile ripetere quanto di molto e di buono l'olandese aveva fatto negli anni precedenti. Al Barcellona ci si ricorda ancora la partita in cui la formazione delle giovanili, diretta da Guardiola, «fece ballare» la prima squadra, guidata da un Rijkaard che fumava abulico in tribuna. Guardiola chiese ai suoi giovani ed entusiasti giocatori che diminuissero il ritmo, che sollevassero il piede dall'acceleratore. Ma non era tanto la questione di frenare. Alla fine, il momento dei giovani era arrivato, anche se ci sarà sempre un brasiliano nella vita di Messi, e questa volta arrivava dal Siviglia.

Tuta da ginnastica giallo fosforescente per entrambi. A un'estremità del campo, vicino alla bandierina del calcio d'angolo, la palla va e viene tra due amici benedetti da un talento speciale.

Uno è Leo Messi e l'altro Dani Alves. È il 10 aprile 2010, poco prima del derby *superclásico* tra Real Madrid e Barcellona al Santiago Bernabéu, ma l'immagine si ripete in qualsiasi campo, perché Messi e Alves si riscaldano sempre insieme, e cercano sempre una zona del campo per farlo. Serata piacevole, una leggera brezza, la primavera allo stato puro. E lo è anche il calcio, perché ciò che si vede è la perfezione: iniziano con dei tocchi al pallone al volo, senza che questo sfiori l'erba. Quando la palla si muove ormai veloce rasoterra, Messi cerca di controllare con la mano un rimbalzo che la fa impennare. Ma, nonostante il suo compagno Carles Puyol nel marzo 2012 lo abbia immortalato in una foto nella quale distende il braccio, con uno stile invidiabile da portiere, per deviare un tiro che sarebbe stato gol, Messi mostra che i suoi piedi sono molto meglio delle sue mani: la palla gli scappava, non riusciva a controllarla, ma l'argentino sistema tutto con un tocco di piede. Doma il pallone, lo solleva sulla testa, fa un giro su se stesso, lo ritrova e lo spedisce al miglior destinatario possibile: Alves. Che la palla danzi tra di loro non è solo divertimento per i due, è bello anche per il Barcellona. Sono infiniti i gol e le giocate pericolose che si sono originate dagli scambi tra il veloce, abile e instancabile terzino destro e l'incontrollabile argentino. Nei loro duetti c'è una buona percentuale dei titoli dell'«era Guardiola», ma anche una solida amicizia. Per questo Alves disse, nelle settimane che precedettero i Mondiali 2010, qualcosa che forse, solo forse, mise in difficoltà Messi: «Maradona nasconde nell'inconscio invidia nei confronti di Messi, e per questo impedisce che il suo successore giunga al massimo livello nella Nazionale argentina». Impensabile, ma reale: un brasiliano che attacca Maradona per difendere Messi.

Tre anni dopo quell'episodio, il rapporto tra i due sudamericani andava avanti col vento in poppa. Il brasiliano aveva avuto una stagione discreta nel Barcellona, ma stava iniziando a spiccare il volo.

«Credo che Messi sia il brasiliano più argentino. Deve essere nato in Brasile e poi cresciuto in Argentina» spiegò tra le risate. «Mi trovo molto bene con gli argentini perché abbiamo la stessa idea di lotta, di "argh" [fa un verso di rabbia, di grinta]; mi identifico molto in loro.»

In quell'intervista alla Ciudad Esportiva, Alves ammise che Messi, pur parlando poco, si fa rispettare nello spogliatoio. «È il posto in cui deve comandare lui, come a casa sua. Ma con uno spogliatoio meraviglioso come il nostro non è necessario che si imponga su nessuno. Tutti sanno quello che devono fare, conoscono le proprie responsabilità.»

La nascita di un figlio, disse Alves, ha aiutato a mettere in luce un Messi diverso. «Sì, soprattutto nella paternità. Nel calcio credo che Messi sia sempre lo stesso, anche se prima non glielo riconoscevano. Pure adesso che ha vinto quattro Palloni d'Oro… dai spegni che ce ne andiamo perché la faccenda non mi è chiara… Credo che sia molto maturato con la nascita di suo figlio e, sicuramente, ciò lo ha reso una persona migliore.»

Malizioso, Alves non elude l'antinomia Messi-Cristiano, e fa uscire bene il suo amico: «Messi è dono, Cristiano lavoro, questa è la differenza. Messi è nato e gli hanno detto che sarebbe stato il migliore del mondo e lo è, non deve lavorare per esserlo. Lavora, ma non ne ha tanto bisogno. Dall'esterno, Cristiano è molto forte, ma ha lavorato parecchio per migliorare ed essere il numero uno. Messi, senza dubbio, lavora in maniera normale ed è il migliore perché è stato toccato da Dio. È un mio umile pensiero, sia chiaro».

Anni dopo un altro brasiliano, Neymar, entrerà nella vita di Messi. Il numero 10 del Santos mise piede a Barcellona con un'umiltà assoluta: arrivava per «imparare» e considerava un «onore» e un «sogno» giocare con Messi.

Eccezionale, perché quella dei brasiliani e degli argentini è una rivalità estremamente forte e che nel calcio si riassume storicamente con Pelé e Maradona…

Anche se prima di loro ci fu Di Stéfano, che i più vecchi continuano a considerare il miglior giocatore di tutti i tempi. E qualche segnale del fatto che lo stesso Di Stéfano si senta in diritto di ritenersi il più grande o, almeno, grande come Pelé c'è, nonostante il brasiliano abbia vinto tre Mondiali e lui nessuno.

Il giornalista spagnolo Enrique Ortego, coautore di *Gracias, vieja*, un libro autobiografico del mito immortale del Real Madrid, raccontò dettagli succulenti su ciò che accadde durante l'incontro tra Di Stéfano e il tedesco Franz Beckenbauer nel marzo 2012. Il mitico «Kaiser» del calcio tedesco doveva ricevere un premio da parte del giornale «Marca» e Di Stéfano lo aspettava nella hall di un hotel madrileno, seduto su una sedia e stringendo un bastone. Che Beckenbauer gli abbia chiesto quel bastone per mostrare il suo swing golfistico non diede tanto fastidio alla «Saetta Bionda», che invece si infuriò quando sentì il tedesco dire: «È un onore per me che lei sia qui, il più grande del mondo di tutti i tempi, lei e Pelé, Pelé e lei».

Di Stéfano, raccontò Ortego, non capì quello che disse Beckenbauer, ma sentì che aveva menzionato Pelé e reagì: «Ma che Pelé e Pelé, chi cazzo è Pelé?».

Di Stéfano aveva le sue ragioni per dire che Pelé non gli stava simpatico. Alla fine, se c'è un ex calciatore a cui piace parlare di se stesso, e sempre in termini positivi e di superiorità sugli altri, questo è Pelé. Santiago Solari, ex calciatore argentino diventato un acuto editorialista del giornale spagnolo «El País», collocò Pelé in una categoria speciale, quella dell'«Egosaurus Rex», nella quale include anche Maradona e il messicano Hugo Sánchez. Non è la strada che scelse Di Stéfano, che non raccolse nemmeno lontanamente tutto il denaro che fece Pelé in decenni di affari non sempre limpidissimi. Il brasiliano è una fonte inesauribile di dichiarazioni, molte delle quali contraddittorie, la maggioranza altisonanti, come quando sottolineò al giornale francese «Le Monde» quali condizioni dovevano essere soddisfatte perché si potesse pensare a un paragone tra lui e Messi: «Quando avrà segnato 1283 gol e vinto tre Mondiali, ne riparleremo».

Ci furono anche elogi all'argentino durante quell'intervista, ma quella frase piacque decisamente poco a Messi, che inoltre si sentì dire che Pelé gli avrebbe mandato dei video per fargli sapere come era il suo gioco. Questa volta Messi non si trattenne. No, accorta e leggermente ironica, la sua risposta incluse anche un accenno a ciò che infastidisce di più il brasiliano: Maradona. «Non ho ancora ricevuto nulla. Ma mi piacerebbe vederlo in azione. Tutti dicono che è straordinario, me lo immagino, perché ha vinto un mucchio di cose. Ma non l'ho mai visto giocare, mentre Diego sì» disse in un'intervista a «France Football».

La cosa migliore sarebbe stata parlare con Pelé, cercare di capire se ciò che aveva detto l'aveva detto seriamente, per scherzo o una via di mezzo.

«Messi è una figura molto importante per il Barcellona, ma lo sarebbe in qualsiasi altra squadra, perché è un genio del calcio» rispose Pelé quando gli venne posta la doppia domanda che tanti si fanno: Messi sarebbe lo stesso se non giocasse nel Barcellona? E il Barcellona sarebbe la stessa squadra senza Messi?

Non fu troppo generoso quando gli domandarono se fosse o meno d'accordo con quanto i calciatori e gli esperti ripetono estasiati: nessuno, nella storia, ha combinato la velocità e la precisione di Messi. Pelé stempera questa analisi: «Messi è un giocatore veloce, ma più importante è il controllo di palla. Molti altri hanno avuto la sua stessa abilità: Cruijff, Di Stéfano, Zico, Maradona o George Best».

Pelé è un po' stupito dalla «timidezza» di Messi e dal fatto che conceda poche interviste, anche se fa notare che è «molto gentile». Ma a quel punto il brasiliano sconcerta nuovamente, spiazza l'intervistatore proprio come faceva con i suoi avversari, perché si arrende pienamente al talento di Messi: «Come giocatore non gli manca niente, solo l'altezza per essere un buon colpitore di testa». E un'altra strizzata d'occhio a Messi: «Non è necessario vincere un Mondiale per dimostrare di essere un grande giocatore, Di Stéfano non è mai stato campione del mondo».

«Ma allora... Non aveva detto che Messi avrebbe potuto iniziare a parlare con lui solo quando avesse vinto tre Mondiali e segnato 1283 gol?» Pelé, che nell'ottobre 2013 pubblicò un libro autobiografico intitolato proprio *1283*, non si scompone: «Sono battute tra idoli».

XIX

L'argentino

Il Buquebus naviga a piena velocità tra le scure acque del Río de la Plata. Vicino al finestrino del traghetto che collega l'Uruguay con l'Argentina, Lionel Messi ha lo sguardo perso verso l'orizzonte. Si sente leggero come una piuma. È contento, sollevato ed emozionato allo stesso tempo. Suo padre Jorge gli siede accanto.

Il silenzio di padre e figlio, che non hanno l'abitudine di perdersi in grandi conversazioni, viene interrotto da Hugo Tocalli. È evidente che l'allenatore della Nazionale argentina Under 20 ha qualcosa da dire prima di arrivare al porto di Buenos Aires. «Leo aveva appena giocato le sue due prime partite con noi» ricorda Tocalli. «Stavamo rientrando da Colonia del Sacramento, dove avevamo battuto la Nazionale locale 4-1 in una partita amichevole. Messi aveva segnato due gol. Mi sedetti accanto a loro per dirgli che l'avrei scelto perché si allenasse con l'Under 20 per tutto il dicembre del 2004. Serviva da preparazione al Campionato Sudamericano, utile per le qualificazioni al Mondiale di categoria del 2005. Quando glielo dissi, Leo mi rispose con un grande sorriso. Il suo sogno si stava realizzando.» Finalmente, si potrebbe aggiungere.

I primi passi della Pulce con la maglia albiceleste sulle sue gracili spalle risalgono al giugno 2004. Un video con le sue prodezze girava da mesi all'AFA. Gli agenti di Leo avevano fatto arrivare il video dell'adolescente prodigio a Claudio

Vivas, l'assistente dell'ossessivo e rigoroso Marcelo Bielsa, il commissario tecnico argentino. Horacio Gaggioli afferma che «Messi allora era nel radar della Nazionale spagnola». Fabián Soldini conferma questa informazione: «È vero. Leo era stato convocato dalla Nazionale spagnola Under 16. Mi disse: "Ma neanche morto". Rifiutò la convocazione, ma la Federazione spagnola non si diede per vinta. Per cercare di abbindolarlo, inviarono un messaggero. Si trattava di Amador Bernabéu, un dirigente del Barça che è anche il nonno di Gerard Piqué, suo compagno di squadra. Ma Messi rispose nuovamente di no».

Hugo Tocalli, allora uno dei responsabili delle Nazionali giovanili argentine, visionò il famoso video, ma senza prestargli troppa attenzione. «Non mi resi conto del fenomeno» riconobbe in seguito. «Alcune settimane dopo, durante il Mondiale Under 17 in Finlandia, perdemmo nelle semifinali [3-2] contro la Spagna di Cesc Fàbregas, che ci fece due gol. Fàbregas giocava nella stessa squadra di Messi, il Barcellona. Alla fine della partita i giornalisti spagnoli mi chiesero come mai non avessi convocato Messi. Non se lo spiegavano. Dato che furono molto insistenti mi vidi con alcuni vecchi amici della Nazionale spagnola per saperne di più. Tutti mi dissero che era un fenomeno. Di ritorno a Buenos Aires guardai nuovamente il video. Parlai con Julio Grondona, il presidente dell'AFA, il quale mi disse di organizzare il prima possibile qualche partita amichevole per evitare che gli spagnoli ce lo rubassero.»

Tocalli, uno dei collaboratori più vicini a José Pékerman, il grande responsabile di un decennio dorato per le giovanili argentine, un lavoro andato sprecato anni dopo, obbedì. «Trovammo il suo numero di telefono e lo chiamammo per dirgli che lo avremmo convocato» continua. «Mi ricordo perfettamente il giorno in cui arrivò a Ezeiza [il centro d'allenamento delle Nazionali argentine]. Lo accolsi nel mio ufficio. Era timido, non apriva bocca, ma mi guardava fisso negli occhi. Gli spiegai che temevamo che gli spagnoli lo selezionassero. Mi interruppe per dirmi, sicuro di se stesso: "Sono argentino. Voglio giocare nella Nazionale del mio paese. È il mio sogno". Il giorno successivo, durante il suo primo allenamento, mi resi conto di quello che avevamo per le mani. Per l'occasione lo elevammo di categoria. Lui, che era nato nel 1987, giocava con la classe del 1985 ed era il migliore di tutti. Di fatto, lo mostrò durante le due prime amichevoli, contro il Paraguay, partita vinta per 8-0, e contro l'Uruguay, 4-1. E anche dopo, durante il Campionato Sudamericano del 2005, in Colombia [l'Argentina arrivò terza], nel corso del quale segnò cinque gol, e soprattutto nel Mondiale Under 20 di quello stesso anno. In Olanda, nonostante i suoi due anni in meno, fu colui che ci fece vincere il titolo. Fu eletto miglior giocatore del torneo, del quale fu capocannoniere. In Argentina ci furono molte polemiche per sapere se fosse argentino o spagnolo. Alcuni pensano che non ami l'Argentina, ma sono sciocchezze. È argentino, vuole la maglia albiceleste e darebbe qualsiasi cosa per indossarla. La Spagna gli ha permesso di crescere sia in senso letterale che figurato, così come di ottenere una stupenda formazione come giocatore.»

È vero, Leo deve molto a La Masia. Furono parecchie le stagioni durante le quali ogni giorno spinse la porta di ferro battuto del centro di formazione del club. Una porta sulla quale è inciso lo scudo dell'FCB. Alla sua destra poteva contemplare il Camp Nou, quella gigantesca nave spaziale appoggiata sulla spianata del quartiere Las Cortes. Uno stadio capace di accogliere 99.354 spettatori, per l'esattezza. La Masia è parte della storia del club.

In Catalogna le *masias* erano piccole fattorie utilizzate dagli agricoltori che coltivavano terreni vicini. Quando i proprietari del club comprarono le terre per costruire lo stadio, questa *masia* non fu abbattuta. Prima fu occupata dagli architetti dello stadio. Lì, per esempio, si costruì il modellino del Camp Nou. E quando questo venne inaugurato, il 24 settembre 1957, La Masia si trasformò nella sede sociale del club. Nel 1979, il presidente Josep Lluís Núñez decise di dargli una nuova funzione e utilizzarla per ospitare i giovani giocatori del centro di formazione che non risiedono a Barcellona. Nei 610 metri quadri dell'antico casolare ci sono un immenso salone, una biblioteca, uffici, camere per dodici persone e spogliatoi. È un posto piacevole in cui vivere.

Leo ci andava tutti i giorni, ma non passava lì la notte.

«Anche se non ci dormivo, per me era come una seconda casa» dichiarò a «Mundo Deportivo». «Ho spesso mangiato lì e mi allenavo fino a fine giornata.» Prima di pranzo, la mattina Leo era obbligato ad andare a lezione, nella scuola Juan XXIII, con tutti i suoi compagni. «Non studiava molto,» ricordò uno dei suoi professori al «País» «faceva giusto il necessario. Non era un ribelle ma si notava che non era nato per la scuola.» No, Messi era nato per giocare a calcio. E a La Masia avrebbe scoperto una filosofia molto singolare. «Qui non formiamo calciatori, ma uomini che giocano a calcio» afferma Andoni Zubizarreta, ex portiere della Nazionale spagnola (126 partite) e attuale direttore sportivo del Barça. «Per un motivo molto semplice: ci siamo resi conto che da quando ci occupiamo prima di tutto delle persone, il processo di formazione del calciatore è molto più solido.» Joaquim Rifé aggiunge: «Non bisogna dimenticare che La Masia è soprattutto una scuola. E a scuola si impara, non si vince. Gli allenatori hanno la missione di formare giocatori e non di vincere partite».

Le squadre delle categorie giovanili del Barcellona hanno la fama di praticare un gioco molto ricercato, fatto di passaggi e tecnica. Effettivamente sviluppano lo stesso schema tattico della prima squadra. «A La Masia, la prima dote che ricerchiamo in un giocatore giovane è la sua intelligenza calcistica» spiega Albert Benaiges, ex coordinatore delle giovanili del Barça. «Deve anche possedere una buona tecnica. La sua altezza e la sua corporatura non ci interessano. Xavi, Iniesta, Pedro e Messi sono la prova che non abbiamo mai cercato giganti. Il nostro segreto è il lavoro, lavoro e lavoro. A differenza degli altri centri di formazione, non facciamo preparazione fisica prima dei sedici anni.» Guillermo Amor, che entrò a La Masia nel 1979 e fu il primo a trionfare in prima squadra, insiste nella cura dell'aspetto tecnico di questa formazione: «Lavoriamo molto sul controllo, sui passi, sulla velocità del gioco, sul possesso palla e sul desiderio di controllare noi la partita». Tutte le categorie del Barça seguono lo stesso schema. «In questo modo, quando arrivi alla prima squadra non ti senti spaesato, sai come giocare, dove posizionarti in campo, è molto rassicurante» conferma Leo.

Messi è un puro prodotto della Masia, ma essersi formato qui non lo ha fatto diventare un giocatore spagnolo. «A La Masia i calciatori si automatizzano. Tutti eccetto Messi. Normalmente, lì ricoprono in posizioni diverse per capire meglio il gioco. Tutti tranne lui. Leo conosce la filosofia, ma gioca in modo differente. Fa a modo suo» analizza Ramón Besa.

«All'inizio avevo difficoltà a lasciare il pallone e mi fecero capire che era necessario che giocassi un po' di più con i miei compagni» conferma Leo alla rivista argentina «El Gráfico». «Non fu semplice, sono un testone. Ho imparato molte cose in Spagna, ma mai hanno cercato di cambiarmi. E mai ho cambiato il mio modo di giocare, è così da quando ero un bimbo.» Joaquim Rifé, che si trovava ai bordi del campo numero 3 del ministadio durante la prima prova di Leo, condivide questa opinione: «Gioca nella stessa maniera di quando lo vidi la prima volta. Non è cambiato. Il calcio è istintivo per lui. In campo è molto intelligente. Ha una lettura perfetta del gioco. Conoscendo alla lettera lo stile e la filosofia del Barça, sa esattamente quando la difesa avversaria comincia ad aprirsi e quando può accelerare». Messi si sente a suo agio nel Barça, ma ciò che lo rende diverso è quello che imparò in Argentina. Non è un caso che sia nato a Rosario. «Il suo talento» afferma Tocalli «non gliel'ha dato La Masia. È molto argentino nel suo modo di stare in campo. C'è molto del *potrero* in lui.» Il *potrero* forma parte del DNA dei calciatori argentini. Si tratta di un terreno incolto sul quale i bambini sviluppano la propria tecnica, arguzia e istinto competitivo. Su questo tipo di terreni improvvisati passano ore a tirare calci a un pallone e a forgiare il loro carattere. In Argentina è la tradizione, i più grandi giocatori affermano di essere figli del *potrero*. E Messi «ha molta arguzia nel suo gioco» aggiunge Tocalli. «Gli piace sparire per riapparire al momento giusto. Se ne va con la testa bassa verso un lato del campo, lascia che si dimentichino di lui e di colpo accelera.» Il difensore Jean-Alain Boumsong dichiarò a «L'Équipe Magazine»: «Se lo segui con gli occhi diventi matto. Può capitare che in un momento nella mia zona sia tutto tranquillo e che non ci sia nessuno, e all'improvviso entra Messi. Pensavi che stesse dall'altra parte e ti appare davanti al naso. È qualcosa di sconcertante e meraviglioso allo stesso tempo».

Ma l'arma migliore di Messi è indubbiamente la sua esplosività, la sua velocità con il pallone tra i piedi. «Ha una potenza eccezionale. In due passi è già alla massima velocità. Nessuno riesce a stargli dietro. Inoltre, il suo movimento di fianchi è sconcertante e il suo controllo palla è altrettanto eccezionale, è efficace con entrambi i piedi allo stesso modo» analizza Tocalli. «Ciò che ti taglia le gambe è la sua proverbiale accelerazione quando riceve palla» conferma il difensore francese Julien Escudé. «A forza di cambiare appoggi, di accelerare, di frenare, il tuo corpo non ce la fa più. Dopo novanta minuti contro di lui sei paralizzato.» «E, inoltre,» aggiunge Bacary Sagna, un altro difensore francese intervistato da «L'Équipe Magazine» «tocca il pallone quasi a ogni appoggio. È ciò che gli permette di destabilizzarti: cambia direzione quando tu stai ancora cercando l'appoggio.»

Indubbiamente, Messi ha anche chi lo critica o, almeno, persone che tendono a sminuire i suoi doni e attribuiscono i suoi successi a una Liga in cui le difese sono troppo molli. «Messi e Cristiano, se giocassero in Italia, non farebbero più di venti gol a stagione, rigori compresi!» Sono le due del mattino a Doha e a parlare è un campione del mondo. Qualcuno che conosce l'argomento. Alessandro Altobelli è stato attaccante in quell'Italia vincitrice dei Mondiali di Spagna '82, un pedigree che gli ha aperto la strada per diventare commentatore per il canale sportivo dell'araba Al Jazeera.

L'italiano snocciola la sua analisi esattamente nei giorni in cui Messi sta segnando gol a raffica, ma questo dato serve solo per confermare la sua tesi: il numero 10 riceve un certo aiuto dai suoi avversari. «In Spagna, Messi fa la diagonale e arriva fino all'area piccola. In Italia non lo lascerebbero entrare. Il campionato più competitivo è quello italiano, dove le grandi squadre possono perdere con le più piccole.»

«Spillo», questo il suo soprannome negli anni in cui giocò all'Inter, nella Juventus e nel Brescia, lancia un'occhiata all'animato Souq Waqif della capitale del Qatar, forse l'unico posto in cui c'è vita notturna a Doha a quell'ora, e manda un consiglio a Messi: «Se un giorno decidesse di giocare in Italia, dovrebbe andare al Napoli, perché lì darebbero la vita per lui. Al Nord è diverso».

Asier del Horno vede le cose in modo diverso da Altobelli. Messi conobbe l'esterno sinistro spagnolo nel febbraio 2006, durante una fredda notte dell'inverno londinese. Allora difendeva i colori del Chelsea allenato da Mourinho. I «Blues» ospitavano il Barça sul prato di Stamford Bridge nella partita di andata degli ottavi di finale della Champions League. Il difensore, che trovò un Messi scatenato, visse un calvario. «Il nostro allenatore ci aveva preparati minuziosamente alla partita per contrastare il gioco del Barça» ricorda Asier nel libro *Messi, el niño que no podía crecer*. «Ma questo non impedì a Messi di farci girare la testa da subito. In seguito, al trentottesimo minuto, dopo aver fatto un tunnel a Robben vicino alla bandierina del corner, cercai di fermarlo e cadde, facendo una capriola. L'arbitro mi diede il rosso. Messi fu bravo, esagerò nella maniera giusta, perché lo toccai appena. La sua arma migliore è il controllo di palla: va molto veloce con il pallone tra i piedi. I suoi appoggi, i suoi cambi di direzione spesso sorprendono il difensore.» Insomma, Messi in Europa è incontrollabile. È inarrestabile, troppo veloce, troppo esplosivo per i difensori avversari. Ma in quel periodo in cui non era capace di mostrare questa temibile efficacia vestendo i colori del suo paese, molti connazionali credevano che Messi non fosse abbastanza argentino. Che non sentisse «la maglia».

A Barcellona, invece, nessuno si preoccupa del suo passaporto. Zubizarreta, direttore sportivo del Barça, definisce Messi con una frase a effetto: «È un rosarino che gioca nel Camp Nou». Messi vive sulla costa mediterranea nella Little Rosario. Mangia argentino, ascolta la cumbia, musica popolare argentina, guarda le partite del campionato argentino e non ha perso l'accento né le espressioni tipiche del suo paese.

«Messi trascorre molto tempo con la sua famiglia» commenta Minguella, l'agente che gli aprì le porte del Barcellona. «Non parla spagnolo, parla argentino, che dico... rosarino! Se potesse portare Rosario a Barcellona non ci penserebbe due volte.» Nessuno lo mette in dubbio. «Sconcerta i suoi connazionali» aggiunge Joaquim Rifé «perché non è logorroico come loro. È discreto, introverso, al contrario dell'immagine che gli argentini hanno di loro stessi.» La mancanza di comprensione fu per molti anni totale tra il figliol prodigo e ciò che lui considera la sua famiglia, ovvero la sua patria. Álvaro Abós, un famoso scrittore argentino, decise in quegli anni difficili di utilizzare la sua penna migliore per difendere il giocatore dalle incomprensioni dei suoi connazionali: «Messi è l'argentino diverso. Se un argentino è un italiano che parla la lingua di Castiglia, Messi è uno degli argentini che potrebbero essere inglesi o olandesi. È difficile delineare questi tratti senza cadere nei pregiudizi o nei cliché. Da questo punto di vista, un argentino (o forse bisognerebbe dire un abitante di Buenos Aires) da caricatura è un tipo prepotente, delinquente, piagnucolone, astuto, ingannevole e che urla. Sembra un personaggio qualsiasi della commedia italiana ... Al contrario, Messi è un argentino tranquillo, volonteroso, misurato, silenzioso e dignitoso, umile e sereno ... Alcuni tifosi argentini gli si oppongono. Esprimono l'essere selvaggio che impera nel mondo del calcio argentino, che è territorio di corruzione e violenza. Negli ultimi anni, sui campi da calcio, sono morti trecento argentini in risse feroci o uccisi a colpi di pistola. Per coloro che hanno rovinato il calcio argentino, e anche per qualcun altro, inclusa la sorprendente Vanessa Sabella, la figlia dell'allenatore della Nazionale argentina, Messi è un "senza palle"».

A Leo, il bambino di Rosario cresciuto a La Masia, adottato dalla Catalogna e quattro volte vincitore del Pallone d'Oro e di quasi tutti i titoli che un giocatore sogna, resta soltanto una cosa per essere lasciato in pace dai suoi connazionali: vincere il Mondiale. Come Diego Armando Maradona.

XX
Gli imparagonabili

È il primo ad arrivare. Alle otto e mezzo di sera, Lionel, accompagnato da suo padre, da suo zio Claudio Biancucchi e da suo cugino Emmanuel, entra discretamente negli studi di Canal 13. Viene immediatamente accompagnato in un camerino della grandezza di uno spogliatoio. C'è un buffet con di tutto da mangiare e da bere. Ciononostante, Leo non ha fame. «Sto tremando» dice ai suoi familiari. I minuti passano e Messi riesce a rilassarsi un po' pensando agli autografi e alle foto che potrà chiedere ai suoi idoli. È allora che Diego Armando Maradona apre la porta bruscamente senza presentazioni. Leo resta di pietra, paralizzato. Maradona è affascinante, sembra un padre protettivo. Lo tranquillizza e se ne va velocemente, perché deve preparare il programma. «Non ci fu nemmeno il tempo di chiedergli un autografo» dirà in seguito Messi. Quell'agosto 2005, Lionel aveva appena compiuto diciotto anni. Ha giocato solo poche partite con il Barcellona. Alla stessa età, Maradona era già una stella in Argentina. Con la maglia dell'Argentinos Juniors faceva tanti gol e dava spettacolo ogni domenica.

Messi non è abituato allo show business, ai fronzoli e ai lustrini. E ancor meno a trovarsi in quella fossa dei leoni, cosa in cui si può trasformare uno studio televisivo con la presenza di Diego Maradona. Leo è uno degli invitati del programma *La noche del 10*, presentato da un Maradona ritornato, in piena forma, in prima linea.

Alcune settimane prima Lionel aveva dominato il Mondiale Under 20 disputatosi in Olanda. Grazie a lui e ai suoi sei gol, l'Argentina aveva vinto un torneo che, per loro, gode di una grande tradizione. Maradona lo vinse nel 1979 in Giappone, con César Luis Menotti allenatore. E, come Maradona nel 1979, Leo fu eletto miglior giocatore della competizione. Dopo la vittoria sul Brasile per 2-1 con un gol di Messi, Maradona chiamò la giovane stella per congratularsi. Era la prima volta che i due si parlavano. «Fu un giornalista della "Gazzetta dello Sport" che lo conosceva bene a passarmelo al telefono» ricorda Leo. «Diego mi chiese: "Come va, campione?". Parlammo per qualche minuto, ma prima di riattaccare gli dissi che mi avrebbe fatto piacere conoscerlo.» Maradona, che non ha la memoria corta, si impegnò per realizzare il suo sogno.

Il grande giorno alla fine era arrivato. Quando si alza il sipario Diego presenta il suo ospite come «il futuro del calcio argentino». Messi, con i capelli lunghi che gli cadono sugli occhi e sulle spalle, gli risponde con un timido sorriso. Tra l'idolo e la futura stella il dialogo non è dei più fluidi. Quando Maradona gli chiede se i difensori della Juventus lo avevano maltrattato molto durante il recente Trofeo Gamper a Barcellona, il ragazzo risponde: «Era un'amichevole, però me l'hanno fatta sudare». Nient'altro.

Maradona, istrionico come un bravo presentatore italiano, non si dà per vinto. Cambia argomento. Sa che hanno un punto in comune. Entrambi hanno giocato la loro prima partita in Nazionale contro l'Ungheria. Maradona il 27 febbraio 1977, a sedici anni; Leo il 17 agosto 2005, a diciotto. La differenza tra i due è che la partita di Messi durò poco. Rimase in campo solo 47 secondi prima di essere espulso con eccessiva severità per una gomitata involontaria. Diego gli chiede della partita giocata qualche giorno prima. Messi si apre un pochino di più: «Sono entrato e uscito. L'arbitro mi ha fatto uscire di testa. Avevo una voglia di insultarlo...». Maradona cerca di interromperlo: «Quel cartellino rosso...». Ma Messi è lanciatissimo: «Non credo che l'arbitro sapesse che si trattava del mio debutto. E io non ho usato il gomito. Volevo solo allontanare il difensore per poter continuare la mia azione. Ormai è andata. Avrò altre occasioni, visto che sono stato convocato per la prossima partita della Nazionale». Per terminare bene la serata, Maradona e Messi si sono ritrovati, con maglietta e pantaloncini, in un campo di calcio-tennis. E, per gli amanti degli aneddoti, la coppia Messi-Tévez ha stracciato la coppia Maradona-Francescoli. Quindi il primo incontro tra Diego e Lionel ebbe luogo davanti a milioni di telespettatori argentini. Il programma fu un successo ed ebbe una grande audience, che raggiunse il 34,1 per cento di share.

Dopo il primo incontro, i due argentini si resero conto che non avevano molto in comune, eccetto un considerevole talento calcistico. A parte il fatto di essere entrambi mancini, essere alti meno di un metro e settanta (1,65 Maradona e 1,69 Messi) e condividere la stessa nazionalità, sono diversi in tutto il resto. La loro storia, la loro infanzia, il loro carattere, il loro stile di gioco, niente è paragonabile. È vero che i due conoscono bene Barcellona. È proprio in Catalogna che entrambi hanno iniziato la propria carriera in Europa, ma come afferma Lacueva: «Maradona cercò e trovò la Barcellona peggiore, mentre in questa città il padre di Messi cercò sempre il meglio per suo figlio».

Far arrivare Maradona al Barcellona non fu per niente semplice. La telenovela del «passaggio del secolo» fu lunga e sofferta per tutti gli interessati, perché Josep Lluís Núñez, allora presidente del Barcellona, è un uomo testardo; Jorge Cyterszpiler, un agente molto esigente; e i presidenti del Boca Juniors e dell'Argentinos Juniors, dirigenti che volevano ottenere il massimo del profitto dalla giovane stella. Tutto questo senza considerare la guerra per la proprietà del numero 10 che vedeva schierate le due squadre argentine, dato che Maradona apparteneva in maggior percentuale alla società in cui era cresciuto, ma era anche in parte del Boca. In sintesi, la trattativa non fu facile. Il Barça aspettava il suo messia dal maggio 1980, data in cui presentò la prima offerta. Ma quell'anno, la giunta militare argentina si oppose alla partenza del proprio gioiello migliore, poiché ogni domenica le magie di Maradona permettevano ai tifosi di distrarsi dalla situazione politica.

Anche Messi lasciò un paese in crisi economica e finanziaria dal quale ogni settimana partivano verso il Vecchio Continente migliaia di argentini in cerca di lavoro. L'Argentina non fece niente per trattenerlo.

Fino al 4 giugno 1982 Maradona non diventò ufficialmente un giocatore del Barça, due anni dopo l'inizio delle trattative. Il passaggio fu storico, perché mai un club aveva speso così tanto per un calciatore. Il Barça sborsò 10 milioni di dollari affinché il "Pibe de Oro" firmasse un contratto di sei anni. Messi sbarcò a Barcellona a tredici anni e nell'anonimato più assoluto. A differenza di Maradona, non ha mai giocato nella prima divisione argentina. È, per questo, un caso unico nella storia della Nazionale albiceleste: quando riceve critiche, non ha la protezione di nessuna tifoseria. Gonzalo Higuaín può contare su quella del River Plate, Sergio il «Kun» Agüero su quella dell'Independiente, Carlos Tévez del Boca Juniors, come Maradona, che non aveva ancora compiuto ventidue anni quando atterrò a Barcellona.

Giunse accompagnato dal suo agente e dalla sua fidanzata, Claudia Villafañe. Si trattò di un momento speciale per lui, stava abbandonando Buenos Aires. Era il suo primo vero cambiamento. Scoprì il Vecchio Continente. Si trattava di un ambiente e di una cultura nuovi. Per Maradona fu un grande salto, così come per Messi. Ma la Pulce era circondato dalla famiglia e non fece mai parlare di sé; Maradona, invece, si fece notare subito. Passò i primi quattro mesi in uno degli hotel storici di Barcellona, l'Avenida Palace, e già allora era circondato da un gruppo di esaltati, amici argentini arrivati per fare festa e approfittare della generosità del loro amico. Ai barcellonesi non piacque questo lato spericolato e da arricchito di Diego. E ancor meno ciò che fece con il suo casolare di Pedralbes, dove alla fine si trasferì. I tre piani e le dieci stanze erano eccessivamente lussuosi; e che dire dell'acquasantiera su cui fece aggiungere lo stemma del Barcellona? Le cose per lui non erano semplici, perché fin dal primo momento dovette giustificare sul campo il proprio ingaggio. Per Messi fu il contrario: tranquillità e anonimato.

I due personaggi conobbero diverse fortune a Barcellona. Diego scoprì la cocaina e la sua vita cambiò. Si ammalò non appena arrivò (epatite) e poi s'infortunò a causa di un fallo brutale del «poco delicato» Andoni Goikoetxea, e non riuscì mai a imporsi in Catalogna. Ciononostante, in due stagioni segnò 38 gol in 58 partite; ma non fu sufficiente, e fu costretto a uscire dalla porta di servizio. Messi, invece, è cresciuto in un ambiente tranquillo, e il suo carattere, più introverso, è molto più vicino alla mentalità catalana. I catalani non l'hanno mai considerato uno che approfitta delle situazioni. Al contrario, lo vedono come uno di loro, per questo verrà sempre protetto. Il Barça gli permise di crescere e svilupparsi fino a imporre il suo calcio per diventare il miglior giocatore del mondo. È adulato e pochissimi se lo immaginano con altri colori addosso.

A Barcellona, Maradona fece vedere sprazzi di grande calcio, ma è nel Napoli che diventò immediatamente un eroe. La leggenda dice che vinse da solo nel Sud Italia, ma questa affermazione risulta leggermente esagerata. Ciro Ferrara, Careca, Carnevale, solo per citarne alcuni, erano molto più che semplici soldati al servizio di sua maestà Maradona.

Sorge allora una domanda: Messi sarebbe capace di trionfare fuori, in un club meno prestigioso di quello catalano, come fece Maradona? Nessuno può dirlo. Ciò che è certo è che entrambi sono giocatori fuori del normale e possiedono una tecnica e un fisico che va oltre la media. «Messi e Maradona sono imparagonabili» quasi si offende Fernando Signorini, preparatore atletico personale di Maradona per molti anni e della Nazionale durante il Mondiale del 2010. «È come paragonare Naomi Campbell con Gisele Bündchen. Non ha senso. Paragonarli significa estrapolare le cose dal proprio contesto. Cosa avrebbe fatto Diego in questo Barcellona? Cosa avrebbe fatto Leo nel Napoli di Maradona? Cosa avrebbe fatto Pelé nell'Ajax di Johan Cruijff o Platini nel Santos di Pelé? Non lo sappiamo. In qualche momento della propria carriera questi giocatori trovarono la loro dolce metà. Un club, dei compagni, un ambiente perfetti e con i quali riuscirono a realizzarsi.» Per Signorini, cercare di paragonarli è semplicistico; ma ognuno ha la propria idea in proposito.

«Oltre al loro comune passaggio nel Barcellona e al fatto che entrambi indossino il numero 10 della Nazionale argentina,» afferma Hugo Tocalli «Maradona e Messi non sono paragonabili. Parlando di calcio, Messi è molto più veloce, più esplosivo e ha una ripresa che a Diego mancava.» Paco Aguilar, una delle penne più rispettate e veterano di «Mundo Deportivo», sottolinea le doti di entrambi. Diego faceva cose incredibili, che non avevo mai visto. Era un vero spettacolo. Leo, dal canto suo, ha anche lui qualcosa di diverso: la sua velocità supersonica con il pallone; il suo controllo di palla è eccezionale, microtocchi a enorme velocità. Nessuno è mai stato così veloce come lui e non credo che vedremo nuovamente qualcosa di simile in futuro». Pertanto, entrambi possiedono qualità immense, ma non lo stesso carattere. È fuori discussione. «Maradona era capace di farsi carico della squadra, di motivare i propri compagni, di essere un vero leader nello spogliatoio, cosa che Messi non è» analizza Hugo Tocalli. Qualcosa di simile sostiene Minguella, la persona che permise a entrambi di firmare per il Barça: «Leo e Diego sono molto diversi. Leo non parlerà mai della FIFA, di Che Guevara o di George Bush».

Cinque anni dopo il loro primo incontro avvenuto durante un programma televisivo, i due si trovarono di nuovo sulla stessa barca. E le loro avventure furono seguite anche questa volta da milioni di telespettatori. Ed era ancora Maradona quello che «comandava». Ma il giovane Messi era maturato. Senza dubbio nel 2010 era cresciuto, perché non solo si era aggiudicato il Pallone d'Oro e numerosi titoli con il Barça, ma aveva anche segnato un gol da antologia contro il Getafe (nell'aprile 2007.) Un gol «alla Maradona», una copia di quello che Diego aveva segnato contro l'Inghilterra ai Mondiali del 1986. Un gol che fece di Maradona il nemico pubblico numero uno nel regno di sua maestà britannica.

Entrambi attraversarono il campo per più di sessanta metri con la palla tra i piedi e dribblarono gli avversari prima di spingere il pallone in rete. Realizzandolo, Messi si stava paragonando al maestro, anche se la squadra avversaria e il contesto erano imparagonabili. Tre anni dopo quel gol di Messi al Getafe, i due tennero il paese con il fiato sospeso per molte settimane. Quando, con sorpresa generale, Maradona fu nominato commissario tecnico dell'Argentina nell'ottobre 2008, e Leo incoronato con il numero 10 da Diego nella partita contro il Venezuela nel marzo 2009, molti argentini iniziarono a sognare di vincere il Mondiale, un trofeo che gli sfugge dal 1986, un'eternità per un paese che vive, mangia e sogna calcio.

Quando il Pibe de Oro era un giocatore, metteva tutti d'accordo. L'amore nei suoi confronti era cieco e appassionato; ma la sua immagine si rovinò seriamente quando smise di giocare. Le feste, la droga, i commenti fuori luogo e la decadenza fisica finirono per stancare molti argentini, anche se una cosa deve essere chiara: non si può capire Maradona senza l'Argentina, ma nemmeno si può capire l'Argentina senza Maradona.

Il suo passaggio alla guida della Nazionale fu un fallimento, evidenziato chiaramente nella rovinosa sconfitta per 4-0 contro la Germania nei quarti di finale del Mondiale. Messi finì per piangere sconsolato negli spogliatoi e Maradona fece un'assurda conferenza stampa in cui assicurò che la Germania non aveva messo in mostra una sola «idea» calcistica.

Meno male, potrebbero dire i tifosi albicelesti. Con un paio di idee teutoniche magari avrebbero perso 8-0.

Messi doveva ancora attendere prima di vincere con la Nazionale. È lontano anni luce dalla carriera di Maradona con la Selección, coronata dal titolo di campione del mondo nel 1986 e dalla sorprendente finale del 1990. Nel suo periodo in Nazionale, Maradona, che è più un motivatore che un allenatore, non smise di inviargli messaggi attraverso i mezzi di comunicazione. «Voglio che diventi il miglior giocatore di tutti i tempi» disse un giorno. In un'altra occasione gli chiese di trasformarsi in un leader: «Sarebbe un peccato non affidare la squadra a un giocatore capace di fare una simile differenza».

Alloggiato in una stanza doppia dopo aver fatto abbattere una parete negli appartamenti del campo di allenamento di Pretoria, Maradona visse settimane iperattive nel corso delle quali fu persino appiccicoso nei confronti di Messi, che non smetteva di abbracciare e toccare ogni volta che lo incrociava. Maradona lo chiamava «Lío» (pasticcio), e poco tempo dopo Sergio Batista lo avrebbe chiamato Leonel. Non Leo né Lionel. Forse questo dettaglio poteva far intravedere come gli allenatori argentini non riuscissero a capire in che modo maneggiare il gioiello che avevano tra le mani. Quando Alejandro Sabella divenne commissario tecnico non ebbe difficoltà a pronunciare il nome e il soprannome corretti del giocatore: Lionel, Leo.

L'Argentina superò la prima fase senza problemi. Dopo una vittoria 1-0 contro la Nigeria, sconfisse per 4-1 la Corea del Sud e completò la serie con un 2-0 alla Grecia.

Per quest'ultima partita della fase a gironi, Maradona consegnò la fascia di capitano a Messi. Voleva dargli delle responsabilità, far sì che si superasse. Messi, che è un uomo di poche parole, quasi muto, ha molti problemi a parlare alla sua truppa, ma deve prendere la parola prima della partita. «Fu un momento molto emozionante» ricorda Fernando Signorini. «Volevo abbracciarlo, proteggerlo. Leo era senza rifugio, come fosse da solo davanti alla tempesta. Non riusciva a parlare. Fu la prima volta che gli notai un difetto. Credo che visse quel momento come un'aggressione.»

Ma, per quanto durante la partita il Pibe de Oro stringesse un rosario tra le mani, l'insuccesso contro la Germania arrivò.

«Negli spogliatoi Leo era inconsolabile» ricorda Signorini. «Piangeva a dirotto. I suoi singhiozzi erano così profondi che sembrava avesse le convulsioni. Davanti a un simile sfogo mi dissi due cose. Primo, che era abbastanza preoccupante vedere un giocatore in quello stato dopo una sconfitta. Secondo, che era una persona molto emotiva. Vedere il miglior giocatore del mondo così triste dimostrava che la sua passione per il calcio era intatta, tanto intensa come quella di un ragazzino. E questo, tenendo presente i tempi in cui viviamo, non è così abituale.» Nelle cinque partite e nei 450 minuti giocati, Messi non segnò neanche un gol, anche se il dato è ingannevole, perché ebbe l'opportunità di segnare diverse volte durante il torneo. Il colpevole principale, come detto, fu un portiere, il nigeriano Vincent Enyeama.

Tre anni dopo quella sua prodigiosa prestazione all'Ellis Park di Johannesburg, Enyeama riassunse con modestia quanto successo: «La spiegazione principale è la presenza di Dio accanto a me. Fu lui ad aiutarmi».

Può essere che non stia esagerando, dato che tre delle parate che fece, specialmente la prima su un tiro a giro di Messi da destra a sinistra, furono un miracolo. «No, non ho più visto Messi. Quella fu una grande giocata, ma non so se la migliore della mia carriera» aggiunse il capitano della Nigeria durante una chiacchierata a Fortaleza, nel Nordest del Brasile. Giocatore con molte presenze nel campionato israeliano e poi in quello francese, difficilmente Enyeama avrà di nuovo l'opportunità di trovarsi a frenare Messi con Dio al suo fianco.

Leo non fu, in definitiva, il capo che cercava Maradona. E Maradona non fu il tecnico di cui aveva bisogno Messi. Ciò che Maradona pretendeva – che Messi fosse come lui vent'anni prima – non aveva senso. Messi non è Maradona, il che non vuol dire che non lo ammiri profondamente.

«Voglio scrivere la mia storia» disse Messi a Andy Kusnetzoff in un programma radiofonico argentino nel 2010. «Non mi dà fastidio il paragone, ma possono passare milioni di anni e Diego sarà sempre il migliore di tutti i tempi. Io cerco di rimanere nella storia per ciò che faccio, non perché sono come Maradona.» Poco dopo Maradona rispose: «Spero che arrivi a superarmi, che sia migliore di me perché ne possiede il potenziale. Io non ho avuto molta cura del mio corpo. Non dormivo abbastanza. È capitato di aver giocato una domenica dopo aver passato quattro notti insonni. Lui presta molta più attenzione di me a queste cose. Riposa, non fa bravate».

Dal Mondiale del 2010, i due evitano attentamente di rispondere a domande nelle quali vengono paragonati.

Ma nel febbraio 2011, Diego Maradona, fedele alla sua reputazione, volle mettere i puntini sulle «i». «Mi fanno ridere ogni volta che sento dire che Messi è meglio di Maradona. Solo quando terminerà la sua carriera si potranno tirare le somme e dire "è migliore" o "è stato un grande giocatore". Che continui a scrivere la propria storia, e quando appenderà le scarpette al chiodo decideremo chi, tra Messi e Maradona, è stato il migliore.»

XXI
Il domani

Una berlina nero opaco con vetri oscurati si ferma davanti al municipio di Rosario. Sono da poco passate le dieci di mattina e, in quella fine dicembre 2011, il termometro segna 25 gradi. Lionel Andrés Messi è il primo a uscire dall'autovettura. Appena posa il piede sull'asfalto, un uomo enorme si mette accanto a lui. La missione della guardia del corpo non è impossibile, deve solo accompagnare Messi alla porta del municipio, situata a una decina di metri da lì. In quel breve percorso i fotografi e i cameraman gli formano un corridoio d'onore. Applaudono con i flash. La scena viene trasmessa in diretta dalle televisioni locali e nazionali. I giornalisti, microfono alla mano, raccontano ogni passo della stella prima che sparisca nell'edificio.

Alcuni minuti dopo, Leo prende posto davanti a un grande tavolo ovale, vicino al sindaco della città, la socialista Mónica Fein. I suoi genitori, i fratelli, gli zii, i parenti più stretti sono tutti lì, nessuno vuol perdersi un solo istante dell'avvenimento. Il sindaco prende il microfono e la cerimonia ha inizio. Messi non indossa un vestito di un grande sarto italiano, né una camicia. È molto informale, con una maglietta bianca con scollo a V. «Siamo contenti di ricevere Lionel Messi, il rosarino più famoso del mondo» dice la Fein. «È una persona che rende onore alla nostra città. Rappresenta valori a cui siamo legati, come il lavoro, il sacrificio, il talento e l'umiltà. Lo dichiariamo, per tanto, cittadino emerito di Rosario e ambasciatore della città nel mondo». Durante il breve discorso, Messi non solleva la testa. I suoi occhi restano fissi sul parquet della sala. È imbarazzato ed emozionato allo stesso tempo mentre un alto funzionario gli consegna un certificato e una medaglia. Messi non ha tempo di dire grazie che i fotografi in prima fila già gli stanno gridando: «Qui, Lionel! Qui, Lionel!». Obbedisce, si mette in posa e sorride in modo gentile, nascondendo la timidezza. Successivamente, il sindaco gli tende il microfono. Leo, nervoso, si aggiusta la maglietta. I discorsi in pubblico non sono certamente tra le cose che preferisce fare; ma si sforza e si lancia in un monologo che dura quasi cinquanta secondi, un'eternità per la Pulce: «Sono davvero orgoglioso. Grazie. Non avrei mai creduto di ricevere un giorno un simile riconoscimento da Rosario. Mi sento onorato, perché per me Rosario è casa, è la mia città, il luogo dove sono nato e dove vive la mia famiglia, e dove tornerò a vivere. Grazie di nuovo!». Queste poche parole furono accolte da un bagno di applausi. Alcuni minuti dopo, davanti ai giornalisti, Leo approfondisce la sua riflessione: «Fin da bambino, il mio sogno è sempre stato giocare in Argentina. Ciò che desidero maggiormente è vivere quest'esperienza e terminare la mia carriera qui, a Rosario, con la maglia del Newell's».

Un anno dopo, Messi tornò a battere sul tema durante un'intervista con un gruppo di giornalisti argentini: «Non so quanto tempo passerà, ma tornerò perché è quello che voglio». Leo aveva appena rinnovato il suo contratto con il Barcellona fino al 2018, quando avrà trentun anni. Davanti ai suoi connazionali spiegò le ragioni per le quali quella blaugrana non sarà l'ultima maglia che indosserà: «Perché non l'ho mai fatto» disse spiegando il suo desiderio di vestire i colori del Newell's. «E voglio giocare nel calcio argentino perché questo significa molto per me.»

Tutto lascia pensare che il salto dal Camp Nou allo stadio Marcelo Bielsa non avrà tappe intermedie. Messi potrebbe seguire l'esempio di Pelé e non giocare in più di un grande club in tutta la sua carriera. Potrebbe essere tanto fedele quanto «O Rei» che rimase diciotto stagioni nel Santos (dal 1956 al 1974). Pelé segnò 643 gol in 656 partite con il club brasiliano. Deve molto al Santos, così come tanto deve il Santos a lui. Fa parte della storia della società ed è lui che ne scrisse le pagine più gloriose. E se anche Messi passasse tutta la sua carriera europea nel Barça? «In Europa non mi vedo giocare in nessun'altra squadra che non sia il Barcellona» ha detto la Pulce più volte. «Voglio rimanere qui il maggior tempo possibile, non riesco a immaginare niente di meglio: mi piace la mia vita qui, mi sento amato e con il Barça so di poter vincere ancora molti titoli.»

«Messi ha ragione a dire così,» afferma Joaquim Rifé «perché sa che ciò che ha ottenuto con il Barça non potrà averlo in nessun altro posto. Secondo me non se ne andrà mai.» Ed è certo che risulta molto difficile immaginarsi Leo in un club inglese o francese. Perché lì? Perché è in quei paesi che gli sceicchi del golfo Persico investono, gli unici con risorse tali da poter pagare un giocatore valutato 250 milioni di euro. «Non me lo immagino in un club inglese» analizza Horacio Gaggioli. «Il cielo grigio, la lingua, lo stile di vita non credo che gli piacciano. Di soldi ne guadagna abbastanza nel Barcellona e, inoltre, non ha alcun motivo per andarsene. Se la decisione dipende solo da Leo sono disposto a scommettere che rimarrà ancora a lungo nel Barcellona. Deve molto a questa squadra, si sente a suo agio, parla la stessa lingua e il clima e il carattere catalano gli vanno a genio.» È come se Messi avesse trovato, nonostante i suoi dubbi iniziali, un club e una città fatti su misura per lui. «Ha incontrato la sua anima gemella» analizza Fernando Signorini. «Essersene andato in Spagna a tredici anni è stata la sua salvezza. È stata la cosa migliore che potesse capitargli. Se fosse rimasto in Argentina, i suoi connazionali lo avrebbero fatto a pezzi. Sono troppo impazienti. La pressione è bestiale. Tutti i club si battono per qualcosa. Per non retrocedere, per qualificarsi per la Coppa Libertadores, per vincere contro il peggior nemico. I goleador non hanno diritto a rimanere in silenzio. I migliori giocatori non hanno diritto a essere cattivi. Dirigenti, tifosi, giornalisti… nessuno è mai contento di niente. Nessuno gli avrebbe dato il tempo di crescere. In Spagna, invece, l'hanno lasciato in pace. È stato protetto, ben accompagnato, ben guidato, e il Barcellona, i suoi dirigenti e i suoi tifosi gli hanno lasciato fare le sue esperienze, con calma. Credo che non se ne andrà mai. Tutti sanno che potrebbe guadagnare molto cambiando squadra, ma non gli interessa. Come dice il proverbio spagnolo: il più ricco è colui che ha meno bisogni. Leo è la prova che il romanticismo non è morto nel calcio; che i valori che trasmette lo sport occupano ancora un posto nella nostra società.» Ciononostante, Besa, giornalista del «País», nutre qualche dubbio rispetto a questa immagine idilliaca: «Se smette di vincere, se smette di divertirsi, è possibile che un giorno se ne vada, perché nel calcio ci sta tutto. Ma, a oggi, Messi ha bisogno del Barça come il Barça ha bisogno di Messi». Sandro Rosell, presidente del Barcellona, non è preoccupato: «Leo è l'unico che non può andarsene. Per lui dovrebbero pagare 250 milioni di euro più tasse: circa 580 milioni».

È certo che il club e il giocatore hanno bisogno l'uno dell'altro, perché grazie al Barça Messi ha battuto precocemente tutti i record. La sua società gli ha permesso di raggiungere il tetto del mondo e la serie di titoli conquistati è lontana dalla fine. Tra i grandi giocatori, nessuno ha vinto come lui alla sua età. Tranne Pelé, tra lui e gli altri c'è una distanza abissale. Alla stessa età, il brasiliano aveva vinto sedici titoli, tutti con la maglia del Santos. Messi ne ha già di più. E cosa dire dei numeri di Alfredo Di Stéfano, Diego Maradona o Ronaldo? Sono molto lontani. Sembrano quasi giocatori di serie B, dato che a venticinque anni avevano vinto solo sette titoli (Ronaldo), cinque (Di Stéfano) o quattro (Maradona). Johan Cruijff ne esce un po' meglio, con otto titoli. La Pulce fa già parte della storia. Ma, per quanto per gli avversari sia lui l'uomo da battere, non avrebbe mai ottenuto tanti successi senza i suoi compagni di squadra e la qualità di Xavi, Iniesta, Piqué, Puyol, Dani Alves o Sergio Busquets, né senza un allenatore come Josep Guardiola. Se per segnare tanti gol è necessario essere ben allenati, l'istinto assassino non si può costruire.

E ancora, negli odiosi paragoni, Messi risulta impressionante. Quando gli consegnarono il terzo Pallone d'Oro, all'inizio del gennaio 2012, lo superava soltanto Pelé. A ventiquattro anni O Rei contava all'attivo 398 gol in 302 partite. Alla fine della stagione 2011-2012, il tabellone di Messi era fermo a 275 gol. In quella stagione batté un nuovo record mondiale segnando 82 gol in 69 partite, tra club e Nazionale. La Pulce, come i suoi predecessori, sa farsi notare nelle grandi occasioni.

Fino ad allora, nelle 18 finali giocate aveva segnato 16 gol. Diabolico. «Ha un'aria gentile, simpatica, ma per realizzare tutte quelle reti devi essere un killer» commentò Michel Platini. «Nel calcio non si vince con la gentilezza.»

Tanti titoli, tante cifre d'impatto, fanno di Messi il migliore o uno dei migliori giocatori di tutti i tempi? La questione suscita un dibattito. Fa scorrere molto inchiostro e sprecare molto fiato. Tutti hanno una propria opinione. Dal tassista sudafricano a Durban, «Maradona fu un soldato dell'Argentina, Messi è sulla buona strada per esserlo», fino al cameriere di un bar alla moda nella thailandese Phuket, «È Dio», passando per César Luis «el flaco» Menotti.

Il veterano ex commissario tecnico argentino ha molta esperienza, e, per quanto abbia dovuto smettere di fumare dopo aver passato cinquant'anni con una sigaretta tra le labbra, mantiene le idee chiare e i piedi per terra: «Per me esistono quattro re: Di Stéfano, Pelé, Cruijff e Maradona» disse al «País». «E aspetto impaziente il quinto. Sarà Messi o nessun altro. La corona gli tende le braccia, ma non la assegneremo dopo sole cinque stagioni. Per ottenerla bisognerà vedere che cosa sarà in grado di vincere in un'altra squadra che non sia il Barcellona e se riuscirà a fare lì quello che Maradona fece nel Napoli, per esempio. Diego trasformò quel modesto gruppo musicale in un'orchestra filarmonica. Messi è un giocatore meraviglioso, senza dubbio oggi il migliore al mondo; ma ancora deve salire qualche gradino per raggiungere il livello degli altri.»

Platini non fa parte degli eletti di Menotti, ma fino al gennaio 2013 il francese condivideva con Messi l'onore di essere l'unico ad aver vinto tre Palloni d'Oro consecutivi. Un traguardo che forse è meno importante di quello raggiunto da Messi – l'argentino se ne aggiudicherà anche un quarto – perché fino al 1995 il trofeo era riservato solo a giocatori europei.

Quanti Palloni d'Oro si sarebbe aggiudicato Pelé che a ventiquattro anni aveva già vinto due Mondiali?

«È per questo motivo che non bisogna cercare di posizionare Messi nella storia» insiste Platini. «È il grande giocatore di questa generazione. Proprio come un tempo ce ne sono stati altri di altre generazioni. I vecchi dicono: "Di Stéfano è il migliore di tutti i tempi". Dopo è venuto Pelé, poi Cruijff e Maradona. Solo nel calcio si paragonano le generazioni. Non si è mai sentito comparare Adriano Celentano, i Beatles o Édith Piaf, ma nel calcio si fa.» Dello stesso parere è Cruijff, il primo giocatore della storia a vincere tre Palloni d'Oro: «Tutti i paragoni sono ridicoli. Se tra Messi e Cristiano Ronaldo mi sembra già ingiustificato, anche se entrambi sono molto bravi, tra Messi e Maradona lo trovo ancora più assurdo. Lasciando da parte il fatto che i paragoni sono odiosi, come si può affermare categoricamente che qualcuno è migliore o peggiore di un altro? E se inoltre i due non sono della stessa epoca né dello stesso calcio, la cosa si complica ulteriormente. Maradona e Pelé erano fenomeni che fecero cose incredibili nella propria carriera. Oggi le sta realizzando Messi. Che la gente si goda il suo gioco e lo lasci tranquillo». Ciò che sorprende e interessa l'olandese è la regolarità del piccolo argentino. «Non si fa mai male» continua. «Tutti i grandi giocatori fanno delle partite buone e altre meno in una stagione. Lui no. Tra 1 e 10 lui non scende mai al di sotto del 7. La cosa difficile non è raggiungere il 9 un giorno, ma non scendere mai al di sotto del 7.» Parlava, certamente, prima di quella strana «primavera messianica» del 2013. Tutte le vecchie glorie del calcio mondiale consacrano il piccolo argentino. Anche Alfredo Di Stéfano, sebbene a volte debba mantenere un certo equilibrio per via del suo ruolo di presidente onorario del Real Madrid: «Leo è il mio giocatore preferito» disse al giornale argentino «Olé». «Quando prende la palla nessuno può togliergliela. Ha senso della posizione, fa buoni passaggi, ha davvero molte, molte qualità e non solo quando è in possesso di palla.»

Se sarà sempre supportato dal fisico, Messi avrà ancora parecchi anni di calcio davanti, assicurano quelli che lo conoscono meglio. «Può conservare le sue eccezionali qualità fisiche per molto tempo,» profetizza Fernando Signorini «perché svolge una vita sana, mangia bene e vive in un ambiente tranquillo. Vi garantisco che Leo non ha fatto niente che possa far parlare male di lui.» Mesi dopo affermerà che, al ritmo che stava tenendo, sarebbe stato un «miracolo» che non si fosse infortunato seriamente prima del Mondiale in Brasile.

«Continua a fare progressi, a far evolvere il suo gioco» aggiunge Hugo Tocalli. «E anche questa è una caratteristica dei grandi campioni. Prima toccava cinque palloni a partita e segnava due gol, adesso è più coinvolto. Chiede palla, si smarca, partecipa molto al gioco.»

Messi, di fatto, si sta completando. Nel 2011, per esempio, ha realizzato 37 assist. Una cifra senza pari in Europa. «Per questa ragione può diventare il quinto re» afferma Menotti. «Ce la farà, perché non smette di fare progressi. Prima, ogni volta che prendeva la palla voleva vincere la partita da solo. Ora no. Il suo gioco si è evoluto, è molto più di squadra.» Ma secondo Pelé, sempre critico nei confronti degli argentini, Messi ha ancora parecchio da dimostrare: «Si dicono tante cose su di lui, ma quando avrà segnato 1283 gol e vinto tre Mondiali ne riparleremo. I record sono fatti per essere battuti, ma non sono sicuro che i miei lo saranno in futuro. Mi piace molto Leo, è un grande giocatore, ma per me ci sono due Messi, quello del Barça e quello della Nazionale argentina».

O Rei prova un certo piacere nel continuare a mettere il dito nella piaga aperta, anche se questa si cicatrizzerebbe di colpo se la Pulce alzasse il trofeo mondiale nella serata del 13 luglio 2014 allo stadio Maracanã: l'Argentina non vince un grande torneo dalla Coppa America del 1993, sebbene abbia conquistato l'oro olimpico ad Atene nel 2004 e a Pechino nel 2008, cosa che il Brasile non è ancora riuscito a fare. È per questa ragione che ha un non so che di ingiusto addossare tutte le colpe a Messi di non aver ancora vinto niente di importante con la sua Nazionale, oltre a quell'oro in Cina e al Mondiale Under 20 in Olanda. Non è Messi quello che non vince, è la Nazionale a fallire. Ma Pelé può dire che alla sua stessa età aveva vinto due Campionati del Mondo; Ronaldo, uno (senza però giocare nemmeno un minuto), due Coppe America, una Confederations Cup e un altro Mondiale con qualche anno in più e come chiaro protagonista.

Messi potrebbe rispondere a Pelé che né Zidane, né Platini, né Cruijff, né Maradona avevano fatto niente, né vinto nulla con la propria Nazionale quando avevano ventiquattro anni. Lo fecero più tardi. Un bell'assist della storia per l'argentino.

Leo ha già detto decine di volte che ancora non ha realizzato tutti i suoi sogni. La teoria afferma che un giocatore raggiunge la sua completa maturazione tattica, fisica e mentale tra i ventisei e i trent'anni. Quando Messi sarà in Brasile per il Mondiale starà percorrendo l'ultimo tratto dei ventisei. Festeggerà il ventisettesimo compleanno durante la fase a gironi, ma sempre con lo sguardo rivolto verso l'appuntamento del 13 luglio.

Se più di sei decenni dopo, il «maracanazo», di cui fu protagonista l'Uruguay, continua a essere un trauma per il calcio brasiliano, risulta relativamente semplice immaginare l'onda d'urto, l'impatto storico, di una Nazionale argentina che vince il titolo mondiale in quello stadio. Si parlerebbe di quel trionfo fino alla fine dei tempi. Messi avrà, senza ombra di dubbio, un'altra opportunità nei Mondiali di Russia 2018, ma il Brasile è l'obiettivo, il momento, la grande e irripetibile occasione.

Per questa sfida Alejandro Sabella ha deciso di affidargli definitivamente la fascia di capitano. Questa volta a Messi non è tremato il braccio. «Sono orgoglioso di esser stato nominato capitano» ha assicurato. «Personalmente, ho vissuto momenti duri con la Nazionale. Mi hanno criticato molto, tanto quanto hanno criticato questa squadra. Attualmente sono io che indosso la fascia e ho voglia, insieme ai miei compagni, di mettere a tacere gli scettici. Voglio vincere un Mondiale. Darò tutto quello che posso per ottenerlo, perché è l'ultimo sogno che mi rimane da realizzare nel calcio.»

XXII

Le turbolenze

Messi si mangiava le unghie e il Camp Nou era attonito. Era la sera di un 1° maggio molto, ma molto strano, il culmine di una stagione che, dopo essere partita a razzo, era giunta alla retta finale con un Barcellona e il suo numero 10 vulnerabili, fragili e disorientati.

I catalani avevano segnato come appuntamento chiave della stagione la finale di Champions League del 25 maggio 2013 a Wembley. Era la partita che volevano giocare a tutti i costi. Ce l'avevano quasi fatta perché erano arrivati alle semifinali, anche se si fermarono a tre galassie di distanza se si osserva il fatto che il Bayern Monaco li eliminò con un punteggio globale di 7-0: 4-0 in Germania e 3-0 al Camp Nou. Fu una serata inimmaginabile quella in cui i tedeschi piegarono gli spagnoli a casa loro e l'allenatore, Tito Vilanova, sembrava non sapere – o volere? – reagire perché non fece cambi fino all'82° minuto, quando ormai tutto era perso.

Il simbolo più chiaro era quello di Lionel Messi che si mangiava le unghie in panchina. Ad alcuni metri da lui, i giocatori del Bayern solcavano come aerei il prato del Camp Nou, e un'inevitabile e pesante sensazione di amarezza, di occasione persa, iniziava a prendere piede tra i 90.000 tifosi del Barcellona in uno stadio colmo. «Pietrificati sul campo e in panchina» sintetizzerà «El País», che riportò quanto successo la settimana precedente a Monaco: «La sera in cui la Pulce saltò in campo e non giocò. Delle undici occasioni in cui tentò di dribblare, solo in due casi gli riuscì. È un dato tanto insolito quanto assolutamente rivelatore della sua poca ispirazione».

Ma quello che accadde in quella «Festa del lavoro» superò la fantasia. La stampa di Barcellona aveva spinto, nei giorni precedenti, l'idea che con Messi il «miracolo» di rimontare il 4-0 di Monaco fosse possibile. Si arrivò addirittura a scrivere che il numero 10 era in ottima forma durante gli allenamenti, e aveva smaltito le conseguenze dell'infortunio patito qualche settimana prima nell'incontro con il Paris Saint-Germain. La verità era un'altra, una verità alla quale difficilmente i media potevano avvicinarsi, dato che era loro vietato assistere agli allenamenti. Un'altra cosa, sì, è credere alla lettera alle parole del club.

La verità era che Messi non stava bene. Alle dieci di mattina di quel mercoledì di festa ancora non aveva la certezza di giocare, ma alle dieci di sera tutta Barcellona si domandava attonita cosa fosse successo, come fosse possibile che l'argentino seguisse dalla panchina la sua squadra che affondava. Un «mistero Messi» nel mezzo della débâcle al cospetto del Bayern Monaco.

«Bene, vediamo cosa riusciamo a fare oggi» scrisse la mattina della partita l'argentino a un connazionale di fiducia. Messaggio laconico, come suo solito. Certamente perché non stava bene e non poteva dirlo, anche se il Barcellona aveva lasciato che si diffondesse nei giorni precedenti la favolosa storia di un Messi che si stava riprendendo a pieno. In parte, spiegherà poi il club per vie informali, perché non era il caso di dare più informazioni del necessario a un rivale che aveva già un vantaggio di tale portata. Ai tifosi che pagarono fino a 300 euro per ammirare Messi, a quelli che portavano per la prima volta i loro figli a vedere il miglior giocatore del mondo, le spiegazioni saranno risultate insufficienti, e l'avviso in ritardo.

Messi aveva realizzato da poco un gran gol contro l'Athletic Bilbao. Con il numero 10 in quella forma, il minimo che si poteva fare era sognare, pensavano giornalisti e tifosi. Il sogno divenne un incubo e lo sconcerto aumentò dopo la partita, quando si capì che il Barcellona provava nostalgia dell'astuzia comunicativa tipica di Guardiola, a breve nuovo allenatore del Bayern.

«Non era infortunato, ma dopo tanti giorni senza allenamento un giocatore non si sente a suo agio» spiegò Vilanova. Ma... poteva giocare o no? Più che chiarire, Vilanova infittì il mistero: «Aveva la sensazione che in quelle condizioni non sarebbe stato d'aiuto alla squadra» aggiunse l'allenatore dei blaugrana, che citò i minuti finali del 2-2 a Bilbao come il momento in cui Messi sentì qualcosa di «strano».

C'era sempre un ostacolo nella carriera di Messi: non era infortunato, ma cresceva la possibilità di non poter giocare e infine decise di non farlo. Semplicemente incredibile.

«Il piano era tenerlo in panchina per vedere se il Barça riusciva a portarsi sul 3-0 e farlo entrare negli ultimi 10 o 15 minuti nel caso in cui non arrivasse il quarto gol» spiegano fonti del club. «Non era infortunato, ma sentiva che rischiava di farsi male con uno scatto o una giocata forzata.»

Un finale di stagione con una squadra distrutta, piena di dubbi e con l'anima smarrita. Tanto che, senza essere infortunato, Messi non entrò in campo per aiutare i propri compagni in una Champions League ormai data per persa.

Incredibilmente, c'era il timore di non essere in grado di vincere la Liga nonostante l'ampio vantaggio sugli avversari.

Quello non era Messi: né quello evanescente di Monaco né quello seduto in panchina a Barcellona. Quello non era Messi.

Quelle due amare notti di primavera nelle quali il Bayern di Jupp Heynckes lo scherzò confermarono lo strano 2013 vissuto dalla grande squadra che aveva dominato negli ultimi cinque anni, la vincitrice di 14 titoli su 19. Quella squadra non era più la stessa, nonostante avrebbe vinto 10 giorni dopo la Liga con 15 punti di distacco sul Real Madrid. Il Barcellona era diventato tanto grande che questo non bastava più.

I «poteri magici» che qualche giorno prima Dani Alves aveva attribuito a Messi non apparvero. L'«incubo tedesco» che lo aveva fatto piangere tre anni prima negli spogliatoi di Città del Capo, stava nuovamente prendendo forma. Varie ragioni furono alla base dell'assenza di Messi: la principale era l'essere arrivato a fine stagione con un eccesso di partite nelle gambe. Quel dosaggio e autodosaggio che si era stabilito con Guardiola non esisteva più. Assetato di partite, di gol e di record, Messi percorse tutta la geografia spagnola fino a realizzare qualcosa di inedito: segnare ai 19 avversari della Liga in altrettante partite consecutive. Il Barcellona dipendeva da lui più che mai. Con Messi a quel livello, era insuperabile. Ma quella sequenza di partite, alle quali si sommavano quelle di Champions League, la fase finale della Coppa del Re e gli impegni con la Nazionale argentina, causò ciò che non capitava da cinque anni: un infortunio. Dopo aver segnato 46 gol in 31 partite di campionato, l'argentino saltò le ultime quattro. I suoi gol furono appena quattro in meno rispetto alla stagione precedente, quando si impose su Cristiano Ronaldo per 50-46. Ancora una volta, i due erano i massimi cannonieri dei principali campionati europei.

L'infortunio di Messi era una pessima notizia per il Barça, che si trovava immerso in una dinamica di crescente «Messidipendenza». Il volto di Vilanova s'indurì quando sentì pronunciare quel termine nella conferenza stampa successiva all'eliminazione per mano del Bayern.

Si voleva sapere se questa dipendenza non fosse cresciuta negli ultimi mesi, stante il fatto che per qualsiasi altra squadra questo «problema» sarebbe stato una «benedizione». A Vilanova non piacque molto la domanda, che liquidò con una spiegazione confusa sul perché a suo dire proprio in quella stagione si dipendesse meno dal miglior giocatore del mondo rispetto a quelle precedenti.

Negli ultimi mesi era stato dimostrato il contrario.

Ottavi di finale di Champions League: all'andata il Milan batte 2-0 un Barcellona che sembra svogliato. Nella partita di ritorno Messi attiva la squadra, realizza il fondamentale primo gol e guida i blaugrana a un 4-0 che li porta nei quarti.

Quarti di finale: dopo il 2-2 al Parco dei Principi contro il Paris Saint-Germain, il Barcellona passa alle semifinali con un 1-1 in casa molto strano. Quel 2 aprile Messi si rimetteva da un infortunio al bicipite femorale della gamba destra procuratosi nella gara d'andata. Saltò la partita contro il Maiorca in campionato e nessuno pensava che sarebbe rientrato in tempo per il ritorno fondamentale contro i francesi.

Passò la partita in panchina, entrò nell'ultima mezz'ora e si mosse quanto bastò per spaventare gli avversari, che arretrando di due passi permisero il pareggio.

Il Barcellona, era chiaro, arrivava in sordina all'appuntamento contro il Bayern. Una frase di Gerard Piqué di quei giorni, «È finita la storia delle continue vittorie dei tedeschi», dimostrò un eccesso di audacia. Piqué non sapeva cosa stava succedendo nella sua squadra? Figura chiave del Barça, Piqué fu uno dei sette centrali impiegati da Vilanova in una stagione in cui la difesa si mostrò vulnerabile come non mai negli ultimi cinque anni.

Lo scarso equilibrio dipendeva dalla squadra catalana, ma c'era un altro problema che andava oltre: la scarsa competitività della Liga. Sia il Barça sia il Real Madrid davano l'impressione di vincere ogni volta che volevano, cosa non così ovvia a livello europeo.

In questo clima di incertezza molta gente iniziò a parlare. Il cuoco Ferran Adrià raccontava ciò che Guardiola, un'assenza decisamente presente, pensava della sua squadra; la stampa iniziava a far circolare l'idea che il club avesse fatto spiare la maggior parte dei propri giocatori attraverso un'agenzia investigativa sotto indicazione di Joan Laporta, che a sua volta criticava la scelta di Vilanova come allenatore.

Le condizioni del tecnico, malato di cancro, avevano segnato il Barcellona. Come comportarsi in un caso simile? Il club decise di aspettare il suo allenatore e di dargli tutte le garanzie, ma durante la sua assenza il controllo di uno spogliatoio dagli ego forti si allentò, oltre all'assenza del capitano Carles Puyol durante i mesi chiave per un'operazione subita a marzo. «Quando il gatto non c'è i topi ballano» riassunse «As».

Il problema dei «topi» è che non possono fare affidamento su un leader, né su una strategia comune. Dopo l'eliminazione a opera del Bayern, Piqué chiese «cambi» e «decisioni», per poi trovarsi ad ascoltare, in una conferenza stampa, una risposta durissima da parte del suo allenatore: «Suppongo che il giocatore che ha detto queste cose non pensava al fatto di poter essere lui un cambio, no?».

La finezza a volte mielosa di Guardiola aveva ceduto il passo a un duro, a un uomo che, nel bene e nel male, misurava molto meno i suoi messaggi.

In quella prima parte della stagione 2012-2013, il Barcellona di Vilanova aveva funzionato come un orologio: subiva molti più gol di prima, ma ne restituiva in maggior numero. Quando partì per New York, tutto iniziò ad andare male, secondo quanto confessò Messi alla messicana Inés Sáinz durante un'intervista per Tv Azteca: «Non è stato facile, perché c'era già stato un cambio dopo l'addio di Guardiola. Quando arrivò Tito stavamo molto bene perché in pratica era rimasto tutto come prima. Ma quando se ne andò lui, a metà stagione, sì che abbiamo notato il cambiamento, non perché Roura o la gente che rimase non fossero all'altezza, ma perché ci mancava l'allenatore "titolare", colui che ci aveva parlato fin dal primo giorno... Non era la stessa cosa».

Xavi, che quando concede interviste abbastanza lunghe per spiegarsi dimostra di avere un gran cervello non solo nella scelta dei tempi, del compagno e della linea di passaggio, andò oltre durante un'intervista con il giornalista di «Sport» Javier Miguel, nella quale le domande furono molto incisive. E, di conseguenza, le risposte ne guadagnarono in qualità.

La teoria principale di Xavi era che non si poteva parlare di «fine di un ciclo», perché allora un anno prima il Chelsea era stato il migliore, iniziando un «ciclo», per aver sconfitto il Bayern nella finale di Champions League. «Su! Non facciamo paragoni! 7-0!» dice il giornalista. «Se guardiamo solo il risultato rimaniamo in superficie. Bisogna analizzare le partite, studiarle, io l'ho fatto. Il Bayern contro di noi si è trasformato, non ha giocato nel solito modo spensierato, hanno approfittato molto della velocità degli esterni, ci hanno pressato, hanno chiuso tutti gli spazi. Sono arrivati alla partita meglio di noi dal punto di vista del ritmo e della forza. Ma il possesso palla è stato nostro, non sono riusciti a dominarci.»

Con questa analisi, Xavi ricordò quelle accuse della «Gazzetta dello Sport» durante gli Europei 2012, quando il giornale definì la Spagna amante della palla e incapace di trovare la profondità, portandola a esempio di «masturbazione tattica».

O quella dell'ex giocatore francese Bixente Lizarazu, che descrisse il calcio spagnolo come «troppo amore e poco sesso».

Vicente del Bosque, allenatore della Nazionale spagnola, abbozzò un sorriso leggermente malizioso – impensabile per lui – quando, settimane dopo, tirarono fuori il tema durante un'intervista nell'opprimente Fortaleza, dove la Spagna stava disputando la Confederations Cup 2013.

«Sarà perché il sesso consiste nel "mettere dentro" il pallone, no? Be', immagino...» disse Del Bosque senza bisogno di aggiungere che la sua Nazionale aveva segnato quattro gol all'Italia nella finale degli ultimi Europei 2012. Se i gol fossero sesso, la metafora sarebbe servita. Ma la Spagna uscirà da quella Confederations senza segnare per 210 minuti: né nella semifinale vinta ai rigori contro l'Italia, ma terminata 0-0, né nella clamorosa sconfitta per 3-0 nella finale del Maracanã contro il Brasile.

Durante quei giorni di caldo e umidità nel Nordest del Brasile, Del Bosque e Xavi parlarono più di una volta di calcio, in particolare del calcio del Barcellona, dato che i punti di contatto tra la Nazionale e la squadra blaugrana sono innegabili. E il credo dell'allenatore e i vizi e virtù del Barcellona avevano dei denominatori comuni significativi. «A volte dico che tutti dovremmo sentirci un po' centrocampisti, che vuol dire avere l'istinto di difendere, di voler costruire il gioco e di attaccare» spiegò Del Bosque, per poi terminare con una frase da prima pagina: «Se schierassimo dieci centrocampisti saremmo ancora più forti».

Il commissario tecnico spagnolo volle chiarire che discute molto di calcio con Xavi e con gli altri giocatori – «come non farlo!» – e, leggendo quello che ha detto il mediano del Barcellona in quell'intervista con «Sport», si capisce perché Del Bosque voglia scambiare pareri con lui.

«Questa domanda è una bastardata» disse Xavi all'intervistatore quando questi gli chiese se il Barcellona antepone il bel gioco al risultato. «In una finale, cosa preferisce? Giocare bene o vincere?» Secondo Xavi, vincere non è sempre la cosa più importante: «Mi ricorderò sempre dell'Athletic di Bielsa, il suo stile, la sua filosofia offensiva, i suoi principi di gioco, ma ti posso assicurare che del Chelsea che vinse due anni fa la Champions non mi ricordo nulla. Non mi piace per niente quel calcio speculativo e che guarda solo al risultato. Non mi diverte, lo detesto».

Xavi continuò a portare avanti questo argomento fino a superare lo stesso César Luis Menotti: «Affermare ciò è tipico di chi guarda solo al risultato» rispose al giornalista quando gli ribadì l'ovvio: nella stagione appena finita, nelle grandi partite, il Real Madrid, il Bayern, il Paris Saint-Germain e anche il Milan si erano mangiate il Barcellona.

«Abbiamo dominato tutte le partite, nessuno ci ha battuti in possesso palla» insistette Xavi riecheggiando un concetto che non dispiacerebbe a Lizarazu e alla «Gazzetta».

Xavi chiese che la Federazione spagnola calcio imponesse la partita secca nella Coppa del Re per evitare il logorio a Barcellona e Real Madrid. «Sono due anni di seguito che perdiamo nelle semifinali di Champions. Non è normale. Quest'anno ci siamo stancati nelle semifinali di Coppa di Spagna, che sono state molto dure. Se continuiamo così è inevitabile arrivare in condizioni peggiori degli altri ad aprile o a maggio.»

XXIII

Il colpo

«Tutto questo viene da Madrid, è una campagna diffamatoria, un giorno ti racconterò quello che c'è dietro.»

Dodici anni dopo aver messo piede per la prima volta in terra spagnola, Jorge Messi era assolutamente ben integrato, perché reagiva come tanti altri a Barcellona e in Catalogna quando qualcosa non funzionava come avrebbe voluto: la colpa non è propria, il problema non è in casa, tutto è dovuto a una cospirazione che arriva dalla capitale del paese.

Jorge Messi inviò vari SMS a chi, in quella turbolenta primavera-estate spagnola del 2013, gli chiedeva cosa stesse succedendo, se era vero che suo figlio aveva evaso le tasse per cifre milionarie valendosi di società fantasma e conti correnti in paradisi fiscali. In molti di quegli SMS parlava di «campagna diffamatoria».

Campagna o no, lo scandalo era scoppiato proprio nel momento in cui il calcio in Spagna era in vacanza, cosa che permetteva di guadagnare spazio sui giornali. Mentre Víctor Valdés, Gerard Piqué, Jordi Alba, Xavi, Andrés Iniesta, Cesc, Pedro e David Villa erano impegnati nella Confederations Cup in Brasile e si scontravano con Neymar, il nuovo grande acquisto blaugrana, Messi visitava lo showroom di Dolce&Gabbana a Milano e volava successivamente in Guatemala per un'amichevole.

Fu il suo ultimo sprazzo di «frivolezza» pubblica, perché il 13 giugno il giornale «El Mundo» titolò in modo incisivo a piena pagina: *Messi infanga la sua immagine con una storia di evasione*. Una foto di Messi a testa bassa all'aeroporto di La Aurora, a Città del Guatemala, accompagnava il titolo.

Il contesto non lo aiutava, perché la Spagna stava vivendo già da tempo una crisi di grandi proporzioni, con l'economia in recessione e un tasso di disoccupazione superiore al 27 per cento. Quindi, puntare il dito come evasore fiscale contro una stella dello sport andava bene a tutti: ai media, perché la storia era in linea con le richieste dei lettori indignati, e al governo, perché inviava il potente messaggio che in periodo di crisi non esistono privilegi, men che meno per i milionari. O forse non era così, perché molti segnalarono che non poteva dirsi lo stesso per il primo banchiere di Spagna e uno dei più importanti al mondo, Emilio Botín, a capo del Banco Santander.

«Ci sono due pesi e due misure» scrisse in un blog del giornale catalano «La Vanguardia» il giornalista Albert Castillón. «A Emilio Botín, a suo fratello Jaime e a tutti i suoi figli, il Fisco ha concesso il tempo necessario per poter regolarizzare la loro posizione quando fu trovato un conto in Svizzera con più di due miliardi di euro. Pagarono duecento milioni di euro ed evitarono il reato di evasione; di fatto si trattò di un'amnistia fiscale non dichiarata. Il caso di Botín ebbe poca eco mediatica, la notizia della presunta frode di Messi ha fatto il giro del mondo e le cifre della supposta evasione sono cinquanta volte inferiori a quelle di Botín.»

Secondo quello che sostiene il giornalista, che giura di essere «libero, provocatore, verace e impegnato», nel suo blog, il governo utilizzò politicamente il «caso Messi».

«Come si può permettere che il Fisco spagnolo prenda capi espiatori a caso per raccogliere tasse attraverso la paura, al posto di abbassare l'aliquota fiscale del nostro paese, una delle più alte al mondo? Messi pagava la più alta: il 56 per cento di quanto guadagnava andava al Fisco. In queste condizioni, tutti quelli che raggiungono queste cifre cercheranno sempre di evadere. Come residente di Gavá, ha dovuto dichiarare tutto. Ronaldo, che non è residente in Spagna, dichiara solo il 24 per cento di quello che guadagna nel nostro paese. Perché allora Messi non ha mantenuto la residenza in Argentina? Quando arrivò, all'età di undici anni, non cambiò la sua nazionalità, ma lo fece nel 2005 perché il Barça cercava di abbassare la quota dei giocatori stranieri da schierare in squadra.» La conclusione potrebbe confermarla lo stesso Jorge Messi: «Spero che il Barça lo aiuti ora a pagare la multa del Fisco». Rosell non tarderà molto a rispondere pubblicamente con un «no» secco.

Le origini di Messi non furono un fattore decisivo, ma giocarono un ruolo fondamentale, perché il trattamento mediatico ricevuto non fu lo stesso che se a essere accusato di evasione fosse stato il commissario tecnico della Nazionale, Vicente del Bosque, o il suo capitano, Iker Casillas. Messi sarà sempre argentino e, nella tesa e divisa Spagna, il fatto che sia la bandiera del Barcellona lo pone come obiettivo di molti media, blog, editorialisti o frequentatori di salotti radiofonici – tipologia endemica del giornalismo spagnolo – di Madrid. Se Messi fosse stato un giocatore del Real, come disse Gaggioli, sarebbero stati i media catalani – che in generale non trattarono molto il tema – a dare massima diffusione alla notizia. Così funziona in Spagna.

È più redditizio, inoltre, mettere sul rogo un giocatore straniero che un banchiere spagnolo.

La seconda opzione espone a un pericolo: perdere o vedere drasticamente diminuire i succosi introiti pubblicitari che il giornale riceve dalla banca in questione. «El Mundo» fu, sotto questo punto di vista, imparziale, perché due anni prima, quando si venne a conoscenza dell'evasione dei banchieri, aveva dedicato lo stesso spazio e lo stesso rilievo del caso Messi titolando: *Il pubblico ministero presenta una denuncia «preventiva» contro la famiglia Botín.*

«Dovrebbero mettere in carcere Messi?» si chiese in quei giorni 13TV – un canale minore nell'ampia offerta televisiva spagnola –, ottenendo un 80 per cento di «sì» da parte del suo pubblico. Troppo per «Sport». «Guerra sporca contro Messi: come avvoltoi, alcuni mezzi di comunicazione si lanciano sul campione argentino senza nemmeno attendere che lui o suo padre forniscano la loro versione» scrisse il giornale sportivo catalano. «Hanno già condannato Messi e gli piacerebbe anche che passasse il resto dei suoi giorni in carcere. Cosa avverrà dopo? Chiederanno l'ergastolo?» Passare il resto dei propri giorni in carcere significa, effettivamente, un ergastolo, ma durante quei giorni tesi di giugno chiunque poteva perdere la calma. In molti articoli o analisi dei media c'erano elementi di verità, ma la domanda centrale continuava a essere se i Messi – perché la denuncia vedeva Jorge come grande protagonista – avessero evaso le tasse.

La risposta, secondo l'esposto del tribunale, era un secco «sì». Il denaro guadagnato dalla commercializzazione dei diritti d'immagine dell'argentino era stato sottratto al circuito spagnolo per evitare il pagamento delle tasse. I media spagnoli come «El Mundo» assicurarono che società «fantasma» in paesi dalla fama di paradisi fiscali come il Belize e l'Uruguay ricevettero i compensi della famiglia Messi da aziende come Adidas, Pepsi, Telefónica, Danone, Banco Sabadell o dallo stesso Futbol Club Barcelona. I nomi delle società utilizzate non passavano inosservati: Jenbril SA e Forsy Corporation in Uruguay, Sidefloor Ltd. nel Regno Unito, Tubal Soccer GmbH o Lazario GmbH in Svizzera, Sports Consultant Ltd. in Belize. Questo sistema è molto in voga tra i potenti: giurisdizioni vantaggiose, come Svizzera o Regno Unito, permettono di inviare denaro senza pagare tasse in paradisi fiscali come il Belize o l'Uruguay, dove le rendite ottenute all'estero sono tassate al minimo. Così, data la presenza di differenti paesi, società e giurisdizioni fiscali interposte, l'indagine sul denaro risulta molto complessa.

Come è difficile immaginare che Lionel Messi, che ha fatto del calcio il centro della propria vita, fosse l'ideatore di un sistema alla portata di un commercialista. Messi era minorenne quando, secondo il tribunale, suo padre e Rodolfo Schinocca crearono questa rete. Più tardi, a diciott'anni, Messi firmò quello che gli dissero di firmare. Lo riconoscerà lo stesso Jorge Messi nel settembre 2013 in una lettera presentata davanti al giudice: suo figlio «si è sempre e solo dedicato al gioco del calcio».

Sei giorni dopo lo sfogo di «Sport», il suo antagonista, «Mundo Deportivo», titolava con chiarezza: *Messi negozia con il Fisco*. Sotto il titolo, la vistosa didascalia di una foto nella quale si vedeva Lionel mentre si copriva il viso con la mano sinistra: «Messi, durante una partita di fine stagione, preoccupato per il suo infortunio. Ora lo è per le indagini del Fisco». Il giornale spiegava che la famiglia avrebbe pagato «15 milioni di euro per le dichiarazioni dei redditi degli anni 2007, 2008 e 2009», mentre saranno corrette quelle del 2010 e del 2011.

Messi non andrà in carcere e suo padre offrirà alla Giustizia «collaborazione» per «contribuire al chiarimento totale dei fatti». Ma l'immagine del calciatore ne uscì abbastanza ammaccata. Bisognava fare qualcosa e per questo si ricorse, in pochi giorni, al britannico Mike Lee, forse il migliore «lobbista» dello sport mondiale. Capo dell'ufficio stampa della UEFA tra il 2000 e il 2004, Lee risultò determinante per l'assegnazione delle sedi olimpiche a Londra, Rio de Janeiro e Pyeongchang, affinché il Qatar organizzasse i Mondiali di calcio del 2022 e uno dei due posti liberi tra i nuovi sport olimpici, dal 2016, fosse riservato al rugby. Alcuni giorni dopo aver aiutato Messi ottenne un altro trionfo: la conquista da parte di Buenos Aires dei Giochi Olimpici della Gioventù 2018.

Solo quattro giorni prima che il numero 10 del Barcellona partisse per una toccata e fuga in Senegal, l'agenzia di Lee inviò a un gruppo di giornalisti un invito pagato per viaggiare nel paese africano.

Messi avrebbe consegnato quattrocentomila zanzariere con la sua immagine per ridurre l'epidemia di malaria. I potenti qatarioti dell'Accademia Aspire, motori del progetto e legati al Barcellona attraverso la sponsorizzazione della Qatar Foundation e della Qatar Airways, si trovavano a Saly, dove il giocatore volò con suo padre, i suoi fratelli e Juanjo Brau. Secondo l'agenzia di Lee, nelle stesse ore in cui anche Barack Obama visitava il Senegal, Messi disse quanto segue: «Il progetto dell'Accademia Aspire, "Calcio contro la malaria", è un'iniziativa importante per me, avendo visto la forza distruttrice di questa malattia nelle comunità africane e in tutto il mondo. Sono onorato di essere qui in Senegal come parte di questa grande campagna per prevenire la sofferenza causata dalla malaria. Credo che possiamo utilizzare il calcio e la forza ispiratrice dello sport per fare la differenza, facendo capire come si possono salvare migliaia di vite. Per la durata di una partita di calcio, 180 bambini muoiono inutilmente in Africa a causa della malaria. Consegnare le zanzariere permetterà a tanta gente di cambiare subito vita... Sono onorato di offrire la mia collaborazione a "Calcio contro la malaria"».

In seguito a questo viaggio in Senegal, Messi continuò a prendere aerei: per giocare partite amichevoli a Bogotá, Lima e Chicago, arrabbiarsi con gli organizzatori sia in Perú sia negli Stati Uniti per una partita sospesa, salutare Neymar, rivale nella capitale peruviana, e risvegliare così il timore di tanti a Barcellona.

«Leo ha bisogno subito di vacanze» scrisse Josep María Minguella, allarmato dalla mancanza di riposo del giocatore nell'anno che precedeva la nascita del «nuovo» Barça che avrebbe diviso con Neymar e della più grande sfida della sua carriera: la conquista del Mondiale di Brasile 2014. Con più dettagli e argomenti, Fernando Signorini disse la stessa cosa di Minguella: «Prima, negli anni Sessanta e Settanta, i giocatori d'élite giocavano tra le 80 e le 90 partite l'anno. Il numero uno del mondo è oggi al di sopra delle 120 tra quelle del Barcellona e la Nazionale. C'è il rischio che non arrivi in forma ai Mondiali».

Secondo il preparatore atletico della Nazionale argentina, la soluzione era semplice: «Quello di cui ha bisogno questo meraviglioso attaccante che seguo fin dalle giovanili sono delle vacanze con sua moglie e il bimbo. Giocando più di cento partite, con lo sforzo fisico richiesto oggi, è impossibile che Leo sia sempre al cento per cento della forma». Mentre Messi giocava a Chicago, la sua compagna si trovava in vacanza a Ibiza in compagnia di Cesc Fàbregas, sua moglie Daniella e la loro figlia Lía. Cesc e Gerard Piqué sono persone speciali per Antonella, perché ogni volta che si sentiva sola o maltrattata dalla famiglia acquisita, sapeva di poter contare sui due compagni e amici della coppia. Giorni dopo, Messi li avrebbe raggiunti a Ibiza. Forse cosciente del fatto che a questo punto della sua carriera, a ventisei anni, entrava definitivamente in quel momento in cui è necessario saper anche dire di «no». Dire di «no» agli altri, ma anche alle infinite opportunità di guadagnare soldi. Fare di meno per guadagnare di più. Martino, che come nessuno dei suoi predecessori si impose come obiettivo di dosare l'impiego della sua stella più splendente, mettendo un freno all'ambizione di giocare tutte le partite e per novanta minuti, lo avrebbe aiutato in quel percorso.

XXIV
I dimenticati

Gli anni passano, le stagioni giungono al termine e la vita di Messi non smette di evolvere. Dal 16 ottobre 2004 – data della sua prima partita ufficiale con il Barça – è cambiata molto, il suo universo ha continuato a trasformarsi fino a situarlo sulla vetta del calcio mondiale, una stella planetaria. Ma anche un multimilionario, che ha cambiato la vita della sua famiglia per molte generazioni. Però nel cammino verso la gloria, gli attori chiave degli inizi della sua carriera, gli uomini che gli furono accanto durante quei giorni in cui c'era tanta speranza quanta incertezza non ci sono più, sono stati accantonati. Solo Jorge Messi, suo padre, e Rodrigo, suo fratello, sono ancora lì. Gli altri sono spariti.

Josep María Minguella, l'agente che aprì le porte del Camp Nou a Maradona e poi a Messi, non è più in contatto con quel gracile ragazzo ormai diventato uomo. Non gli restano che bei ricordi da condividere con i suoi nipoti. Messi non era mai più ritornato nella sua villa sulle colline di Barcellona, nemmeno in quel giardino nel quale rimase muto per l'ammirazione e la timidezza davanti a Juan Román Riquelme.

Juan Lacueva, il testardo dirigente che litigò affinché la Pulce firmasse il suo primo contratto con un club allora alle prese con una grave crisi interna, ha vissuto gli ultimi tempi consumato da una grave malattia. Fragile, ma assolutamente lucido, Lacueva non riesce a non ricordare quegli anni con un certo dolore: «La cosa curiosa è che Lionel mi ha visto tante volte in dodici anni, ma se entrasse qui ora non mi riconoscerebbe».

Juan José Mateo Walter, l'agente FIFA, il rappresentante di Leo la cui firma appare sui primi contratti, vive oggi a Porto Alegre, Brasile, a migliaia di chilometri da Barcellona. Ancora si ricorda di quei giorni in cui portava Leo al cinema o al Museo di Scienze Naturali di Barcellona. Andavano insieme a suo figlio Orlín, che aveva la stessa età, e che in quel periodo si allenava duramente all'Accademia di Emilio Sánchez-Vicario e Sergio Casal per diventare il tennista che alla fine non è diventato. «Leo è sempre stato un ragazzo formidabile, ma è da un bel po' che ha smesso di essere un bambino» ricorda Mateo. «Forse un giorno Leo chiederà a suo padre: "Papà, che cosa accadde con Fabián Soldini, che era come un padre per me?". Leo è un adulto ormai e voglio credere che un giorno prenderà in mano il telefono per chiamare Fabián e dargli una spiegazione.»

Horacio Gaggioli, l'uomo che per molti mesi visse all'ombra della famiglia Messi, viaggia ogni tanto verso la malinconica e dolce Bruges per vedere Víctor Vázquez. Insieme all'ex compagno di squadra di Messi a La Masia, che in quel periodo era considerato una delle maggiori promesse del Barça, ricordano i vecchi tempi. Ma quando Gaggioli si ritrova solo nel suo triste ufficio, ripercorre attentamente il passato e si chiede come sia stato possibile arrivare a questo, perché oggi la famiglia Messi lo ignora: «È un mistero. Mi intristisce, perché la verità è che ero molto legato a Leo».

Fabián Soldini, il confidente, il «fratello maggiore» di Messi, la persona che ebbe l'idea di contattare Minguella e riuscì a convincerlo a organizzare un provino per la fragile Pulce, continua a vivere a Rosario. Afferma che la rottura con Leo lo fece cadere in una profonda depressione, dato che né lui né il suo socio, Martín Montero, comprendono la reazione della famiglia Messi. Cosa avvenne? «Vogliono cancellarci dalla storia come se non fossimo mai esistiti. Perché ignorare le persone che li aiutarono e permisero loro di trasferirsi a Barcellona?»

Il 9 febbraio 2012, nella comoda hall di un hotel di Zurigo strapieno di barcellonesi euforici, il volto di Jorge Messi si fa serio: «Tutti i libri che sono stati scritti su Leo hanno qualcosa che non va, in tutti ci sono degli errori. E, inoltre, non sono mai stati autorizzati».

La ragione dell'incontro era vedersi con lui per informarlo di persona che era in corso la stesura di un libro su suo figlio. «Stiamo preparando una biografia ufficiale di Leo. Lì si saprà tutta la verità e sarà la storia reale» si affrettò a dire.

Gentile, Jorge Messi ascolta la proposta di vedersi per parlare dettagliatamente dei tanti aspetti raccontati nel futuro libro e accetta «con molto piacere» di partecipare a una riunione nei giorni seguenti a Barcellona. L'idea è quella di avere una sua versione dei fatti. Alcuni minuti dopo, era già concentrato su altre cose. Seduto in prima fila, non si perdeva nemmeno un momento dello spettacolo e della consegna, da parte del brasiliano Ronaldo, del terzo Pallone d'Oro consecutivo a suo figlio. Una totale consacrazione. Dopo quella breve conversazione invernale, il padre di Leo ha ricevuto una, cinque, dieci, venti chiamate dagli autori di questo libro, così come SMS inviati in copia a Rodrigo Messi. Non è mai seguita una risposta. Mai, fino al 1° aprile 2012 all'ora di pranzo. L'SMS nel quale si facevano sei nomi – Minguella, Lacueva, Gaggioli, Mateo, Montero e Soldini – sortì un effetto inaspettato, perché il telefono squillò due volte in meno di mezz'ora. Dall'altra parte del telefono, prima Rodrigo e poi Jorge Messi.

Dire che né Rodrigo né Jorge provano alcuna simpatia per i sei uomini menzionati poco sopra è un eufemismo elegante. Alcuni di loro furono oggetto persino di una sfilza d'insulti. Conclusione? «Rispetto il vostro desiderio di scrivere un libro» disse Jorge «ma se nel libro queste persone parlano, io non voglio comparire.»

Niente da fare. Non ci resta che tornare indietro di qualche anno.

«Tra te e il mio papà, scelgo il mio papà.» Calciatore di poche parole, Leo Messi non ebbe bisogno di altro se non delle sue dita, di un telefono cellulare e di un SMS per porre fine a una relazione di cinque anni. O almeno questo è quello che afferma il destinatario del messaggio. «Mi uccise» afferma Fabián Soldini. «Ma volevo continuare a crederci. Ero convinto che Leo avrebbe cambiato idea e che ci saremmo rincontrati, perché avevamo molti sogni in comune, come quello di farlo partecipare a un Mondiale e persino di vivere insieme in Catalogna, un giorno.» Era già da tempo, indubbiamente, che Soldini aveva intuito che sarebbe rimasto poco di quei sogni. Fu all'inizio del dicembre 2004, poche settimane dopo il grande debutto di Leo con la maglia del Barça. Soldini venne convocato a Las Cuartetas, il ristorante argentino delle milanesi che appassionavano Messi. «Quando arrivai, Leo, Jorge e Rodrigo erano già seduti al tavolo. Jorge era più nervoso del normale. Mi spiegò che era stufo di Minguella, che Rosell, in quel periodo vicepresidente (oggi presidente), gli aveva raccontato che non godeva di una buona fama nel suo club. Jorge aveva paura che Leo ne pagasse le conseguenze. Mi disse che voleva separarsi da Minguella e dagli altri e mi propose di rappresentare insieme a lui suo figlio. Gli feci capire che era impossibile perché non potevo tradire il mio socio, Martín Montero. La nostra società aveva investito abbastanza per portare Messi a Barcellona. Gli dissi allora che se voleva separarsi da noi, andava bene, ma era necessario un accordo. Le mie ragioni non convinsero a priori Jorge. A partire da quel momento non dormii più a casa Messi e il nostro rapporto peggiorò fino a interrompersi completamente.» Anni dopo questi fatti, Soldini non ha ancora digerito la cosa: «Perché Jorge mente. Per lui è come se non fossimo esistiti. Tuttavia siamo stati noi a trovare un club a Leo, e se oggi si trova lì lo deve a Martín e a me. Perché non vuole riconoscerlo?».

Al Camp Nou l'atmosfera di rado si scalda. I catalani, semplicemente, non sono fatti così. Lo stadio, a dire il vero, spesso non si riempie, e molti spettatori entrano a partita già iniziata e se ne vanno prima del termine. Non è quanto troverà Messi il giorno che giocherà con il Newell's. Lì la tifoseria sarà sicuramente capace di creare una «canzoncina» ingegnosa e con ritmo, qualcosa che superi – non che sia difficile – il monotono «Messi, Messi, Messi» con cui i tifosi del Barça onorano il miglior giocatore che abbiano mai avuto.

Eppure, ci sono pomeriggi o sere in cui lo spettacolo è eccezionale e vale la pena sedersi sulle gradinate di quella specie di nave spaziale catalana. Accadde, per esempio, il 19 maggio 2013, la sera in cui il Barcellona batté 2-1 il Valladolid nella terzultima giornata di una Liga che aveva già vinto da diversi giorni e che avrebbe terminato a quota 100 punti.

Quella sera si scoprì che con i giovani neopapà si poteva quasi fare una squadra completa: tra loro c'erano Cesc, Piqué, Villa, Pedro… e Messi, che rubò la scena. Thiago, suo figlio di appena sei mesi, era chiaramente spaventato, intimidito di fronte al fragore dello stadio, della musica, dei fuochi d'artificio. Messi fece, allora, un gesto istintivo, criticato da qualcuno come poco conveniente in termini di salute per il bebè, ma certamente tenero: si mise in bocca il succhiotto di Thiago. In quel breve istante molti capirono il cambiamento di Messi; anche in quello che accadde dopo quando suo figlio guardava con gli occhi scuri terrorizzati quello che succedeva e nel frattempo abbracciava con le sue fragili mani il collo del miglior calciatore del mondo e, di tanto in tanto, stirava le braccia fino a sfiorare il mitico numero 10 giallo sulla sua schiena. Messi, che si tatuò le mani di suo figlio sul polpaccio sinistro, aveva fatto un passo in avanti che andava oltre il calcio.

Messi era ancora più grande di quanto era quattordici mesi prima, quel 31 marzo 2012 quando quasi centomila spettatori vissero due ore di estasi.

La serata prometteva spettacolo, dato che i blaugrana si scontravano con l'Athletic Bilbao di Marcelo Bielsa, il romantico del calcio che gioca solo all'attacco. Una filosofia condivisa da Guardiola, un fan incondizionato del suo avversario di quel giorno: «Bielsa è un dono per il calcio» disse. Nella partita d'andata, entrambe le squadre avevano reso un vigoroso omaggio allo sport sotto una pioggia torrenziale con un 2-2 a chiusura di un elettrizzante incontro al San Mamés. Durante la partita di ritorno lo spettacolo cominciò ancora prima che l'arbitro fischiasse l'inizio, visto che una parte delle tribune rimase coperta da un immenso striscione di 2162 metri quadri: «*Leo ets únic! Sos grande!*». L'omaggio, scritto simbolicamente in catalano e «argentino», era destinato a quello che era già il massimo goleador della storia del club: Leo Messi.

Ancora una volta, l'argentino non deluse e, come se tanto affetto lo avesse emozionato, iniziò la partita schiacciando a fondo l'acceleratore. Ogni suo movimento era registrato da un piccolo chip collocato all'interno delle sue scarpette. La quantità di chilometri percorsi, la sua velocità, la sua accelerazione, tutto fu memorizzato per essere analizzato in seguito nel dettaglio. Al 58° minuto di gioco, Leo segnò il secondo gol della sua squadra per fissare il 2-0 e decretare la sorte dei baschi.

Mentre nella zona riservata agli invitati d'onore Emma Revillo, la vedova di César Rodríguez, quel goleador storico che Messi aveva superato qualche giorno prima, veniva salutata da un gruppetto di dirigenti del club, uno spettatore anonimo, seduto nell'ottava fila, viveva la partita con intensità ed emozione. «Mi avevano assegnato dei posti troppo vicini al campo per i miei gusti, perché quando uno ama e conosce il calcio è molto meglio che stia un poco più in alto per vedere la disposizione delle squadre. E ancora di più quando il Barcellona si scontra con il Bilbao di Bielsa.» A parlare è Fabián Soldini, in visita a Barcellona. «Sono un grande ammiratore di Marcelo Bielsa, anche lui di Rosario, e avevo molta voglia di vedere come giocava la sua squadra contro il Barça. Ero con un amico, così decidemmo di andare un po' più in alto, alla fila quindici. Ma dopo esserci seduti, alcuni tizi della sicurezza ci chiesero gentilmente di tornare ai nostri posti. Provammo a sederci in qualche fila più in basso ma non funzionò, così tornammo all'ottava fila.» Il destino di Soldini e Messi s'incrociò.

«Proprio davanti a me c'erano cinque posti liberi. Poco dopo essermi seduto arrivarono quattro ragazze e si misero davanti a noi. Non potevo crederci, perché tra loro c'era la fidanzata di Leo. La chiamai: "Antonella!". Si girò, ma vidi nei suoi occhi che non mi riconosceva, cosicché insistetti: "Ti conosco da quando avevi dodici anni, Antonella. Sono Fabián. Fabián Soldini. Potresti dire a Leo che mi trovo a Barcellona?"»

Antonella era già incinta di Thiago, anche se nessuno lo sapeva. E Soldini era emozionato, sotto shock: il passato lo stava colpendo di nuovo in pieno. Per qualche istante si dimenticò di Bielsa, della partita e del Camp Nou. Prese una penna dal taschino e un pezzo di carta. «Scrissi un biglietto e chiesi ad Antonella di consegnarlo a Leo. Ricordo esattamente ogni parola: "Leo, l'unica cosa che ti chiedo è di prendere un caffè con me e di parlare. Non so che storia ti hanno raccontato, ma per me non è cambiato niente. La vita ci fa degli scherzi a volte". Poi gli scrissi i miei numeri di telefono spagnolo e argentino e la salutai. Forse mi sbaglierò, ma sono convinto che non mi chiamerà mai.»

Ringraziamenti

Scrivere un libro non è semplice, ma senza l'appoggio dei protagonisti, degli amici, della famiglia e dei colleghi sarebbe impossibile.

Potremmo riempire un paio di pagine con nomi reali, ma possiamo riunire tutti in quelli di Cecilia, Milagros e Ben, dato che senza di loro il nostro soggiorno a Barcellona non avrebbe avuto lo stesso sapore. Le loro idee, la loro esperienza, il loro supporto logistico e il loro buon umore sono stati vitali.

Grazie ai testimoni e ai colleghi, che appaiano o meno nel libro, che accettarono di condividere i propri ricordi e le analisi per avvicinarci con più precisione alla personalità del protagonista.

Grazie ai bar di Barcellona, di Madrid, di Buenos Aires, di Rosario e di Parigi che per ore ci hanno ospitato e ci hanno permesso di aggiungere pagine e profondità a questo libro. Grazie alla fiducia iniziale di Marcelo Panozzo, grazie a Florencia Cambariere, quanto di più vicino all'editor ideale. Anche ai nostri capi, ai nostri compagni di redazione, alla famiglia e agli amici, e anche a quelle mogli e fidanzate che durante gli anni che abbiamo impiegato a scrivere questo libro ci sono ancora o ci sono state. Tutte hanno saputo capire, e accettare, che i giorni di un giornalista che scrive un libro possono essere interminabili. Queste pagine sono anche per loro.

Arnoldo Mondadori Editore S.p.A.

Questo volume è stato stampato
presso ELCOGRAF S.p.A.
Stabilimento - Cles (TN)

Stampato in Italia - Printed in Italy